全球买卖　本地送达

Shopping Globally　Shipping Locally

跨境物流及海外仓
市场、运营与科技

—— 孙韬　胡丕辉　著 ——

电子工业出版社

Publishing House of Electronics Industry

北京·BEIJING

内 容 简 介

本书围绕"全球买卖、本地送达"的中心主题，阐述跨境电商领域的热点话题，从不同视角对跨境电商的物流支撑进行分解，偏重于跨境物流的实际运作，兼有市场分析和运营实务，尤其是讲述科技应用对物流的引领作用。

本书共有九章：第1章介绍跨境电商物流市场。第2章讲述跨境进口物流渠道。第3章介绍出口直邮物流。第4章讲述境外清关及配送。第5章介绍保税物流，包括监管制度体系、业务场景、退免税、物流地产及综保区仓储等内容。第6章介绍海外仓建设运营，当前海外仓发展的市场动因及运营方式。第7章介绍电商平台物流。第8章介绍物流科技赋能，数字化、智能化、电商化等战略让很多创业型物流企业正在赢得先机。第9章讲述决胜跨境物流旺季。

未经许可，不得以任何方式复制或抄袭本书之部分或全部内容。
版权所有，侵权必究。

图书在版编目（CIP）数据

跨境物流及海外仓：市场、运营与科技 / 孙韬，胡丕辉著. —北京：电子工业出版社，2020.1
ISBN 978-7-121-37786-0

Ⅰ.①跨⋯ Ⅱ.①孙⋯ ②胡⋯ Ⅲ.①物流管理 Ⅳ.①F252.1

中国版本图书馆 CIP 数据核字（2019）第 240724 号

责任编辑：黄爱萍
印　　刷：北京天宇星印刷厂
装　　订：北京天宇星印刷厂
出版发行：电子工业出版社
　　　　　北京市海淀区万寿路 173 信箱　　邮编：100036
开　　本：720×1000　1/16　印张：15.75　字数：352 千字
版　　次：2020 年 1 月第 1 版
印　　次：2025 年 4 月第 12 次印刷
定　　价：89.00 元

凡所购买电子工业出版社图书有缺损问题，请向购买书店调换。若书店售缺，请与本社发行部联系，联系及邮购电话：（010）88254888，88258888。

质量投诉请发邮件至 zlts@phei.com.cn，盗版侵权举报请发邮件至 dbqq@phei.com.cn。
本书咨询联系方式：（010）51260888-819，faq@phei.com.cn。

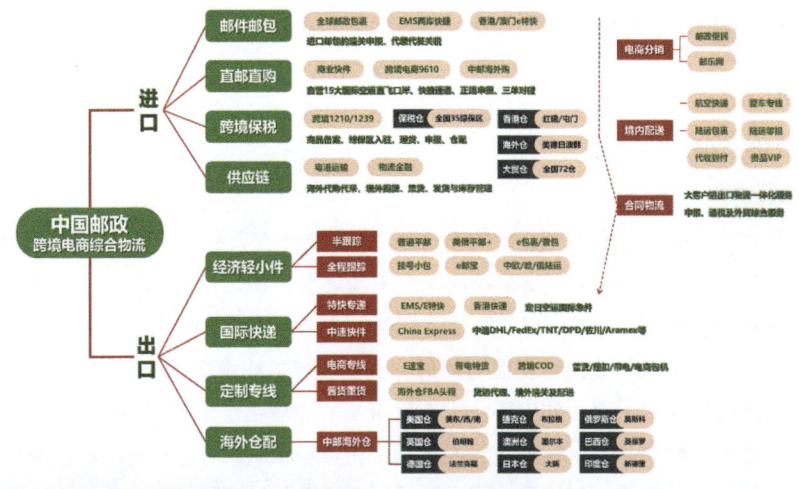

中邮海外仓全球规划

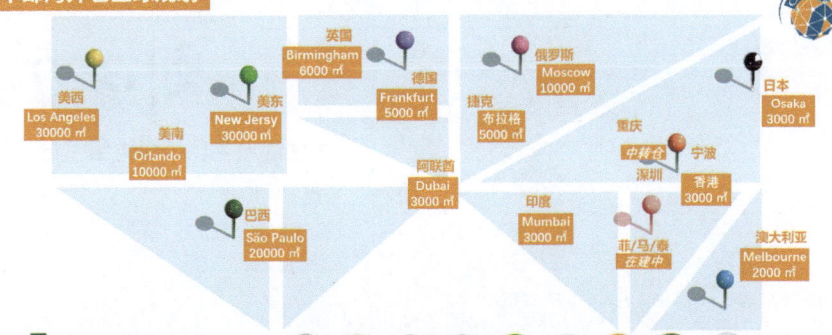

China Post Integrated Logistics Solution for Cross-border Ecommerce

惊东万家　信达天下
Reach Everyone Everywhere

中国邮政依托万国邮联多边合作体系，顺应跨境电商市场的快速发展，注重产品创新、科技创新以及能力建设的提升，满足跨境电商不同层次的寄递需求，成为中国跨境电商首选的物流渠道。2018 年，中国邮政国际业务量达到 11.7 亿件，中国约有 1/3 以上的跨境电商轻小件都是通过中国邮政渠道发往海外的。蓬勃发展的跨境电商给 EMS（邮政快递）带来了新的挑战和发展机遇，如何抓住机遇赢得竞争则需要全球邮政共同的智慧和努力。中国邮政一贯秉持合作共赢、共同发展的理念，希望与 EMS 的合作机构及各国邮政一起共同促进邮政的协调发展和可持续发展。中国邮政积极参与万国邮联事务，坚决维护万国邮联多边框架体系……希望共同推动终端费改革。中国邮政为适应跨境电商的快速发展，加快建设海外仓，利用中欧班列运输跨境电商邮件，EMS 已经覆盖了"一带一路"沿线的 42 个国家，e 邮宝的开办已经增至 33 个国家。中国邮政目前在跨境寄递服务和商业渠道方面还存在短板，正考虑在欧洲选择合作伙伴，因为未来快递的发展不是单打独斗，而是合作共赢。（出席万国邮联大会主旨演讲的摘选，2019.3）

刘爱力

中国邮政集团公司党组书记、董事长

序一

跨境电商是新兴的国际贸易模式,这一"网上丝绸之路"促进了国际交流合作和对贸易新规则的探索,为国内广大中小企业创造了普惠贸易环境。制造产业的转型升级,也是中国出口和跨境物流的新机遇,"中国制造2025"的理想就是打造中国品牌。

近年来,跨境电商体现了强劲的增长潜力,也为寄递业务国际化创造了前所未有的机遇。国内物流业要抓住机遇,全力为外贸进出口企业提供跨境物流服务支撑,让中国商品通达全球,并为国内消费者提供优质商品进口的服务便利。

两位作者以从业者精深的实践为基础,为广大读者书写了翔实丰富的跨境专业知识,并对"新经济"现象及企业管理提出了独到见解。外贸是拉动经济发展的"三驾马车"之一,我们要全力践行习近平新时代中国特色社会主义思想,牢记使命,努力实现新担当、新作为,全方位推进科技创新、服务创新,让中国经济更具国际竞争力、抗风险能力,实现外贸高质量发展。

著名经济学家、中国发展研究院院长

中国社会经济调查研究中心主任

科技的创新和应用，深刻地影响着经济和商业的发展。近年来，不断普及的移动互联网更是将电子商务的发展推上了突飞猛进的快车道。电子商务不仅颠覆了广大消费者的购物习惯，为消费者增添了从全国乃至全球购买到心仪商品的乐趣，同时也催生出无限商机，成就了数不清的中小卖家创业、创富的梦想。透过电商行业蓬勃发展的表象，不难发现物流在其中扮演着关键的支撑保障角色，虽不处于舞台中央，却直接关系交易双方的体验，对电商运营的整体品质起到加分或减分的作用。如今，"得物流者得天下"已成为许多电商企业的普遍共识。

跨境电商作为电商版图的新兴力量，前景十分广阔。相较于国内电商，跨境电商的运输链条更长、通关环节更复杂难料，要求物流服务商必须具备较高的专业水平，并能及时为客户提供最优的解决方案。如何解决跨境物流的痛点、提升效率、降低成本，是摆在跨境电商参与各方面前的共同课题，需要各方投入更多的资源和智慧。

孙韬先生和胡丕辉先生将目光敏锐地聚焦于跨境物流，从市场、运营与科技的维度，深入浅出地阐述跨境物流的各个领域，这将有助于广大从业者和感兴趣的读者更全面地了解跨境电商与跨境物流。跨境电商与跨境物流的未来将大有发展，值得社会各界给予持续关注，能够不断满足广大消费者对美好生活和优质商品的需求。

FedEx 首位华人高级副总裁、中国区总裁

目 录

第1章 跨境电商物流市场 ·· 1

  1.1 产业结构及其特性 ··· 3
    1.1.1 外贸转型+跨境升级 ······································ 3
    1.1.2 关键业务与经营主体 ······································ 5
    1.1.3 发展环境及趋势 ··· 6

  1.2 全球邮政网络 ··· 8
    1.2.1 全球邮政的管理组织 ···································· 10
    1.2.2 邮政业的产品体系 ······································· 12
    1.2.3 国际邮件的运行机制 ···································· 15
    1.2.4 美国、德国、法国邮政简介 ························· 17
    1.2.5 邮局的未来 ·· 20

  1.3 国际商业快递"物流蛋糕上的奶油" ················· 22
    1.3.1 国际快递如何运营 ······································· 23
    1.3.2 对标知名国际快递 ······································· 25
    1.3.3 走出去的"锚点与航线" ····························· 28

  1.4 国际运输渠道 ··· 30
    1.4.1 航空货运渠道 ·· 31
    1.4.2 全球海运大通道 ·· 33
    1.4.3 折中的跨境陆运 ·· 35
    1.4.4 境内零担与整车 ·· 36

1.5 国际货运代理 ··· 38
　　1.5.1 货代盈利模式 ··· 38
　　1.5.2 运营操作流程 ··· 41
1.6 第三方物流服务 ··· 43
　　1.6.1 项目开发与实施 ··· 44
　　1.6.2 行业物流变局 ··· 45
1.7 从服务创新到智慧运营 ·· 47

第 2 章　跨境进口物流渠道 ·· 49

2.1 海外首公里 ·· 50
　　2.1.1 海外仓备货集包 ··· 50
　　2.1.2 集货运输 ·· 52
　　2.1.3 供应链安全 ·· 53
2.2 物流清关过程 ·· 54
2.3 进口直邮渠道（Direct） ··· 56
　　2.3.1 入境口岸选择 ··· 57
　　2.3.2 行邮物品渠道（CC） ··· 58
　　2.3.3 快件及快递转运 ··· 60
　　2.3.4 跨境直购（BC） ·· 62
2.4 保税备货（BBC） ·· 64
2.5 国内运输与收派件 ·· 66
2.6 进口物流综合解决方案 ·· 67

第 3 章　出口直邮物流 ·· 69

3.1 直邮的特点与痛点 ·· 71
3.2 物流渠道的选择 ·· 72
　　3.2.1 国际快递及其代理 ·· 73
　　3.2.2 邮政包裹"不挑货" ··· 75
　　3.2.3 外邮代理与小包专线 ·· 77
　　3.2.4 运输安全与禁限寄 ·· 79

3.3 跨境专线"空+派" ······ 81
3.3.1 专线的运营模式 ······ 81
3.3.2 各类跨境专线物流商 ······ 83
3.3.3 出口报关（Declaration） ······ 85
3.4 物流追踪及查询（Track & Trace） ······ 86
3.4.1 上网信息和一单到底 ······ 87
3.4.2 国际运输单据 ······ 89
3.5 外贸出口物流转型 ······ 91

第 4 章 境外清关及配送 ······ 93
4.1 扣关种种情况 ······ 94
4.1.1 知识产权与认证许可 ······ 95
4.1.2 进口 VAT 及税务合规 ······ 96
4.2 邮件与快件清关 ······ 98
4.3 头程入仓货运清关 ······ 100
4.4 双清、包税、包派 ······ 100
4.5 境外尾程派送 ······ 102
4.6 典型市场的物流条件 ······ 104
4.6.1 美国 ······ 105
4.6.2 欧盟 ······ 107
4.6.3 俄罗斯 ······ 108
4.6.4 日本 ······ 109
4.6.5 印度 ······ 111
4.6.6 东南亚 ······ 112
4.6.7 拉丁美洲 ······ 113
4.6.8 中东及其他市场 ······ 114
4.7 物流代收货款 ······ 115

第 5 章 保税物流 ······ 117
5.1 监管体系 ······ 118
5.2 保税业务场景 ······ 121

5.3 退免税及保税出口 124
5.4 物流地产 126
5.5 自由贸易试验区 128
5.6 海外保税仓 129

第6章 海外仓建设运营 131
6.1 海外仓"用户画像" 132
6.2 建设海外运营中心 135
    6.2.1 选址与经营 136
    6.2.2 仓库规划设计 137
    6.2.3 美国仓 139
6.3 如何开启海外仓 141
    6.3.1 第三方海外仓 141
    6.3.2 头程方案与中转仓 142
6.4 电商仓储管理 144
    6.4.1 现场管理 145
    6.4.2 入库理货流程 146
    6.4.3 履单拣货 147
    6.4.4 打包出库 150
    6.4.5 库存与补货 151
    6.4.6 增值服务 154
    6.4.7 计费与纠纷 157
    6.4.8 退仓及尾货清仓 158
    6.4.9 移仓搬库 159
    6.4.10 云仓系统 159
6.5 海外仓发展趋势 161

第7章 电商平台物流 163
7.1 平台治理和平台化模式 164
7.2 eBay 平台物流的进化 166
7.3 京东物流的自营与开放 168

7.4 阿里物流国际化布局 ……………………………………………… 170

7.5 Wish 创新物流 …………………………………………………… 172

7.6 亚马逊全球物流战略 ……………………………………………… 175

    7.6.1 网络布局 …………………………………………………… 175

    7.6.2 FBA 仓配体系 ……………………………………………… 177

    7.6.3 FBA 发货须知 ……………………………………………… 179

    7.6.4 费用与库存绩效 …………………………………………… 181

7.7 其他平台物流 …………………………………………………… 184

第 8 章 物流科技赋能 ……………………………………………… 187

8.1 科技是第一生产力 ………………………………………………… 189

8.2 物流企业数字化升级 ……………………………………………… 191

    8.2.1 运营一体信息化平台 ……………………………………… 192

    8.2.2 服务流程线上化（SaaS 平台）…………………………… 194

8.3 物流服务电商化 ………………………………………………… 196

    8.3.1 线上经纪人物流服务 ……………………………………… 197

    8.3.2 开放式物流交易平台 ……………………………………… 198

8.4 物流技术与应用 ………………………………………………… 199

    8.4.1 移动智能终端 ……………………………………………… 200

    8.4.2 分拣技术 …………………………………………………… 201

    8.4.3 机器人 ……………………………………………………… 203

    8.4.4 自动化仓 …………………………………………………… 205

    8.4.5 人工智能"AI+" …………………………………………… 207

    8.4.6 物联网 IoT 及区块链 ……………………………………… 208

    8.4.7 物流大数据 ………………………………………………… 209

8.5 物流科技雷达 …………………………………………………… 210

第 9 章 决胜跨境物流旺季 ………………………………………… 212

9.1 常态化的非常态运营 ……………………………………………… 213

9.2 备战大促活动的物流方案 ………………………………………… 214

    9.2.1 基于数据的计划 …………………………………………… 215

    9.2.2 爆仓环节优化 ……………………………………………… 216

9.2.3 优化网络支撑……217
9.2.4 海运批量备货……219
9.2.5 系统支撑保障……220
9.3 货运包机……221
9.3.1 运力市场……221
9.3.2 包机流程……223
9.4 跨境物流产品设计……224
9.4.1 路线计划……225
9.4.2 定价设计……226
9.4.3 运费计算……229
9.4.4 营销及售后……231
9.4.5 保险保价与赔偿……233

结语……236

参考资料……237

第 1 章

跨境电商物流市场

狭义的跨境物流即跨境电子商务或由跨境 B2C/C2C 交易所产生的物流，是整个跨境零售交易链的实物交付过程。它的显著特征是实物的包裹化和服务触及 C 端，其不同于境内物流的是，存在通关、法规及地理等固有屏障。广义的跨境物流是国际贸易框架下的物流分支，包括所有跨境电商的配套物流，与传统国际贸易物流共享很多环节，如在资源和运营等方面相通，并衔接和串联了国内市场，如图 1-1 所示。

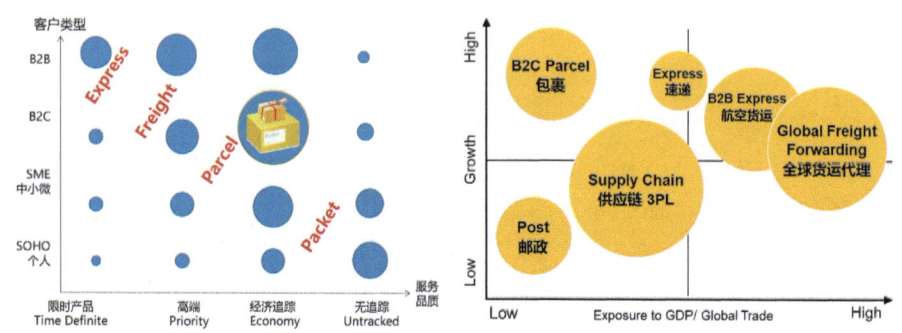

图 1-1　从两个视角看跨境物流市场

需方，国际贸易格局正被互联网重塑，消费者成为供应链的主导者，末端配送成为争夺要地。全球贸易放缓，欧美市场原先的大额贸易采购开始变成多频小额采购，交易方式也转向线上跨境电商，中美两国是全球跨境电商的两极中心。目前，我们正在积极发展三大外贸新业态，即跨境电子商务、市场采购贸易、外贸综合服务。整个贸易形态的大变化，对国际物流形态的演变影响深刻。跨境电商对物流的新需求、高体验、低价格，改变了传统国际物流的服务水平。

供方，即现代物流服务业，正从工业化时代走向数字化时代，其运营既有刀工火种式的"手拎肩扛"，也有一座座自动化智能工厂互联的超级网络。"包裹经济"中的信息流和资金流都可以在网上完成，唯独物流需要在线下运作，跨境物流涉及的主体、流程和中间环节较多，基础物流仍是长链条的中流砥柱。大量国内卖家涌入跨境电商，有些卖家对不同国家的海关政策和产品准入条件缺乏经验，存在外贸专业度水准参差不齐的问题。跨境物流服务正处于提质增效阶段，国际运输及仓储方案已从初期的粗放发展进入集约发展。

1.1 产业结构及其特性

为了提振外贸发展,从政府到企业,都在思考如何转型升级,试图发掘新的业务增长模式与渠道,而在这方面,国际物流总是先知先觉。国际贸易仍以中国商品输出为主,经济恶化、贸易保护加剧、油价大幅波动等对国际物流都有显著影响。跨境电商对于贸易总量来说既有增量也有分流,其主要集中在消费品市场,贸易统计还是较多反映在初级产品或者中间产品中,但全球贸易的增长最终是由消费端来拉动、传导的。

大贸正在向跨境电商靠拢,碎片化、低值货物的全球流动使得客户的物流需求发生了新的变化。跨境电商的采购、销售及库存模式使行业本身有一定的特殊性。与以往国际四大快递高端垄断、邮政兜底一统天下不同,市场上新渠道及创新模式有很多,对服务跨境的快递、专线、邮政、空运、小包、FBA/头程、海外仓、海运拼箱、直购、转运、保税、班列、包机、首尾一公里等物流形态难以尽言。若物流滞后、质量差,那么跨境电商经济、方便、快捷的优势将不复存在。中国商家期望全球"一盘货",能够把货送至离消费者最近的地方,也能够缩短运输时间、减少成本、提升服务体验,但现实是本土物流尚未迈出国门。

如图 1-2 所示,套用供应链管理 SCOR(Supply-Chain Operations Reference-model,即供应链运作参考模型)列举本书的主要内容范围。

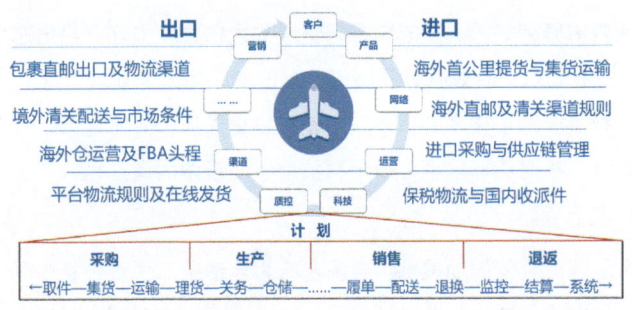

图 1-2　基于供应链管理 SCOR 模型之上的跨境物流范围

1.1.1　外贸转型+跨境升级

外贸正在向跨境电商转型,跨境电商自身也在升级,品牌化、平台规则、进口 VAT、新兴市场、服务升级等一切都在变化。推动跨境物流业前进的几股力量:一是监管与政策。我国已经前瞻性地完成了跨境电商试点探索,从产品"走出去"正逐步转向"优进优出"

和企业"走出去",但"对等"常被视为国际法和国际关系中的一项基本原则,各国海关、税务十分关注国与国之间的贸易对等。传统低值类的包裹、邮件、快件、展品等不在贸易统计范畴内的物流形态渐成主流,与跨境电商直接相关的数字关境、税收政策、信用体系、消费者保护等问题,俨然成了全球性的挑战,而全球性的解决方案还需要 WTO/UPU/WCO 等国际组织与各国海关的合作优化,并建立网络时代的新型贸易基础设施。带有颠覆性的技术和商业模式的变革,要求政府部门、国际组织、企业及个人都要适应数据时代的发展要求,建立更加开放、自由和普惠的国际贸易政策和商业运营环境[①]。

二是产业和消费的升级。外贸传统指标的下降预示着全球化迈入了一个重新平衡的阶段。跨境电商将传统外贸工厂、进出口商的业务切到了线上,但新玩家对关务合规、贸易条款、知识产权等缺乏专业认识;而传统物流商在涉足跨境物流时,习惯了整柜进出货、FOB 发货,缺少电商运营经验,对终端市场的变化不敏感或缺乏对整个配送环节的把控,低估了包裹进出境的复杂性。电商市场迭代迅速、物流触达产业的广度和深度不断加强、物流管理直接或间接地影响了跨境电商的利润、运营诉求不断升级、用户体验不断升级,这些都深刻地影响着物流运作的整个过程,需要跨境物流迎难而上。

另外,不可忽视电商平台的主导力量,其垄断着全球电商行业。在电商平台"能力溢出"时其开始涉足物流环节,这加快了贸易环境的变化。电商寡头虽然纷纷"布局"跨境业务却一时难以"控局",跨境市场既分散又呈现竞争胶着状态,很多本土化平台在崛起。

三是科技的升级。数字化正在改变全球贸易、供应链物流效率和竞争方式。电商将全球海量企业和消费者紧密联接,形成全球网络贸易大市场,国际贸易形态的电商化呈现出碎片化、小单化、高频次、时效强等新特点。新技术应用落地加快、订单交付 ToC 过程所需的成本太高、物流业对于技术的依赖,都使得提量求质、降本增效、提升客户体验被提到前所未有的高度。在网络环境中,一个科技型、创新型的商业模式不会保持太久,要抢占先机,就要快速迭代。

此外,资本是行业繁荣的助推剂。中国已成为全球第二大对外投资国,而并购是中国企业在海外投资的主要形式。从全球范围看,2018 年我国包裹量超过美国、日本和欧洲国家的包裹量之和,是美国包裹量的 3 倍多,占全球快递包裹市场的一半以上。跨境物流比境内物流更加复杂,自 2016 年起国内快递集中进入资本市场,国内物流的网络及资产规模将进入成熟期,是企业在海外布局的新契机。

[①] 阿里研究院,世界电子贸易平台倡议(eWTP)2017 年度报告,2017.3

1.1.2 关键业务与经营主体

每个市场都有分层,电商物流从全流程看也许是一种新服务或新模式,但拆解来看仍都是基本的物流运作方式。物流,是物品实体流动的过程,是将运输、储存、装卸、搬运、包装、流通加工、配送、信息处理等基本功能有机地结合。跨境物流就是整合全球的物流,为跨境电商提供仓储、运输、配送一体化物流及进出口清关、本地化售后服务,涵盖各环节、多元化的经营者。以商流为参照,亚马逊 2018 年全球总营收中有超过四分之一来自跨境交易。2017 年的全球包裹市场价值超过 3500 亿美元,综合物流商约占 37%,各国邮政运营商约占 24%,其他私营快递约占 39%[①]。

跨境电商进出口业务类型有很多,有上百种"物流产品",既有按时效分类的,也有按货物轻重规格分类的,这是不同渠道商、时效线路、目的区域等维度叠加的结果。物流商的规模体量差距较大,在整个跨境电商物流业中年营收超过十亿元以上的估计不足十家。规模较大的商家,大多都以出口小包或专线类业务为主。物流需要网络覆盖,网络诠释了服务半径,是企业能力的体现,需要企业长时间的经验积累和资源沉淀。如表 1-1 所示,跨境物流的时效与价格远远劣于国内包裹市场的,这其中有着很大的优化空间。

表 1-1 跨境电商经济包裹的时效与价格示例

	环节→	取件 (Collection)	国际段 (Intl Trans)	分拣包装 (Sort&Pack)	清关(Customs)		配送 (Delivery)	全程 (Total)
					境内	境外		
时效	进口	1~3 天	1~2 天	<1 天	1~3 天	<1 天	2~4 天	5~12 天
	出口	1~3 天	2~3 天	<1 天	<1 天	1~4 天	2~7 天	7~21 天
	(元/单)	国际运费	终端配送	集货取件	分拣包装		清关	合计
价格	进口	8~15	3~6	6~18	5~10		3~5	25~54
	出口	18~30	25~35	2~3	1~2		0~8	48~78

注:以中美空运直邮包裹 1kg 普货不含税的不同渠道测算,2019.05

在电商物流系统中,至少包括 Fulfilment(仓储)和 Delivery(配送)两个核心步骤,以达到仓配一体化,出口海外仓或进口保税仓的核心步骤也是如此,但整个跨境流程还涉及海空运、报关及境内运输等。不同类型的"仓"还要支持集运、包装及检查等其他辅助功能,实现对运输经济性及安全性的支撑。进口自营跨境电商拥有采购、销售和渠道控制的优势,倾向于把控物流,在国内外租仓;出口订单国内仓直发的形式正在减少,大部分卖家已经实现从海外仓发货。在物流上,传统贸易和跨境 B2B 殊途同归,但 B2C 业务因其具有需求的碎片化、在线化的特点,从而促成了物流环节的重构。

[①] ApexInsight UK,Global Parcel Delivery Market Insight Report 2018,Jan-2018

很多传统物流货代、电商平台、外贸卖家甚至外贸软件商都想切入跨境物流市场,例如,拥有很多品类的出口大卖家可以应对多语言、多币种、多渠道、多运输、多仓库等复杂状况,其渠道及境外资源对接能力甚至超出很多物流商。当一个市场看上去很大但利润很低时,蜂拥而至的企业都试图延伸价值链,向综合物流服务商转型。在市场中"大鱼吃小鱼、快鱼吃慢鱼",平台化或电商化的科技型创新物流公司异军突起,其中科技的应用提升了运营效率、降低了交易复杂性,但打包工作仍是一个几乎无法削减的人力操作。

电商是包裹业的基石,于是很多物流商对电商"念念不忘",但"商流"和"物流"是跨界两个的生意,跨境电商涉足国际物流的比比皆是,反之却寥寥无几。每个富有战略远见的物流企业,都渴望拥有遍布全球的强大基础设施、全方位的网络通道,以及触及亿万消费者的能力。

1.1.3 发展环境及趋势

跨境物流面向全球进出口市场,必然有很多政策法律、市场、经营及财务等风险。我国是全球最大的物流市场,"空、海、路、铁"的货物吞吐量、快递业务量都稳居世界第一,物流从业人员超过 5000 万,快递业从业人员也有 400 万左右。国家邮政局在《快递业发展"十三五"规划》中提出要打造"快递航母",到 2020 年形成三四家年业务量超百亿件或年收入超千亿元的快递物流集团,培育两个以上具有国际竞争力和良好商誉度的世界知名快递品牌。跨境物流的主力聚集在沿海省市,富有竞争力的产业基础,集聚了大批外贸人才。其中最活跃的地区当属广东省,占据了约全国一半的跨境电商出口份额。物流是经济运行的通道,将国内市场与国际市场统一来看,跨境物流离不开国内市场与国际物流网络。国内市场发展减速、单价过低,快递商纷纷布局海外市场。下面以"行业新政、平台新规"为出发点,对行业进行粗略"断代"表述(如图 1-3 所示)。

跨境物流发展历程

由盛企稳↑
• 2021年国际包裹UPU价格体系调整,国内快递进入寡头,电商税法完善,海外本地化物流及售后趋于成熟。

由兴及盛↑
• 2016年国内跨境电商政策定型,快递上市开拓国际市场,跨界与并购频发,海外仓布局增多,平台物流登场。

从有至兴↑
• 2010年外邮代理及专线小包、第三世界邮权兴起,国际e邮宝推出,FBA后续推出,进口海淘转运流行。

从无到有↑
• 2007年自eBay退出中国,开启全球跨境电商开店,发运货物以国际邮包寄送为主,少数贵重物品走四大快递。

原生服务↑
• 国际邮件普遍服务,个人物品、通信等跨境寄送,完全依赖邮局服务。

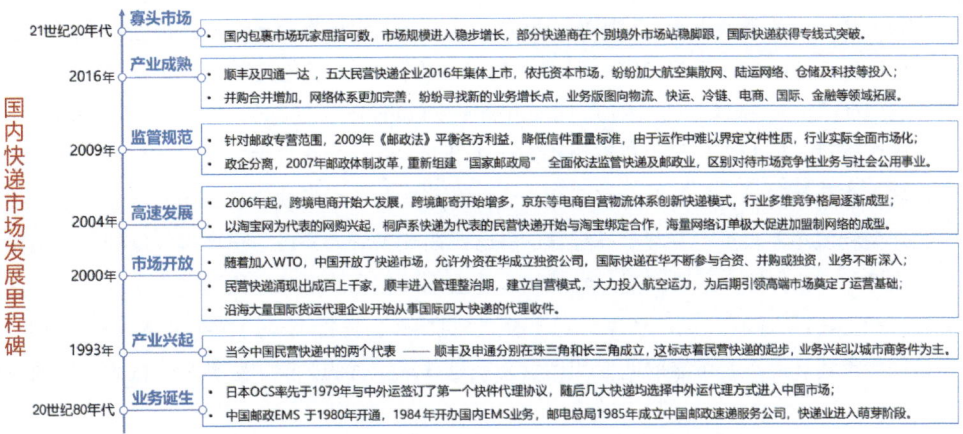

图 1-3 跨境物流与国内快递市场的发展历程对比

政策是行业变局的重要催化剂。国家对物流产业的地位做了重新认定，航空管制、邮政专营、国际货代及贸易等领域的投资被限制放开。国务院及各部委陆续发布政策，扭转过去把物流业等同于货运业的误区。"物流是经济建设的骨干"，其目标是让货物更高效地进出机场、港口、边界关卡，实现物畅其流、经济便捷，构建布局合理、技术先进、便捷高效、绿色环保、安全有序的现代物流服务体系。中国海关积极引导跨境电商贸易的健康发展，管住准入风险、控制准出风险，对跨境电商的认定、数据监管、流程可控、实人认证等全程进行可追溯的物流监管，防控外贸违规、走私洗钱、假冒伪劣、税收流失、消费者权益等风险；推进深化货运通关便利改革，实现全国通关一体化，推广国际贸易"单一窗口"、一体化网上办事、一点接入和共享共用。

海外仓储、本地仓配正在常态化，跨境电商重货越来越多。海外仓不仅提升了海外客户的物流体验，而且还能将供应链渗透到当地，符合我国全球化的战略布局。浙江省的跨境电商发展三年行动计划，就包括要建立 60 个覆盖五大洲主要出口国家的公共海外仓。自贸区试点放宽对国际航运领域外资准入的限制，引导和鼓励有条件的企业科学规划、有序建设海外物流基础设施，打造具有较强辐射能力的公共海外仓，促进国内外仓储资源共享。依托铁路、公路、水运、航空、邮政、供销合作的网络，完善电子商务物流布局，构建连接城乡、覆盖全国、面向国际的电子商务物流体系。

跨境物流领域的投融资并购也在增多，融资需求增大，物流商的财务管理开始合规化。全球快递纷纷加大了对电商业务的投入，邮政网络更加市场化。探索发达市场的价值洼地，欧美仍然是海外拓展的主流目标地。借力使力，为了规避贸易壁垒和快速接近消费者，部分传统外贸会加速向跨境 B2C 转变。依托中国制造，中国跨境电商保持全球领先优势，但严查低报、拆包、侵权、漏税等一系列现象的出现，形成对中国电商出口新的壁垒。

物流是一个泛泛的概念，其跟着所服务的实业走。现代物流已经发展成包括合同物流（Third Party Logistics，简称 3PL，又称为第三方物流）、水陆空运输、货运代理、快递包裹、仓储/仓配、分销及第四方物流（Fourth Party Logistics，简称为 4PL）、科技物流等类型的庞大体系，其中 70%是生产资料物流。在世界 500 强的企业中有十多家物流公司，它们在各有强项的同时，也都展开多元化、全业务经营，且大型快递目标都是综合物流。中国全能型物流企业较少，突破单一经营、融合不同业务法人领域、整合端到端的客户关系才刚刚开始；全方位、深层次塑造中国物流企业国际化品牌形象还须迈过多道关卡，网络配套设施存在巨大缺口。物流资本倾向于补强型收购，以此提高公司在某个市场的专业度。在相同的市场环境下，可靠的创业和运营团队是获取投资的关键，经得起低成本、高效率的考验。

1.2　全球邮政网络

做跨境物流及海外仓，有必要对落地国家的配送资源及政策深入了解，其中邮政和商业快递都必不可少。邮政是收派包裹"首尾一公里"的主力，跨境物流包裹的 80%都要经过全球邮政网络，也是仅有一网包运全球任何地方的物流。

邮政业古老的历史、古板的形象，常被认为是脱离市场的组织，这也与邮政长期特有的"半官半商"的性质有关：(1)至今，世界上很多国家的邮政仍然是完全国有制的，邮政在有些国家除了扮演商业包裹运输的角色，还承担着传递信函、选票、公文及揽储、应急运输等一定的政府职能。如表 1-2 所示，很多国家的邮政都是大型企业集团，并支撑着大量的国内就业。(2)大部分市场都存在 Postal Monopoly（邮政垄断）的法律监管，即信件和具有信件或通讯性质的物品的寄递仍由邮政企业专营。(3)已企业化的邮政公司受体制所限，机制不灵活、进化转型慢，市场化或现代化管理程度低。例如，美国邮局甚至拥有自己的武装力量，用武力来保证邮路畅通。而这种信使通讯的性质，也让我国的"邮、电"合营了很长时间，直至 20 世纪末电信业实现网络化，我国的"邮、电"才正式分营，至今很多国家的邮政还保留了电信运营的许可及业务。"行邮万里、国脉所系"，邮政所至，主权所在，邮票的发行也具有官方意义。新时代，邮政的通信功能大幅减弱，很多寄递业务无法商业化运营，要靠政府来补贴。如在边防及偏远乡村，只有邮局按时来送报刊和包裹，承担了普遍服务义务"Universal Service Obligation"（简称为 USO）。

表1-2 世界主要大型邮政企业经营情况

No.	排名或时间	国家	公司名称	员工数	营业收入	USO补贴	市场化
1	WF-45	日本	Japan Post Holdings	245863	116.6b USD	No	Yes
2	WF-113	中国	China Post Group	948239	72.2b USD	Yes	Partial
3	WF-119	德国	Deutsche Post DHL	472208	70.5b USD	No	Yes
4	WF-123	美国	US Postal Service	573614	69.7b USD	No	Partial
5	WF-304	意大利	Poste Italiane	136555	37.7b USD	Yes	Yes
6	WF-434	法国	La Poste	260000	27.2b USD	No	Yes
7	2018y	英国	Royal Mail Group	161851	10.4b GBP	No	Yes
8	2017y	加拿大	Canada Post	64000	8.2b CAD	No	No
9	2017y	瑞士	Swiss Post	62341	8.1b CHF	Yes	Partial
10	2017y	澳大利亚	Australia Post	30633	6.8b AUD	Yes	Yes
-	2018y	巴西	Correios	125337	4.8b USD	Yes	No
-	2018y	瑞典/丹麦	Post Nord	38000	3.8b SEK	No	Yes
-	2018y	比利时	Bpost	26987	3.85b EUR	Yes	Yes
-	2018y	俄罗斯	Russian Post	390000	2.7b EUR	Yes	No
-	2017y	挪威	Posten Norge	20500	2.5b NOK	Yes	Yes
-	2017y	奥地利	Austrian Post	20500	1.9b EUR	No	Yes
-	2017y	西班牙	Correos Group	51027	1.7b EUR	Yes	Yes
-	2017y	印度	India Post	433417	1.7b USD	Yes	No

国家对普遍服务的补贴是取之于民、用之于民的普惠福利，平信和普通挂号信的价格不受市场的调控而保证在一个极低的水平，但低廉的价格不匹配高时限的服务，"驼/马班"的乡邮路及"水上离岛"的邮路等低频次递送的现象在很多国家都存在。

出于机要通信和信息安全等考虑，我国相关法律规定："快递企业不得经营由邮政企业专营的信件寄递业务，不得寄递国家机关公文"。全程追踪的时限包裹才是参与市场竞争的服务。但各国对邮政信件的监管一直存在难以界定属性的难题，例如私营快递商大量承接各类商业文书及票据，邮政企业的服务无法满足这类高时效的需求等。

因此，在全球市场经济浪潮下，多数国家的邮政业都已经政企分开，邮政这种"公共服务"可以被指定、外包或社会招标，甚至在个别国家私营企业也开始提供邮政服务（Postal Services），从总体上看，政府对商业快递经营范围的监管日趋淡化，全球快递包裹市场在逐步放开，政府继续行使邮政监管、普遍服务定价及补贴或减免税等职能。2018年《快递暂行条例》的颁布，标志着我国邮政业监管的成熟。

全球邮政信件量下滑趋势已存在很多年，而且不可逆转，扭亏成为很多国家邮政的棘手课题。为此,很多政府对国有化的邮政企业进行了股份化、私有化或免去专营权的改革,以提升其参与市场的竞争活力。

邮政企业鉴于既有的庞大的网络设施和投递队伍,向综合性物流服务商转型是其主要选择,拥抱新模式、新业务并进行有限的多元化拓展。如表 1-3 所示,电子商务为全球邮政带来新机遇,电商包裹的增长部分弥补了部分传统业务的下滑。但邮政网络在灵活性、成本控制及服务体验等方面还需提升,全球前十大邮政集团仍以寄递为主营,德国、法国的邮政主业的优势尚存,其他国家的邮政要么转型为金融,要么已陷入衰退。

表 1-3 邮政包裹量较大国家的统计情况

(亿件)	合计	中国	美国	日本	德国	英国	法国	印度	加拿大	巴西	澳大利亚	意大利	俄罗斯
件数	744	401	119	96	34	32	12	15	11	6.64	8.41	7.59	4
增幅	17%	28%	8%	2%	6%	8%	5%	15%	5%	6%	8%	5%	22%
人均	22	29	37	76	41	48	18	1	30	3	34	12	3

来源:Pitney Bowes Parcel Shipping Index 2018 (12 countries,<70lb)

1.2.1 全球邮政的管理组织

邮政包裹可以"Reaching Everyone Everywhere"(无处不达),但由于主权属性,本国邮政不能到其他主权地区设立直接机构,这让各国邮路天然被隔断而无法形成自营的一体化全球运营网络。在联合国有一个管理国际邮件流通的分支机构叫 UPU(全称是 Universal Postal Union,即万国邮政联盟,简称为"万国邮联"或"邮联"),成立于 1874 年,目前有近 200 个成员国。

"邮联公约"指出,每个国家都要指定邮政运营机构来保证信件的流通,术语称为邮政运营商(Designated Operateur,简称为 DO)。这个邮政运营商,在法国就是 La Poste,在巴西就是 Correios。有些存在地区分治的国家会有不止一个邮政运营商,如英国的 Jersey Post。因为 UPU 的存在,让全球邮政网络看起来像是一个连接的整体,但 UPU 的管理职责以标准制定和监控协调为主,对比商业快递就显得过于松散,在质量、效率及联动性等方面难于管控约束。加之不同国家邮政及海关的信息化和技术水平差距很大,这种参差不齐的协作甚至不如加盟体系。为了开发境外市场,邮政可以通过代理商或子公司等形式来开展非邮名义的商业服务。

早期,世界各地邮件往来很少,信件的邮资以邮票的形式体现,全数由寄出国邮政纳入收入,寄达国无偿处理由境外投递来的信件。然而,随着邮件包裹量的增多,非量化的互惠规则暴露了其中的不公平性。

1969 年 UPU 首次提出"终端费"（Terminal Dues）的概念，即依照处理信件数量及重量的不同收取处理及配送费用，如同"码头费"。在 UPU 组织下统一确立国际投递件处理费向谁收取、如何收取、收取额度等规则。但由于全球不同国家所处的发展阶段不同，如果发展中国家的投进量小于投出量，则会支付大量终端费，容易导致降低本国投递服务，长期来看有损全球邮政业务的发展。所以，UPU 框架下的多边费率，终端费初期设计调节国与国之间的国际段的邮费，通过转移支付的方式提升不发达国家的邮件投递质量，但这个设计存在跨国邮权代理的纰漏。

UPU 将会员国邮政分为五个等级，按照该国的 PDI（Postal Development Index，邮政发展指数）确立所在组别，PDI 是邮联根据邮政网点布局、人员配备、邮件投递率和运输时效等要素进行判断的。人均 GDP 比较低的国家中在 UPU 体系中享受较低的费率优惠，因此发展中国家的邮政代理资质成了货代争抢对象。

终端费的最终结算额是各国邮政之间的转移支付，而且若对进口邮件投递时限未达到约定时限目标，还有一定惩罚扣款，因此各国邮政并不会收到足额结算费。UPU 每四年修改一次终端费标准，每个成员国都有一票投票权，UPU 投票系统是平等的。中国作为最大的发展中国家，之前一直在 UPU 的等级体系中享受三等低费率的优惠。

> 案例：按 2018 年 UPU 终端费结算标准，包裹件（bulky letters），重量≤2kg，将一个 1 kg 包裹从中国送至美国，需要支付给美国邮政的终端费为 1.731SDR（特别提款权），经过汇率换算（1 SDR ≈1.42USD）后，约为 2.43 美元；反向，同一个包裹从美国投递至中国，需要支付给中国邮政的终端费为 2.289SDR，约为 3.24 美元，高出 30%。在美国境内运送相同的商业包裹费用约为 5 美元（非大宗优惠）。而一个常见的中美平小包 10 盎司约为 283 克，仅收 1.2SDR 的进口终端费，没有查询及其他附加费。

在跨境电商爆发后，价值低、重量轻的包裹会往邮政渠道聚集，大量的跨境包裹通过中国邮政及周边地区邮政网络涌入了欧美市场。由于人工成本高，欧美国家本土邮政网络承担巨额负担，亏损不断加大，有些甚至要依靠政府补贴维持运转。然而美国等发达国家出口的国际邮件规模很小，中国卖家能以很低的运费将产品卖到境外，包裹失衡已被上升到贸易失衡。

在 UPU 终端费的不对称规则下，进口量大的发达国家要求对 UPU 国际邮件结算终端费涨价，但这需要成员国组织投票决定。UPU 改革终端费对接各国境内配送费标准已提上日程，旧终端费体系没有区分信函与小包，为此 UPU 通过 IPP 为电商包裹创建了新的收费类别，增加查询附加费等，逐步合并发达国家和发展中国家的小包费率。

更深层次的问题是，欧美国家对于直发类电商包裹的关税免征额取消的呼声愈发强烈，依托低廉的邮费，对欧美大规模发展低价跨境电商产品，这对欧美国家的零售业冲击极大,很多包裹通过邮政渠道规避了交税。为此,欧美国家通过取消单笔进口货物或物品的最低免税额,限制个人境外购物免税总额或次数,以收取更多的营业税或增值税,来拦截跨国邮政小包。对于轻小件包裹来说,揽收与投递的成本是主要的,邮政小包的大幅涨价使得跨境电商出口卖家最受打击。

目前,全球邮政业的产值超过 4000 亿美元,雇员近 600 万,有 69 万个邮政网点,世界上平均约每 1 万人就有 1 个邮局。美国、日本、澳大利亚等发达国家营收较高,增速缓;亚太地区邮政包裹营收增长不明显与商业快递兴起有关,拉美、东欧及非洲等国包裹的增速在 30%以上。如图 1-4 所示,全球邮政运营商正发生着深刻的变革,函件持续萎缩,多数国家的邮政从单一邮件市场进军多元化商业服务,利用邮政普遍服务的大网递送包裹,构建电商物流网络。包裹不同于信函,其会大幅提升整个体系的运营成本,邮政在干线及处理方面的成本优势不足,于是外部物流商仍普遍利用邮局做"最后一公里"的投递,邮政也在外包部分的中间环节发挥各自的网络优势。

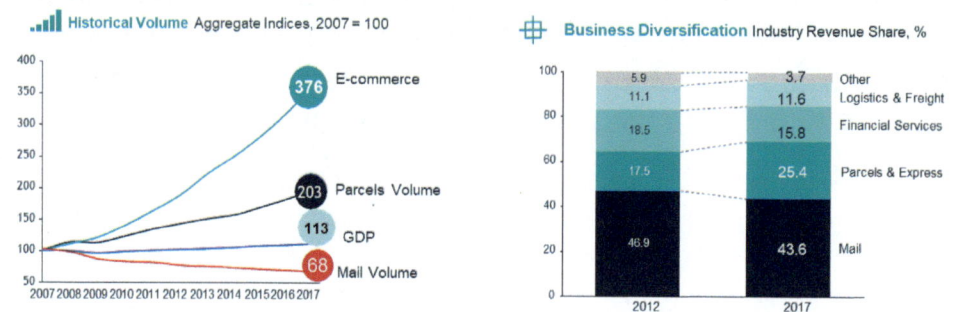

资料来源:Euromonitor International,Development Of Postal Services in 2017,UPU.int

图 1-4 全球邮政的业务分布及趋势

1.2.2 邮政业的产品体系

在"邮、电"分营后,邮政留下了四大业务:报纸刊物、快递包裹、汇兑和信函,在这四大业务中,除了快递包裹的业务,其他业务都在萎缩。穷则变、变则通,各国邮政都在进行着"转型"的尝试。依托 UPU 体系和邮关合作的资源优势,邮政包裹服务有绝对的价格优势及全球通达性,任何一个国家或地区的客户,只要有邮局的地方就都可以到达。邮政包裹在线制单及实物交运方便,计费方式简单,邮资支付已不用邮票或邮资机,可系统对接电子化对账。相比商业公司,邮政对物流产品的创新和网络操盘能力偏弱,集中在以下几种基础服务中,如图 1-5 所示。

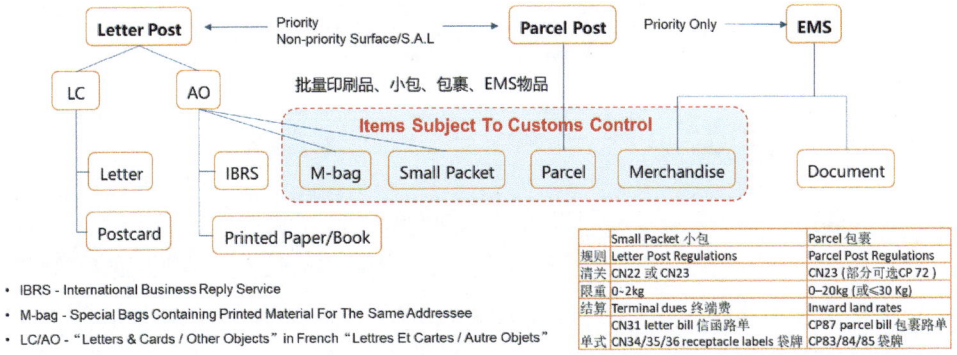

图1-5 邮政基础产品及受监管范围

邮政特快专递（Express Mail Service，EMS），是UPU管理下的国际邮件快速递送服务，是邮政提供的一种商业性快递服务。其主要采取空运的方式送件，根据地区的远近，一般2~7天到达。在海关、航空等部门EMS均享有优先处理权，其快速度、高质量地为用户传递国际和国内紧急信函、文件资料、金融票据、商品货样等。

EMS作为跨境物流选项，其在通达范围、通关能力及免费退回等方面独具优势，如俄罗斯路向30天投妥率EMS高达96%以上，甚至高于四大快递。但EMS的最大问题是时限不稳定，定价灵活性不足，资费比普通民营快递稍高，跟踪查询系统有待进一步改善。S.A.L邮件（全称是Surface Air Lifted，即空运水陆路联运）的速度和价格介于Airmail（空运）和Surface Mail（地面）之间。

除了UPU框架下的基础产品，各国邮政之间还可以建立Multilateral（多边）或Bilateral（双边）合作，通过建立邮件详情单、清单、路单、终端费标准等新规则设计新产品，采取各项优惠措施。例如，由31个欧洲邮政组成的EPG优先包裹，卡哈拉邮政组织KPG承诺服务；跨境跟踪包裹PRIME多边协议的缔约国，对一类包裹采取优先投递、跟踪查询及给予终端费之外的绩效奖励等，如表1-4所示。

表1-4 邮政间其他国际合作形式举例

合作项目	EMS	EPG	KPG	PRIME	ePacket
缔约内容	特快专递	欧洲优先包裹	EMS承诺时限	时限跟踪包裹	中美邮政电商包裹

跨境物流王牌e邮宝（ePacket）就是中美邮政间单签的双边合作项目。然而，邮政网络运费核算与成本控制不够精细，各国邮政间的终端费结算账期长、对账流程烦琐，且尚未电子化，所以邮政企业常委托商业代理进行境外揽件。代理不能做Post-to-Post邮件清关，可以提前从境外打单，待商业清关入境后再进入国内邮政网，如图1-6所示为从英国至美国的USPS Global Direct Entry®服务示例。

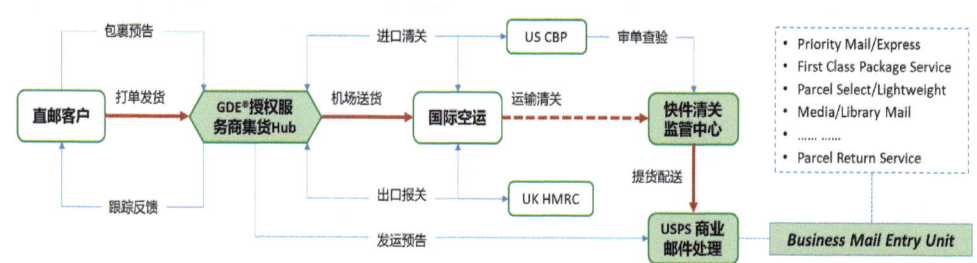

图 1-6　从英国至美国的 USPS Global Direct Entry® 服务示例

近些年，UPU 对整个国际邮政包裹的资费做出了调整，国内本土的邮政产品价格不受约束，甚至还有较大议价空间。其实 UPU 涨价是利好邮政小包代理及电商专线的，此类小包在商业清关完成以后，依托于空运干线点对点的运输，使用邮政网络本土派送至目的地，各国邮政在国内都会设置更多层次的物流服务。

如果有比邮政还便宜的物流渠道，则通常是间接代理放低了折扣，或是某种邮政双边协议产品。目前，市面上的邮政产品价格不一，除了代理及干线空运成本因素，还由于每个地方的邮局为了完成业务指标，都会有一定的销售策略，这导致了同样的服务从不同的口岸、城市交货，其价格折扣率会不同。此外，邮局还有零售、通讯、金融等非寄递主营业务，其中，邮政的零售业务可以发挥其网点遍及全国的优势。例如，瑞士邮政运营公共汽车 PostBus，英国邮政代理保险、换汇、购票及水电煤代收缴等服务。

在全员口径下，如表 1-5 所示，在中国与美国、日本、德国快递单价差距较大的情况下，中国邮政劳产率较高，接近日本宅急便的水平[①]。中国邮政是大型国有独资企业，主要经营国内和国际邮件寄递、出版物发行、邮政汇兑、邮政储蓄、速递物流、电商零售等业务，中国邮政一天要输送上千吨的邮件量，年跨境包裹出口 10 亿件、进口 3 亿件，是市场上最大的跨境航空运力需求方。

表 1-5　各国邮政快递业的劳产率对比举例

（2017年）	USPS（%）	DP-DHL（%）	UPS（%）	FedEx（%）	Yamato（%）	中邮 EMS（%）	顺丰（%）
本国劳产率	12.77	7.96	12.77	12.77	7.35	1.47	1.47
企业劳产率	12.45	14.3	18.15	15	6.5	4.7	2.3
与国内对比	97.5	179.6	142.1	117.5	88.4	319.7	156.5

① 顾春晖、朱丽、张程等. 国家邮政局研究中心，中、美、德、日邮政快递业大对比，2018.02.12

1.2.3 国际邮件的运行机制

要想解读国际邮件的运行轨迹,就需要了解其运营规则。"邮编"对于跨境电商的发货至关重要,绝大多数国家的最后一公里仍由邮政网络掌控,因此大部分商业快递也要共享使用这些邮编与地址库。邮编是邮政经营及揽投区域的划分,体现网格化管理,由 Destination Delivery Unit(配送单元)或 Local Post Office(社区邮局)覆盖,体现邮政运营网络的末端划分。如表 1-6 所示,这种标准的数字化编码,在没有大数据地址识别技术的早期,就能够与自动化完美地结合,比如资费计算、分拣及分拨定位等,如今仍然广泛使用,部分国家的邮编甚至精确到门牌号。

表 1-6 各国邮政编码规则及示例

国家	一般规则	示例
美国	5+4 位数字,1 州+2 地区城市+2 具体区域,4 门牌	44101、22162-1010
英国	5~7 字符,邮域+邮区+空格+1 部门+2 递送点	M2 5BQ、EC1A 1HQ
法国	6 位数字,2 省+3 城市+1 地区或邮政分局	67480、59000
俄罗斯	3 位代表省或者大城市,后 3 位代表投递邮局	125075、185000

国际邮件互换局(Offices of Exchange,简称为 OE),是各国邮政网络对外的网关(Gateway),是向境外(Extra-territorial)邮政机构封发邮件总包,及接收、开拆、处理境外邮政发来的邮件总包的海关监管及国际邮件处理场所。多数国家和地区,出于空运资源、口岸或边境管理等条件考虑,会有一个或几个 OE 集中与外面的邮政交换。由于海关及税务等管理体系,中国几乎每个省都有 OE。邮件在 OE 的清关,由"海关驻邮局办事处"(简称为"驻邮办"或"邮办处")行使进出口国际邮件的监管操作,是海关为邮政系统"非贸易性物品"开辟的专用通关通道。

国际邮件运转有特定的监管规则,在海陆空相关跨境运输公约及清关、检查等方面,UPU 的邮件标准自成体系,总体比贸易通行准则简单,如表 1-7 所示。如 CN38 即 UPU Convention 38 邮联第 38 条公约 Airmail Delivery Bill 航空邮件路单,代表同一批次邮件的运输通行单据,含承运方式、票件重量、容器数量等信息。

表 1-7 世界海关组织与邮联共同制定的邮件相关单式标准

层级	信函单式	包裹单式	共用单式	编码标准	EDI 报文规范
			海关申报		
物品	CN22 或 CN23	CP72（CN23+CP73）	CN23		M33 ITMATT 清关预告 M43 CUSITM 海关申报 M44 CUSRSP 海关回执
		邮包标签（运单）			
单件	CN04 挂号 CN05 可跟踪 CN06 保价	CP73 普通包裹 CP74 保价包裹		S10 邮件号码 （13 位条码）	M40 EMSEVT 物流状态
		封发包裹清单			
	CN33 挂号清单 CN16 保价清单	CP87 包裹清单			M41 PREDES 封发预告
		总包标签（袋牌）			
总包	CN34 水陆运 CN35 空运 CN36 空水陆	CP83 水陆运 CP84 空运 CP85 空水陆		S9 总包号 ID （29 位条码） S47 总包袋牌	
		封发单式（路单）			
发运	CN31 信函 CN32 大宗信函	CP87 包裹		S8 封发单号 ID	M41 PREDES 封发预告 M13 RESDES 开拆反馈
			托运单式（总包路单）		
托运			CN37 陆运路单 CN38 航空路单 CN41 空水陆路单 CN47 空包路单	S32 路单编号 ID	M10 PRECON 路单预告 M12 RESCON 路单接收 M48 CARDIT 运输预告 M49 RESDIT 运输反馈

资料来源：WCO-UPU Postal Customs Guide，April 2018

航空邮件涉及的数据标准，如 CARDIT 及 RESDIT 等，与航空货运的 EDIFACT 及 ASC X.12 等通用标准不同。函件报关单 CN22 是国际小包使用的"报关签条"（货值<300SDR），而若寄送的 EMS 或国际邮包超过此限值，则需要附上两张 CN23 海关申报单，可以采用英文或者法文填写。补充申报、退运、按货物报关等手续，购买的商品的发票或相关价格证明、收件人 ID、联系方式等材料将通过邮政公司提交给海关审核，海关审核后再进行下一步处理（包括放行、缴税或退运等）。

图 1-7 所示为国际邮件在收、运、转、派等过程中的操作与信息节点。UPU 有 QCS 质量监控系统，用来约束各国邮政在运输和投递他国邮件时的质量，并与结算挂钩。

第 1 章　跨境电商物流市场 | 17

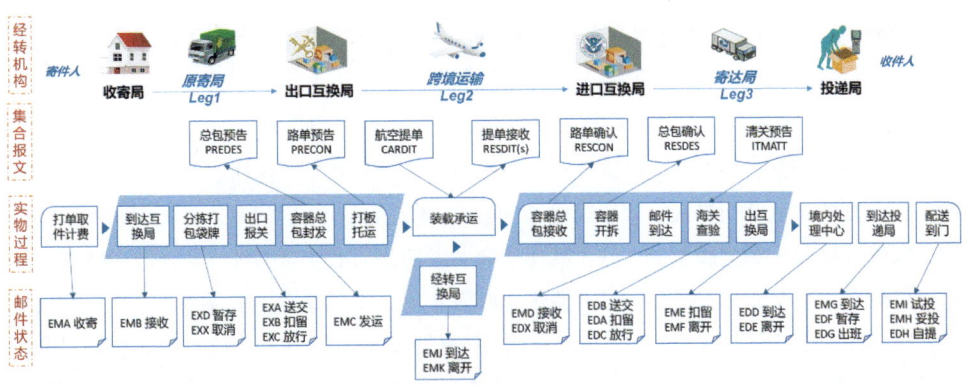

图 1-7　国际邮件运营过程的实物与信息

1.2.4　美国、德国、法国邮政简介

1. 美国邮政简介

作为世界上最大的传统邮政企业，美国邮政管理局（United States Postal Service，简称为 USPS）是少数由美国宪法中提及所设立的机构，是美国联邦政府的独立机构，有近 60 万名雇员，是全球邮件量占比第一的邮政，信件量占全球的 40%，陆运包裹占美国境内包裹量的 1/3 以上。USPS 在境内拥有绝对领先的配送网络，图 1-8 所示为其三级实物网络，有近 3.2 万个作业场地；有全球最大的运输车队，其中有 23 万辆汽车，每天向全国 1.5 亿个地址投递的包裹与信函数量超过 5 亿件。整个美国邮政产业的经济产值达上万亿美元，相关从业人员达七百多万人，支撑了大量的印刷包装、物流运输及软件服务等企业，其中商业公司使用 USPS 的廉价服务开展直邮市场的营销。

图 1-8　美国邮政 USPS 国内三级网络节点

USPS 是美国唯一严重亏损的国家企业，亏损的主要原因是对工人医疗福利的补偿，而非运营。USPS 服务的可靠性非常高，邮包的丢失破损率在 0.1‰以下，虽然近年来跨境包裹骤增，但除了在进口提货与清关环节，邮包很少在运输配送阶段积压。USPS 中有一种叫 Media 的包件服务，资费很低，主要为了传播信息，专门针对书籍类邮件运输进行服

务。Amazon（亚马逊）最早就充分利用了这个低价服务的优势，横扫了图书零售市场。Amazon 无疑是 USPS 最大的客户，享受很多垄断的服务及最低配送价，USPS 每天为 Amazon 最终投递超过 300 万票，且只给它做周日投递和生鲜配送。

如图 1-9 所示，USPS 的网络设计较为开放灵活，包裹可直接送到最终投递局，这个配送也对其他商业公司开放。轻小件陆运包裹 FedEx SmartPost®服务，是 USPS 第二大客户，前端收件和干线运输由 FedEx（联邦快递）自己做，路由至 U.S. Post Office™邮政投递局做最后一公里派送，该业务量也多达 300 万件/天，范围覆盖全美国的 P.O.Box 居民邮箱。类似于前端代理的 UPS SurePost®及 DHL eCommerce 等经济小包业务，也都是利用 USPS 末端配送的。USPS 地址数据库极其强大，包含 API 验证邮编、备案居民搬家地址等，提供 eVS®在线对接方案，取号、打单及账单均由线上完成。2011 年，USPS 与中国的邮政运营商达成了一项特别协议，即允许 2kg 以下小包裹以较低的价格运往美国，并提供跟踪查询服务，即 ePacket"国际 e 邮宝"，使其成为后续最大的中美跨境包裹渠道。

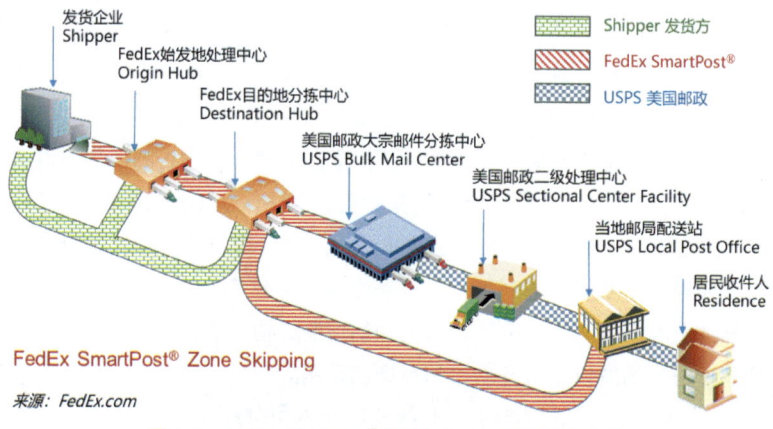

图 1-9　FedEx SmartPost®产品与 USPS 代理网络设计

USPS 每年进口 5 亿件国际邮件，跨境包裹给 USPS 带来了巨大的业务量，而且价格都是经过该国邮政监管委员会（Postal Regulatory Commission，简称为 PRC）批准的，如图 1-10 所示，USPS 是美国境内包裹投递的第一主力。

近年来，美国政府问责局审计调查指出，其他快递背后举报它们根本无法提供 USPS 类似进口邮件（Inbound Intl Mail）的价格，国内邮件价格高于国际进口件的价格。于此同时 USPS 整体收入在大幅缩减，主要原因在于一类邮件和营销邮件的骤减。自 2000 年以来，美国邮政的普通信函投递收入已下滑 40%，这一趋势仍在持续。2017 年，信函寄递量减少约 50 亿件，包裹的数量增加了 6 亿件，但这不足以弥补如此巨大的窟窿。为改善财政状况，USPS 提出了关闭部分偏远农村邮局、缩减邮件分发处理网点、暂停周六投递、自行决定员工支出等一系列改革方案，但这些均需要得到美国国会批准才能执行。USPS

执意单边执行上涨国际邮件派送费，底气主要来自于巨大的市场需求和其无可替代的投递网络，因为其他备选商业投递都不能与其相比。

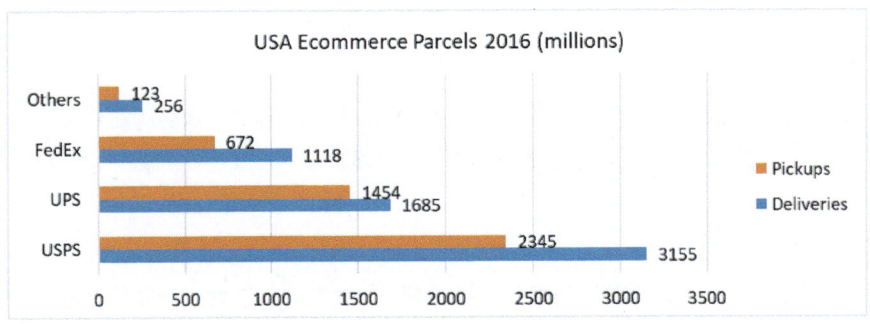

来源：Jay Smith & Bruce Klein，USPS Shipping Product Management，5/7/2018

图1-10　美国境内包裹揽投对比

2. 德国邮政简介

德国联邦邮政 DP-DHL（以下简称德国邮政）是1995年成立的私有化上市邮政公司，除了2008年金融危机因素，德国邮政 Deutsche Post 这些年一直都是持续盈利的，体现了其强大的经营管理能力。德国邮政于2002年收购了美国的DHL，并将其下属所有的快递和物流业务整合至单一品牌DHL中，借助外力实现了"换血"，由上而下地整合塑造出有竞争力的业务结构。整个集团业务可以拆分为四大模块：邮政—电商—包裹、快递、供应链与货运代理，每一项业务都隶属于各自的总部，并再度按照运营、功能及汇报对象进行拆分，这是四家独立的公司在运作。DHL 的发展战略，即通过大量并购来做大规模，然后整合释放潜能，取得了业内领先的业绩和服务水准。

在过去十年里，DHL实现了300%的业务增长。相对于邮政及其他规模较大的快递，德国邮政的国际化发展最为成功，UPS 及 FedEx 的国际营收占比低于30%，DHL 则超过一半。在全球电商发展的趋势下，DHL 的战略执行最为坚定，收购了大量为电商提供服务的公司，也组织架构上也做了调整，以最大程度支持电商的发展。2014年，DHL 把原来的全球邮政业务 DHL Global Mail 更名为 DHL eCommerce，集团的另外三大业务板块也都向电子商务业务提供支援。DHL 快递在中国有八个大区，是亚洲最大的确定时限的国际快递商，约占亚洲市场的44%；DHL 供应链也是全球首屈一指的3PL。

3. 法国邮政简介

法国邮政（La Poste）也是国有部门，其前身是法国邮电部邮政总局，于1991年被分拆。法国邮政的主要业务分为传统信函、包裹和物流、金融三大部分，其物流国际化程度及在欧洲的市场份额都仅次于德国邮政集团，是欧洲的第二大邮政集团。La Poste

在全球拥有 200 多家子公司，其旗下的 GeoPost 物流集团在欧洲是第二大快递运营商，同时拥有多个知名欧美包裹快递品牌，如 Colissimo、ChronoPost、SEUR、Exapaq、Interlink 及 Asendia 等，这与法国邮政频繁地分国家进行网络投资有关，这些快递品牌具有很强的本地化特征。

目前，主要的商业包裹配送体系都整合到 DPD 名下，各个运营品牌在法国本土及欧洲部分地区的派揽、分拣及运力资源是共享的，日均配送 500 多万个包裹。

1.2.5 邮局的未来

邮局具有"政商"结合的独特属性，是社会历史进程和经济发展的阶段产物，这对于邮局来说既是优势也是包袱。科技进步让多种邮政服务充满替代性，当政府、居民或客户等不需要这类服务的时候，如果邮局不想被时代抛弃，就要发挥资源禀赋和政策优待优势，加快转型成为市场化的商业综合体。邮局不能回避科技浪潮，要迎头赶上，用科技来改善业务的运营效率，巩固末端优势，挺进电商物流市场。其措施如下：

一是市场化。由于各国邮政政商结合的"自我治理"已成为历史，那么背靠联合国的邮联体系需要向 UPU 2.0 升级，在松耦合网络体系下塑造强合作关系。面对全球邮政行业的日趋开放和电子商务消费市场的新型供需关系，国际邮件终端费体系将走向无差异化，并与各国境内市场价格接轨，以全新的运营标准、电子化结算方式与质量监控手段等，重建一个国际组织与政府及私营组织共享的跨境物流公共平台，以优化包裹全程效率和利益平衡为目标，推动全球邮政业的转型升级。

二是继续提升核心能力建设。列举某些国家的邮政市场化路径，比如英国皇家邮政，其通过旗下的物流公司来运营邮件和包裹，年收入高达 120 亿欧元（如表 1-8 所示）；丹麦和瑞典两国的邮政干脆合并运营 PostNord 北欧邮政；澳大利亚、加拿大及俄罗斯等国家地广人稀，物流费用高，邮政已成为尾程派送服务的主要合作伙伴，其他国内快递公司无法企及。为了实现低运作成本、高效网络，不少邮政推出自己的航空公司，中邮及俄邮都有几十架货运机队。当然，无一例外地都投入科技，以提升包裹自动化处理效率。如图 1-11 所示，各国邮政的主营业务仍为寄递类，其中信函文件向高时效市场转移、包裹依托电商，邮政的市场地位面临更多挑战。

表 1-8 英国皇家邮政集团四大事业部

英文名称	Royal Mail Group	ParcelForce	GLS	Post Office
中文名称	包裹信件尾程揽投	本国快递服务	全球包裹快递	英国本土邮政所

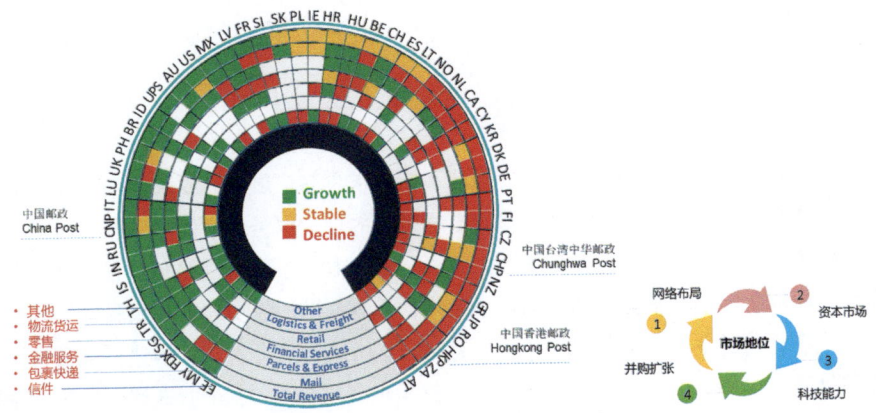

图 1-11 全球 Top50 邮政公司业务趋势

三是多元化。有很多具有特色的外国邮政的成功转型实践值得借鉴。邮政众多的营业点让其可以提供各种便民服务、零售或金融代理等跨界选项,例如日本、中国和意大利的邮政的银行及保险等业务已成为主业。日本邮政 JPOST 已成长为金融化大财团,旗下的日本邮储银行及邮政保险都是行业领军企业,而中国邮政约 70%的收入也来自金融板块。意大利邮政集团拥有邮件与物流、集成通信及支付、保险、信贷储蓄四大板块,如表 1-9 所示为意大利邮政集团发展指标。意大利邮政于 2018 年启动了"Deliver 2022"的五年规划,中心目标是最大化邮政网络价值,其中包裹配送处理量争取翻番,B2C 市场争取抢占 40%,加大物流科技及对自动化设施的应用,在 IT 领域投入 5 亿欧元。作为起家业务,物流仍是多数邮政的主要发展方向。

表 1-9 意大利邮政集团发展指标

客户量(个)	34.4 百万	网络覆盖率	100%	支付市场份额	25%
邮局数(个)	12822	年包裹量(个)	110 百万	发卡量(个)	24.8 百万
日客流(个)	1.5 百万	B2C 市场份额	30%	交易额(欧元)	104 千万

资料来源:意大利邮政官网 PosteItaliane.it,本文整理,2019.4

四是提升管理能力。业务转型已经比较清晰,而多数邮政面临的是如何改善经营效益、建立与市场接轨的治理结构和绩效体系等管理难题。邮政庞大的资产要有匹配的运营能力,以便发挥资产最大的效能。例如,比利时邮政 Bpost 是创立于 1830 的国企,2006 年丹麦邮政对它进行收购私有化,此后比利时邮政的包裹业务更加开放灵活,在国际上以 Landmark 品牌拓展。荷兰邮政 PostNL、瑞士邮政 SwissPost 以及被菜鸟入股的新加坡邮政 SingPost 等是几个典型的小而美的国际化邮政公司,在国际包裹市场上比较活跃,在国内跨境物流市场上也经常能看到它们的代理小包或专线。

1.3 国际商业快递"物流蛋糕上的奶油"

快递企业的核心能力是网络资源，因此不断追求具有广度、深度及能够高效服务的全程网络是快递企业的目标之一。快递作为全程全网的现代服务业，使用"赢者通吃"的规则，若后来者想要反超，则需要耗费极大的资源和成本。国际快递的竞争方式没有发生根本变化，具备高标准的服务和精准的市场定位，长期占据国际快递市场领先地位和产业链顶层，代表着快递业发展的最高水平。如图 1-12 所示，从经济性和通达性来看，大部分电商包裹及跨境小包的落地配适用于陆运，这类包裹与全球 72 小时送达的确定时限快递不在一个价值层。国际快递增长平稳，虽然业务总量只占中国快递总量的 2%，但业务收入占了 11%。

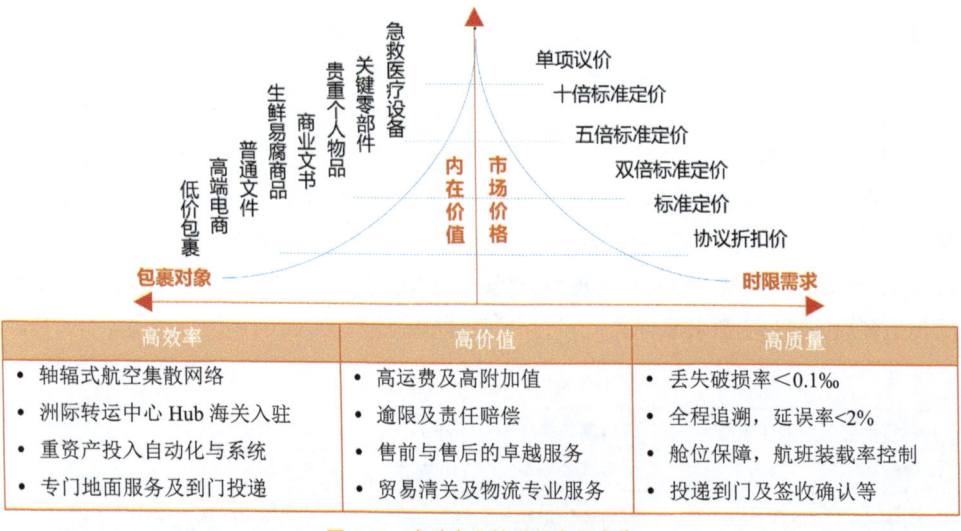

图 1-12 高端商业快递的市场定位

国际快递服务是中国最早实行对外开放的服务贸易行业之一，其标志是日本 OCS（全称是 OVERSEAS COURIER SERVICE，于 2009 年并入 ANA 全日航空）于 1979 年率先与中国外运股份有限公司（以下简称中外运）签订了第一个快件代理协议。随后，国际快递巨头均与中外运达成代理协议并进入中国市场，但目前除了中外运—敦豪国际航空快件有限公司，其他几家都已独立经营。1985 年，中国邮政成立了经营快递业务的子公司 EMS，成为本土第一家专业快递企业。中国在加入 WTO（World Trade Organization，世界贸易组织）后，放开了对资本的限制，国际四大快递公司不断参与中国公司的合资或并购，如 Kerry 收购大通国际、FedEx 收购大田、TNT 收购华宇、DHL 收购全一速递等，加强对中国快递业务的掌控。

然而，外资快递因其在中国的直营业务模式与网点布局方面存在劣势，自身运营成本居高不下，落败于激烈的民营快递价格战，很快退出国内经济包裹业务，变为主抓国际快递和跨境物流。事实上，在中国的服务业领域，鲜有外资能够胜过本土企业，这里有太多的环境因素。目前，国内快递商的国际化程度都较低，虽然个别快递商在海外的业务已开始独立发展，但中小公司很难具备在全球"开疆拓土"的实力，与当地物流企业合作及投资海外仓是目前国内快递商的主要发展形式。

国际快递业依然处于成长期，整体每年都有7%~10%的稳步增长，主要业务包括商务件、样品、公文件和高端电商，以及医疗、航空配件及生鲜等。商业快递与跨境电商的交集更多的是运输段，因为快递的端到端成本过高。通常，四大空运在优先保障自有快递装载后，再接收部分电商货物补舱。

1.3.1 国际快递如何运营

快递的业务特点是面向分散的终端客户，构建广阔覆盖客户的网点，并以各类运输工具及信息系统对链路进行联接。国际快递的"港到港"遍及主要人口聚集区和经济中心城市，以通达机场、洲际"世界港"、区域集散中心及次级处理中心等组成节点网络，并与陆路运输衔接。快递巨头的全货机主要是飞区域性中转枢纽之间的往返航班，支线网络也得依靠商业客航的腹仓。与国内送货服务不同，国际快递提供者参与清关手续，而陆运快递往往需要更多的节点和直达专线，如UPS在全美国有1200多个处理中心。

表1-10和图1-13所示为快递实物网络的典型设计与对比，"组网模式"即网络结构及其运营机制，航空快递网的组织以全网枢纽辐射集散为主，以点对点直线为辅。轴辐式航线集散系统Hub-Spoke-System能比点对点式网络运营降低20%~30%的航空运营成本[①]。对于从事快递的人来讲，孟菲斯、莱比锡、路易斯维尔等Hub都已耳熟能详。当年FedEx打造孟菲斯枢纽的直接原因是由于美国的经济发展不平衡，网状航空运输很容易出现货物流量往返不对称的情况，比如"满载而去、空载而回"。根据美国的经济地理结构来看，孟菲斯的选址接近于中心，可以将所有飞机先飞往物流核心枢纽中转，再按照优化路线统一进行调配，以集散的方式实现航空成本的经济化。

---

① 邓亚娟，陈小鸿，杨超. 需求不确定的枢纽辐射式航线网络设计[J]. 交通运输工程学报, 2009.06

表 1-10　集散网与专线的特征对比

模式	轴辐式集散网	点对点专线
连接性	各航班通过中心中转，分拣布局集中	每条线服务一对城市（或串飞几处），资源分散
依赖性	线路对中心高度依赖，路线间货量相互影响	线路间基本无关联
需求性	多个城市网，更偏好高价值货源	覆盖单一，偏好吸引价格敏感的规模货源
可靠性	单点风险，受中心拥堵和周转时间影响大	时限更稳定
成本	连接线路有最优数量，适宜不均衡市场	单条线成本固定，需要高装载率支撑
运力	需要不同机型来动态匹配线路需求	通常单一运力计划，可调配性低

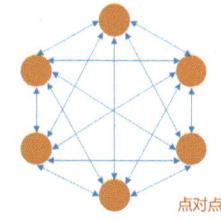
点对点

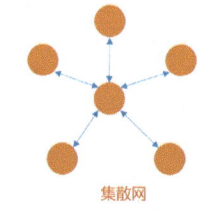
集散网

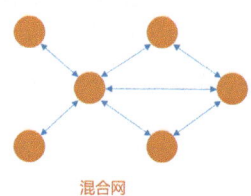
混合网

图 1-13　快递实物网络的典型设计

能提供全球速运的快递商屈指可数，我国进出口快件 90%以上的业务被国际四大快递占据，国内货运飞机总和不及 FedEx（联邦快递）一家，境外网络缺失。商业快件的航空运输甚至抢了很多航空普货的市场，价格、时效及清关都是其他渠道所不具备的。例如，在自己的快件集散中心 Hub 做清关，海关入驻其中，这种快件清关能力是封闭的，空中电子预报关，飞机落地即清关完成，之后连接国内自有航空网络运输，使国际快递的时效可以做到中美门到门 36 小时极速送达。

不算各国邮政，全球年营收超过 20 亿美元的快递有十几家，如日本的 Yamato 及 Sagawa，欧洲的 DPD、GLS 及 Hermes 等，其中大多数快递公司都有很强的区域性特点，但全球化能力都稍逊。按照发展增速来看，中国快递商全球最多，直营便于质量管控、加盟轻资产利于成本，多数快递商面临单价走低、业绩承诺、平台霸权、总部以罚代管、派件成本高等问题，对于高时限跨境寄递服务尚缺乏网络支撑。

运营的标准化体系是快递企业做大、做强的基础，时效和重量是快递定价和网络设计的两个重要维度。但服务高度标准化也让资源共享成了无解的命题，Parcel（包裹）和 Express（快递）是两类业务，往往需要独立分网运营。Express 的核心是突出卓越品质，所以采取直营、空运、专网，少数末端委派给第三方也会苛刻考评。而 Parcel 特别是电商件，价值不高，成本是核心考量，以仓配、专线、加盟及众包等为主。FedEx Ground 及 DHL Parcel 业务，末公里点部及快递员很多是外包的。例如，DHL Parcel Metro 利用定制 App 为区域递送员和众包供应商创建一个虚拟递送网络。在网络化、专业化经营的组织结构中，很多跨国公司将其集团内部的共用职能集中起来，向各个业务单元提供标准化的服务，形成共享服务中心（Share Service Center），并衍生出物流控制塔。

四大国际快递公司作为全球性的企业，虽然空运服务范围所覆盖国家较广，但其"地面部队"的派揽能力无法遍及每个分割的市场。四大国际快递公司的代理模式是业内长期颇具玩味的话题，受制于地域市场环境和客户资源的差异，在每个区域的市场或者细分领域依然还会存在一些空隙，如头程的揽收能力和对终端市场的营销，这给了很多中小货运代理一定的生存空间。

一方面，鉴于四大快递的标准化运营的可靠质量，有好的授权价格不愁卖。散客或发件量小的客户，很难从官方直营手里获得好的运价折扣，但如果交给货物代理，则价格能低30%以上。或者针对不同目的地和不同重量段细分价格，提供差价优惠。

另一方面，大快递公司的市场策略更倾向于与直客、贸易商及电商开展直接合作，在新领域寻求增长点，前端代理注定是受限的。服务转售必然伴随售后问题，这类高价值客户对时限、质量敏感，对清关申报、查件追踪等要求火速响应，所以对代理服务的专业性要求也很高。

1.3.2 对标知名国际快递

FedEx 是一个标杆，拥有最正宗的快递运营文化，《荒岛余生》这部影片讲述了一个联邦快递公司员工在南太平洋上空遇难坠机流浪到荒岛的故事，体现了企业精神对个人的影响甚至能够拯救自己。"The World On Time"是联邦快递的口号，秉承最严格的安全、道德和专业标准，屡次获选为全球最受推崇和信赖的雇主。对比国内快递，无论是总体货量，还是孟菲斯日处理量，FedEx 似乎都不再是神化，其纯航空快递件日均仅五六百万件，但因为其定位于高价值市场，所以总体营收仍遥遥领先。

美国很早就开放航空货运、允许私人经营信函及国际快件等市场管制。FedEx 拥有全球最大的航空货运网络，细分为航空快件与航空重货，时效性强，2~4 天可达全球主要市场。FedEx 和 TNT 快递的合并对快递市场格局的影响在快递发展史上是里程碑式的，并且提升了 FedEx 在欧洲和东南亚市场的竞争力。TNT 是 1946 年在澳大利亚成立的，先被荷兰邮政收购，后又被分拆，由 FedEx 收购。欧洲中东等线路一直以来都是 TNT 的优势线路，比利时列日分拣中心的货物约有一半是陆运包裹。

如图 1-14 所示，FedEx 的航空快递、陆运包裹、零担货运及整车等板块，多数客户都使用了几种组合服务。FedEx 和 UPS 具有看似完全相同的商业模式，产品线相互参照清晰，但战略细节差异巨大,从业务结构及客户定位来看,UPS 更擅长美国境内的陆路运输,FedEx 更擅长全球范围内的空运特快。

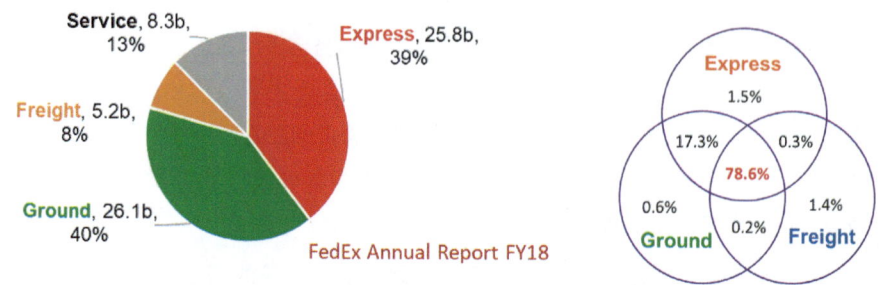

图 1-14　FedEx 几大业务板块及客户交叉占比

UPS 与 FedEx 早期竞争是有差异化的,至今 UPS 相对包裹量更大,且以陆运为主的快件结构导致其盈利能力显著强于 FedEx。在 UPS 旗下的主要业务使用单一的网络管理,这有利于将网络效率和资产使用率最大化。而 FedEx 的策略是将不同的业务单元(Business Unit)拆分,独立运营,旗下多家公司共同参与市场竞争,统一品牌、统一客户管理,这有利于服务体验和运营效率。两者相互竞争带来的结果是趋同的业务结构、时效性和经济性,如图 1-15 所示,双方都打造出了更加综合全面的服务体系。

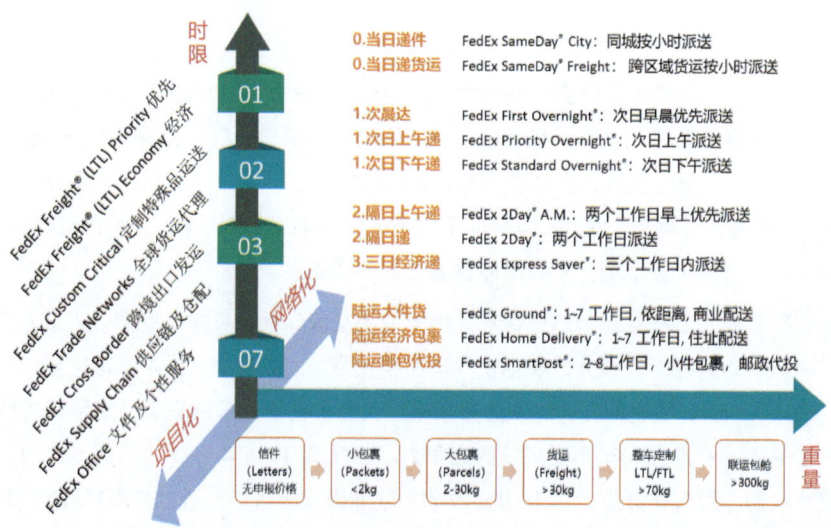

图 1-15　FedEx 梯度产品与分层网络的立体运营

FedEx 的陆运服务相对于空运的封闭网络更灵活，同样下辖包裹与重货，且包含多种时效，在北美 3~7 天到达，经济包裹有 SmartPost®、Home Delivery® 及定日达 Day-definite Delivery 等到门服务。2018 财年，FedEx 集团整体运营利润率是 7.4%，空运 Express 板块增长微弱、利润率为 7.1%，但陆运板块的利润率高达 14.2%，且增速最快，日均 840 万个包裹，单票运费在 8.6 美元左右。电商业务已是 FedEx 高速发展的新引擎。

在陆运网络体系下，类似于国内加盟制，FedEx 输出品牌、技术、运营定价、系统和设施设备等，自营分拨中心，车辆和服务由合作伙伴提供，在每个区域寻找合适的合作伙伴，类似于快递加盟模式，每三年一个合约周期，区域合作商一般是排他性的，由合作伙伴提供车辆、人员和服务（每个合作商平均有 6~8 台车）。FedEx 会评估其服务能力和水平、成本、运营管理能力。区域的收派件费用及对终端客户的定价由总部销售团队管理，协议大客户可以享受折扣。

美国邮政（USPS）的国内航空邮件（比如 Priority Mail 及 EMS 等）的空运全部包给了 FedEx，其独享每年十多亿美元的邮政运输合同，还可以把收件箱放到 USPS 的几万个邮局中，利用邮政普遍的服务网络，以较低的成本收取自己的快递。USPS 公开的国际非邮速递 GXG®(Global Express Guaranteed)服务，其运作模式也是邮政收件，然后交给 FedEx 做之后的运送，相当于邮局是 FedEx 的市场代理。FedEx 还将 Office Shop 入驻沃尔玛，提供打印、包装和自提等服务。

欧美快递商的主要痛点是市场增长缓慢、商务件市场饱和、电商崛起，而大家的策略都是大力发展国际快递、供应链和陆运经济件："空运提效、陆运增量、供应链整合"。2019 年 FedEx 将 FTN® 货代、关务、供应链及仓储等部门整合至 FedEx Logistics®，以拓展业务的多样性。同样，UPS 以快递为核心能力向供应链一体化服务商延伸，如医药物流。另外，网络扩张与效率提升离不开庞大的重资产，每年 UPS 和 FedEx 都投入大量资金做系统与设备的更新。

由于强大的体力劳动者所在工会，以及各方面制度因素的影响，美国境内的快递服务体验并不叫好。从中国到北美的快件，DHL、UPS 和 FedEx 三家基本都能控制在 4 天以内到达，DHL 有些区域交由第三方派送，在时效和衔接上略逊一筹，但在价格上也稍占优势。FedEx 和 UPS 在美国的基础设施非常完善，但在全球范围的业务上，还达不到 DHL 的国际化规模和能力，尤其是在一些与美国不睦或被美国制裁的地区，只有 DHL 可达。随着我国贸易模式与劳动力格局的变化，以及《中华人民共和国外商投资法》的落地，国际物流巨头在中国的本土化布局方式也在发生改变，投资策略更加灵活。

其他快递市场相对分散，印度 GATI、意大利 SDA、土耳其 PTS 和韩国 CJ 等都是领先的本地服务商。DPD 在欧洲的派送网络很完善，是仅次于 DHL 的快递商，经营欧洲包裹、仓储及代理报关报检等业务,在中国的网络布点一些专线,在巴黎集中商业清关完毕后落地配送。安迈世 Aramex 是中东、北非地区最大的快递商,以所处东西方交通枢纽的便利,占据海湾市场第一份额。中外运安迈世拥有多个口岸,提供国内取件、航班运输、海外清关、配送服务及货物追踪等服务。

20 世纪 70 年代,日本在快递业管制放开之后,包裹运送不再只属于国有邮电局和铁路的业务范围时,日通、西浓、福山通运、佐川急便等纷纷入局。目前,日本快递企业有 21 家,前三名总的市场占有率达 94%。日本地域狭窄,城市与人口密度高,陆运单件价格低。Yamato 采用"直营网络+便利店合作"的运作模式,如图 1-16 所示,黑猫宅配是业内有名的"日式快递",提供冷链速送、定时配送及代收货款等个性化服务。

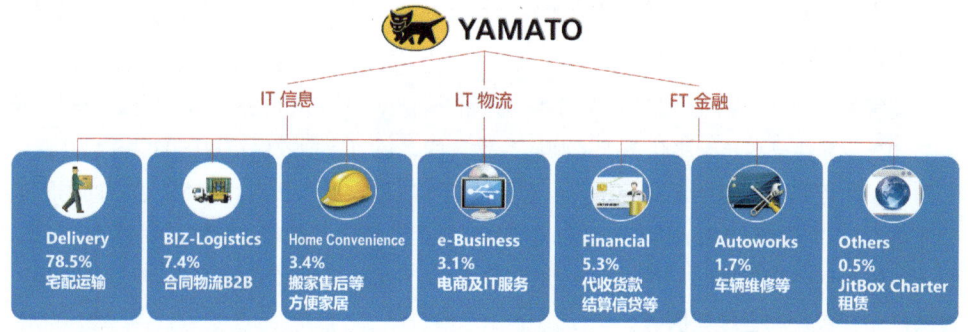

来源:Yamato Annual Report 2018

图 1-16　日本最大快递商 Yamato 业务结构与三大核心能力

1.3.3　走出去的"锚点与航线"

快递业存在显著的"网络效应+规模门槛",要建立跨地域的服务网络,前期投入巨大,包件平均收入和成本基本稳定,需要足够规模的业务量支撑。国内快递净利率趋零,需要达到日均数百万单才能形成规模运营,才能达到盈亏平衡。这就决定了市场会走向集中,头部大厂强者恒强,重资产、人力密集、营收巨额,并不断降低边际成本。新进入者除非另辟蹊径,否则很难触及低端包裹市场,例如电商物流"仓干配"模式对比传统快递是一种网络组织的改变,使得网络由"多层"变为"扁平",节点不再是转运中心而是仓配中心。

快递业急剧的原始积累,让企业开始注重物流生态体系的构建,切入其他细分领域,将"天网+地网+信息网"三网合一,投入大量的网络和技术,如图 1-17 所示,快递业的国际化路线也是必然的。

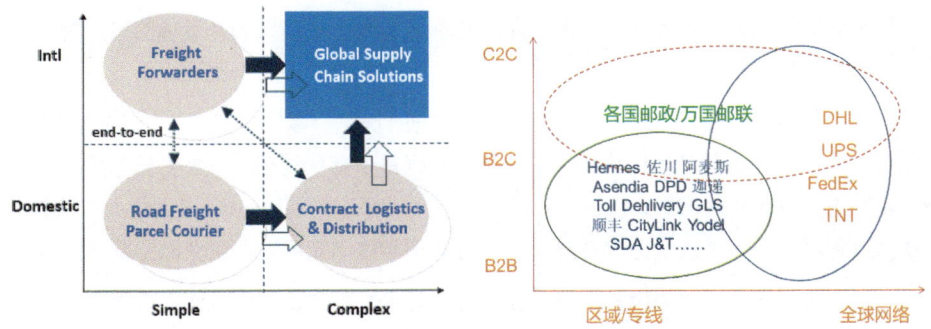

图 1-17 物流国际化与快递网络类型

与跨国快递商相比，国内快递缺乏覆盖全球的网络能力，海外部分的业务相对较"瘸腿"，运力相对是次要问题。建点、拉线、组网是一个慢过程，构建全球订单履约服务网、跨境干线传输和末端交付网，需要克服海外社会法律、市场壁垒、劳资关系等风险。很多不完全开放的潜力市场，即便有资本的投入，清关资源、配送渠道等也十分稀缺，甚至无法逾越。例如，用于国际货物以快递清关进入沙特，快件清关牌照只单独颁发给几个本土公司，沙特最早的五张快递清关牌照由国王颁布法令颁发。快件清关进来的货物，仅需要交付 5% 的 VAT，不需要交关税，相当于垄断的快速绿色通道。而在沙特境内做代理清关、包裹派送也需要牌照，都要求沙特人 100% 持股。电商物流 COD 资金的风险巨大，所有权在法律上没有任何保障。

在海外投资并购有诸多折戟沉沙的案例，在合资企业中最具成功的代表是"中外运敦豪"，其中能力互补是合作的关键。很多公司借鉴"合纵连横"这一古老战法，实行"远交近攻"和"轻重结合"的海外布局模式。例如，顺丰在国内的定位是中高端快递业，在鄂州建立航空物流枢纽，布局包括跨境、重货、冷链、仓配等领域，且国际业务营收已达 30 亿元，是增长最快的业务。顺丰在东南亚等周边地区主要以直营为主，在东盟的网点布局已覆盖多个亚洲国家，国家之间可双向快递；在欧美地区则采取合作的方式，通过一些代理机构进行市场交换。顺丰与 UPS 在中国香港成立合资公司"环球速运"，以新品牌共同聚焦跨境贸易。顺丰在国内取件，UPS 提供跨境运力通道，当抵达美国后，由 UPS 提供清关派送，利用 UPS Freight 开办 FBA（Fulfillment by Amazon）专线配送。

中国香港是国内快递企业走向国际化的第一站，圆通速递收购中国香港先达国际货运有限公司，获得它的海外网络布局、业务资源、干线运输、关务和团队能力，将境内的揽派优势嫁接之上。京东、百世快递等也在东南亚起网运营，中通快递与匈牙利邮政开辟中匈跨境快件专线，韵达速递以进出口跨境电商及海淘群体为目标客户开通了一些国家的跨境收货点。民营快递的进口快递不容小觑，国外电商平台的直邮、境外加盟、华人快递等渠道聚合了较大份额，在进口空运及快件清关等方面优势突出。

快递企业要跟着跨境电商走出去,而海外仓是快递企业布局海外市场的另一种形式,在整个产业链条的核心节点上布局物流设施,传统跨境物流的痛点就迎刃而解。

国外大快递公司的扩张路径通常是(航空/地面)快递→零担→整车→供应链→国际→实业/金融,所以跨国并购是国内快递企业迅速扩张最快捷的途径,也是主要手段。国内一些比较成功的跨国并购案例,往往都会采取"独立经营"的 Glocally(全球本地化)模式,尽量减少管理干预和大规模的业务整合,以有助于实施尽职调查,避免踏空踩坑。

企业也可以横向并购规模较小的企业,利用区域快递商现有的网络及客户资源,以降低开发当地市场的成本。横向并购主要是为了拓展网络覆盖面、提高集中度,例如 FedEx 收购 Genco、飞虎和 TNT;在纵向上利用被购企业的技术和专长等来培育新业务,比如 FedEx 收购 World Tarriff 组建 FTN,如今是北美最大的海关及空海运贸易数据供应商。

新物流业态也受到了资本的青睐,例如腾讯、中信、菜鸟、红杉、经纬、鼎晖、君联、复星、华平等都是国内主要投资物流领域的机构,表 1-11 所示是投资物流企业的参考要点。产业基金较少直投高风险的初创企业,但物流发展节奏慢,获利期融资的较少,通常创投 PE 及风投 VC 偏好创业型科技物流企业。

表 1-11 投资物流企业的参考要点

行业地位	独创性、创新性,能够率先占领市场份额,获取行业优势地位
商业模式	集约化发展,经营风险和服务质量可控,股权架构清晰、债权债务关系简单
盈利能力	规模高成长性,可持续的盈利能力,强劲的现金流
独特优势	拥有市场监管条件下的牌照、许可等资质,在特定细分领域占领较大份额
融资规划	制定上市计划,逐步进行各方面改革,规范化经营,股权变现、最终获利

1.4 国际运输渠道

在国际货运中,常见的承运人(Carrier)是船司、航司、邮政和快递等。从法律上来看,承运人向发货人收取运费,而货运代理人一般收取服务中介费。如果没有邮政或快递的一体化网络,那么国际航空货物运输则主要采用集中托运,或直接由发货人委托航空货运代理人进行。整个跨境运输业的最上游是运力提供商(航司/船司),它们通常只负责卖舱位和定运价。但对于货运市场一线的资讯大多来自货运代理人,因为他们是活跃的市场传导群体。

在这个消费需求驱动的快节奏时代,产品更新换代的周期很短,新品、爆款要以最快的速度向全球铺货,而最能满足这种物流高时效的是空运。每年,全球空运仅占全球贸易 1%的运量,但占 35%的货值,邮政航空包裹件就达到 80 亿件。长期以来,货运航空受投资回报及价格调节的制约,其增长率很低,市场供需矛盾主要是季节性的。B2B 与 B2C 的界限正在模糊,大宗贸易逐渐分散成跨境碎片化订单,导致客户选择大批量走海运的需求在下降。由于时效性的要求使更多订单选择了空运,近两年全球航空货运总量有 10% 的增长。

海运本来跟包裹搭不上边,少数临近国之间有水陆路邮包。随着市面上一些海运派送到门的海外仓头程重货增多,海运成为性价比较高的备货方式。海运市场的运力总体过剩,空运则是淡旺季剧烈波动。除了海运与空运,第三种跨境物流运输的选项就是公路、铁路多式联运,但这一比例还很低,联运优势没有充分发挥。中欧班列从早期的渝新欧线路开始萌芽,货源构成从大宗贸易货物拓展到如今的跨境物流货物。目前,武汉、郑州、合肥、长沙、苏州等地都开通了跨境电商货物到欧洲的铁路拼箱。

1.4.1 航空货运渠道

民用航空分为三大类:客运、货运、通用,其中货运类航司分为三种,即快递系货运航空、客航旗下货运部门或全货机子公司、纯货运航空,货运约占航空业总收入的 9%。空运方式有两种:一种是纯货机,通过专门的货运飞机执飞定期航班或临时包机运输,货物以贸易货物为主,国际航线的纯货机占少数;另外一种就是利用客运航班的腹舱进行运输,虽然客机腹舱运力小,且较分散,但航班多,全球客运机的腹仓运力是货机的近 5 倍。据统计,全球航空货物收发全程平均用时 134 小时,空运段只占 44 小时。国际航空运输协会(IATA)提出了 "Global Development,Regional Delivery" 的倡议,其中地面配合是提速的关键。

航空运能存在聚集效应,在珠三角 "大湾区" 制造业与贸易的带动下,近 20 年来,中国香港机场蝉联货邮 Freight & Mail 吞吐量世界第一,是全球航空转运中心,DHL、UPS 等快递商每周都要在中国香港机场起降上百架次,如表 1-12 所示。

表 1-12 全球货运 Top10 机场与航空公司

Top	City (Airport Code)	Tons	2016—2017 年的增长率	Airlines	FTKs	2016—2017 年的增长率
1	HONG KONG,中国香港(HKG)	5,049,898	9.4%	Federal Express 联邦快递	16,911	7.6%
2	MEMPHIS TN,孟菲斯(MEM)	4,336,752	0.3%	Emirates 阿联酋航空	12,979	5.8%
3	SHANGHAI,上海浦东(PVG)	3,824,280	11.2%	UPS Airlines 联合包裹	11,940	5.8%
4	INCHEON,仁川国际(ICN)	2,921,691	7.6%	Cathay Group 国泰航空	11,634	14.0%
5	ANCHORAGE,安克雷奇(ANC)	2,713,230	6.7%	DHL Express 敦豪速递	11,176	7.8%
6	DUBAI,迪拜国际(DXB)	2,654,494	2.4%	Qatar Airways 卡塔尔	11,156	21.0%

续表

Top	City (Airport Code)	Tons	2016—2017年的增长率	Airlines	FTKs	2016—2017年的增长率
7	LOUISVILLE, 路易斯维尔(SDF)	2,602,695	6.8%	Lufthansa Group 汉莎	10,692	12.9%
8	TOKYO, 东京成田(NRT)	2,336,427	7.9%	China Southern Group 南航	9,983	48.1%
9	TAIPEI, 中国台北桃园(TPE)	2,269,585	8.2%	Air France-KLM 法航	8,583	5.5%
10	PARIS, 巴黎戴高乐(CDG)	2,195,229	2.8%	Korean Air 大韩航空	8,554	11.6%
11	FRANKFURT, 法兰克福(FRA)	2,194,056	3.8%	Cargolux Group 卢货航	8,480	13.8%
12	SINGAPORE, 新加坡樟宜(SIN)	2,164,700	7.9%	China Eastern Group 东航	7,880	66.7%
13	LOS ANGELES, 洛杉矶(LAX)	2,158,324	8.1%	Air China Group 国航	7,748	13.8%
14	MIAMI FL, 迈阿密国际(MIA)	2,071,722	2.9%	Singapore Airlines 新航	6,726	6.0%
15	BEIJING, 首都国际(PEK)	2,029,584	4.5%	China Airlines 中华航空	5,848	10.9%
16	DOHA, 多哈哈马德(DOH)	2,020,942	15.0%	Volga-Dnepr 聂伯/空桥	5,739	12.5%
17	LONDON, 伦敦希思罗(LHR)	1,794,276	9.4%	IAG 国际航空集团	5,573	8.3%
18	GUANGZHOU, 广州白云(CAN)	1,780,423	7.8%	Atlas Air 阿特拉斯航空	5,164	1.5%
19	AMSTERDAM, 阿姆斯特丹(AMS)	1,778,382	4.9%	All Nippon Airways 全日空	4,989	15.6%
20	CHICAGO IL, 芝加哥(ORD)	1,721,807	12.6%	Turkish Airlines 土航	4,924	35.3%

资料来源：国际机场协会 Aci.Aero, Cargo Traffic 2017 Final Annual；国际航协 IATA Annual Review 2018

  目前，中国内地机场的安检要求和通关条件难以完全满足跨境包裹的实际操作，带电货物基本都无法上航。跨境电商货物很大比例是通过中国香港运出的，因为香港航线密集，拥有自由贸易港的国际口岸区位优势，能做到 24 小时通关，有多种通关模式，而且还有货代自己装箱打板、整板过安检机、可接带电货物等诸多便利。不少内陆机场通过各种政策补贴及货运包机来吸收货源，但都还不能与一线空港相比。

  国内专业的货运机场、纯货航、全货机都较少，国际货运市场主要是国内四大航与国外航空竞争，国外航空占据了七成的国际市场份额。由于回程货源少，且淡旺季供需不均衡，在需求达到一定量的时候都直接开板或包舱位，连电商平台也开始直采航空运力。一般转飞航班的舱位比直飞的仓位便宜，因为转飞时限长，但有较高的丢货风险。在中途转换运输工具就是中转。通常，在发货前要根据货物尺寸和重量向航司或其代理提前咨询，了解航班机型的装载要求，如鼻门、侧舱门和散仓等打板或限重的要求。

  国际快递即国际航空快件，是指快递商与航空公司合作，以空运形式递送国际急件，业务性质和运输方式与普通航空货运略有不同，后者一般泛指普货门到门空运服务，大多数航空货运代理两者兼营，如表 1-13 所示。快递商拥有更广泛的终端客源，在时效上更有保障，为了及时运出，常采用高价限量舱位。同样为了舱位的可控性，很多跨境电商物流企业与航空公司直接合作，基于"国际空运+末端快递"，使得成本低于国际快递。

表 1-13 国际空运与国际快递的差异对比

	国际空运	国际快递
运输主体	航空货代，各大航空公司及货运航空把要托运的货物运送到指定的目的港，主舱单一票一单	特指各大快递商，如 DHL、FedEx 等，货件运送到门，空运用自有飞机或商业航班，分单都在一主单下
服务范围	有机场的地方都可以发货，不包清关及税费，一般只送到机场，客人自行提货清关	门到门，包国内和目的国清关代理，包派送到门、不包关税，通常要求 DDP 预缴税
时效对比	取货能力、交航效率、地服关系、航班时刻安排、报关速度及付费服务等多因素影响，时限不稳	有标准化运营操作与交接的流程设计，具备末端网络，一般全程可控，逾限运费赔付
计费方式	首重高、按重量计单价低，适合体积大和较重的货物，有普货、邮件、危品等区分	主营文件类和小件包裹，首重低、起步价低、均价高，末端配送附加费种类多
追踪查询	提单号在航空公司网站上查询	运单号按件在快递公司网上查询全程

1.4.2 全球海运大通道

航运物流是国际贸易的晴雨表，海运需求与宏观经济高度相关，港口吞吐量与各国 GDP 及腹地经济密切相关，海运集装箱运送的主要还是用于工、农、林、牧等的大宗物资，终端产成品和消费品的占比不到 15%[①]。航运根据运输货物的不同，主要分为散运、集运和油运三个子行业，且有以集装箱运输为代表的班轮模式和以干散货运输为代表的不定期船租模式。航运周期、运价都存在一定的季节性规律，波动极大。

从综合实力来看，全球前 10 位的国际港口分别为新加坡、伦敦、香港、汉堡、上海、迪拜、纽约、鹿特丹、东京、雅典，传闻称全球 80%的集装箱船东都在"船东之乡"德国汉堡。而论吞吐量，粤港深、宁波/舟山、天津、青岛等几大枢纽港群在国际上的排名都较靠前，上海则是世界第一的国际航运中心。世界跨境贸易量的 90%以上都是靠海运完成的，成本也是最低的，如美国沃尔玛一年就要进口上百万个箱。一趟中欧班列最多能运 100 个标准集装箱，而最大的船最多则能运两万多个标准箱。

> 案例：航运业超级重资产、重负债，退出成本极高，2016 年韩进集团破产，全球大多数港口都拒绝韩进的船舶入港靠泊，其数十条船只能在海上漂流，大量货箱及大批货物被困在海外港口，港口拒绝下货，使得交货延迟，货主蒙受亏损。阻碍生产、分销及零售计划等连锁反应，使得全球物流供应链发生大规模混乱。

---

① McKinsey Global Institute, Container shipping: The next 50 years, Oct 2017

海运是一种运力大、成本低的运输方式，为了保证足够的运量和装载率，集装箱运输正在"联盟化"和"大船化"。在航空客运领域有三大联盟，如表 1-14 所示。海运领域也有四大航运联盟。全球集装箱运输需求增长缓慢，运力供给过剩，因此海运可以通过共舱运营的方式降低经营风险，船东们之间通过航线和挂靠港口互补、船期协调、舱位互租、共摊成本、共享货源，以及共建共用码头和堆场、共用内陆物流体系而形成联盟。

表 1-14　国际航运三大联盟组成及市场份额

联盟	2M+HMM 联盟（35%）	Ocean 联盟（26%）	THE 联盟（17%）	其他（22%）
成员	1.APM-Maersk 马士基 16% 2.MSC 地中海 14% 7.Hamburg Sud 汉堡南美 3% 13.HMM 现代商船 2%	3.CMA CGM 达飞 11% 4.Evergreen 长荣 8% 5.COSCO 中远集运 5% 9.OOCL 东方海外 2%	6.Hapag-Lloyd 赫伯罗特 5% 8.YangMing 阳明海运 3% 10.UASC 阿拉伯轮船 3% 11.NYK 日本邮船 2% 12.MOL 商船三井 2% 14.K'line 川崎汽船 2%	Zim WanHai X-Press KMTC Antong PIL ……
欧线	37%	41%	21%	1%
美线	23%	42%	29%	6%

资料来源：Alphaliner TOP 100 / 30 Jan 2019，Clarksons

目前，全球航运市场集中度相当高，前 20 大班轮公司控制着全球 9 成的集装箱市场，其中前三家公司占有亚欧东西航线 50% 以上的市场份额。类似地，海运返程空载现象也非常严重，进口生鲜食品所需的冷冻柜只占少数。例如，在中美线路中，在美国的海运出口中有 40% 的箱量用于运输各种废旧物料，中国在限制"洋垃圾"进口后则空箱更多。

船司不愿运输货柜到内陆，因为空箱回港会导致运营成本增加，所以便减少了服务项目，专注于港口和港口之间的运营。实际航线密度取决于货源密度，在一定时间内固定航线、班次、挂靠港和运费水平。制造业转移到东南亚带动了海运需求的转移。每年中国出口美国上千万 TEU，如果出口货量下降 10%，则意味每年将有百万个大货柜的物流市场流失。

海运是海外仓头程的主渠道，发货一般选择拼箱或不同柜型，尤其是在年中的需求淡季，船司为维持一定的出运量，报价甚至会折半，以利于提前备货。在自动化、智能化的科技大潮下，航运这个古老的行业发生了一些新的变化：一是航运电商引人注目，端到端数字化运营，既改变了船货匹配不足，也让运输的全程透明化管理，从单纯港到港、站到站的服务到更全面的一站式需求；二是码头自动化程度向无人化提升，船东购买超大型船舶来提高单次运载量，只有更高效地装卸才能避免货物积压，全自动装卸能够降低作业成本，从而吸引船只停靠；三是全球电商的爆发式增长正驱使航运物流商提供更灵活的运输方案，客户趋向于更精细化的服务，从 Container 到 PO 再到单个 Carton 的实时化，物流从集装箱向包裹进化。正如马士基（Marsek）所意识到的那样，应构建与 UPS、DHL 等类似的全供应链综合物流业务，建立全新数字化货运解决方案平台 Twill，与 IBM 合资海上货运区块链平台，以科技创新物流新生态。

1.4.3　折中的跨境陆运

中国与欧洲之间的平均海运时间为 28 天，公路运输将会在此时间的基础上减少一个星期，铁路运输则可减少两个星期。国家发改委制定的《中欧班列建设发展规划（2016—2020 年）》，规划确定东线、中线、西线三条物流大通道和满洲里、二连浩特、阿拉山口、霍尔果斯四个沿边陆路口岸节点，并明确了五年发展目标，即 2020 年基本形成布局合理、设施完善、运量稳定、便捷高效、安全畅通的综合服务体系，力争实现中欧班列年开行 5000 列左右。

事实上，2018 年中欧班列开行数量已突破 6363 列，安排班列运行线 51 条，以出口方向为主，回程班列数量已达到去程班列的一半。"中欧·渝新欧"开行班次各占全国中欧班列总数量的 45%。中欧班列的开行，给了闭塞腹地地区变身为中国开放前沿地区的机会，将出口货物直接运送到欧洲腹地。而国内制造业从沿海地区向内陆转移，班列在一定程度上平衡了企业的供应链成本与运输时效。

总体价格是空运价格的一半，运行时间是海运时间的一半，如图 1-18 所示，郑新欧班列能够在 13 天到达华沙、16 天到达汉堡，提货后 2~3 天能够转运至欧洲全境，经过俄罗斯、中亚及东欧等国的时限会更短；按时发车，线路稳定，在阿拉山口与多斯特克边境有室内换装场所，不受天气等原因影响，全年不停运；货物规格限制少，支持运输带电、液体、粉末等货物，支持包整列、整箱及散货拼箱。

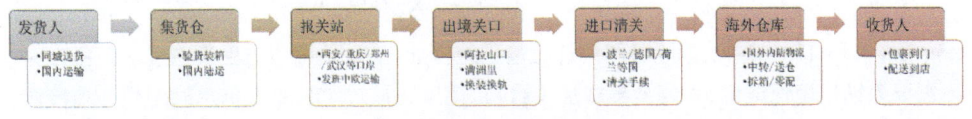

图 1-18　中欧班列主要运营流程

"中欧班列+海外仓+保税仓"无疑是一种理想组合，适合具有高附加值及能够高周转的产品，也适合欧洲市场的卖家和进口商，其常态化运作也为缓解空运紧缺局面发挥了作用。因此，班列派生了跨欧亚铁路货运的很多配套服务，如通关、换装及单证手续等，形成空箱提取、收货、原产地报关、清关、多式联运、提货送仓、拆箱配送等全通路的双向运作。

世界铁路组织在早期成立之初，没有把邮件快件纳入运输范畴，让各国海关对跨境铁路运邮监管不明确，而空运和海运对此都有成熟的体系。中国在加入《国际铁路货物运送公约》后，国际铁路运邮实施了电子化监管，让班列常态化运邮不再复杂，邮件在阿拉山

□能够原箱、原车顺利出境，沿途国家 EDI 系统互联预先提交过境单证资料，实现不掏箱、不解封、不改变运输方式的不停留转关通关。货物进入欧洲后，空铁联运、海铁联运和陆运的泛欧配送都相对成熟。

铁路资源具有特殊性与稀缺性，很多地方政府也在积极响应加入开行之列。货源是中欧班列发展的首要问题，目前其从主要货源地到内陆铁路枢纽节点过度依赖地方补贴，补贴力度及持续性也直接关乎到货运市场价格，如表 1-15 所示。

表 1-15 蓉欧专列出口铁路报价举例

目的国	大票报价			整柜：元/柜
	300~400kg	400~900kg	900~1300kg	FCL(40'HQ)
德国/荷兰/波兰	10.0 元/kg	9.8 元/kg	7.4-7.5 元/kg	47000-51000
法国/意大利	11.7-12 元/kg	11.2-12 元/kg	7.2-8.2 元/kg	48000-52000
英国	14.1-15 元/kg	13.9 元/kg	9 元/kg	55000-58000
西班牙	16.1-17 元/kg	15.9 元/kg	10.7 元/kg	62000-65000

资料来源：铁大大 Tiedada.com 及丝路易购，2019.1

国内相近地区开往欧洲主要区域的班列线路有重复的，重复的线路导致返程货源腹地交叉，回程货源不足，且海外端不在同一个场站或城市，很难做到点对点往返，返空箱现象严重，加之境外铁路通行费偏高，成本居高不下。回程货主要是各类消费品、整车、汽配及木材等，如果能保证运输过程的温湿度，保证奶粉及生鲜等食品的进口品质，电商进口需求会有进一步释放。目前很多跨境贸易商在国外没有相应的进口资质，从海关监管方面来看，很多跨境物流难以走铁路运输。从长远看，政策层面会持续推动班列发展，争取国际段运费的优惠和口岸通关的便利性。

在跨境运输新兴渠道中，中国加入了《国际公路运输公约》（Transport International Routier，简称 TIR），中欧国际公路甩挂运输已经打通，TIR 单证为过境货物提供关税担保，不需要缴纳过境保证金，货物全程施加关封，过境国在核对 TIR 单证信息时无须开箱检查。TIR 适合将邻国作为边贸口岸试点，比如在云南、贵州、四川及广西一带，出境的货车通过陆路口岸可以到达越南、柬埔寨、老挝、缅甸等国。又如，可利用新加坡空港自贸的优势，在出口到马来西亚半岛时采用跨境陆路的多式联运。中国多式联运在运输中的比例不足 2%，集装运量很小，但粤港运输是一个例外，转港交航的货量大，一直十分繁忙。

1.4.4　境内零担与整车

零担物流，即通常意义的散货快运（Less-Than-Truckload），依托精准运输计划，标准化运营，提供站到站的配送。快递和零担比较相似，两者的业务通常以货件重 30kg 作为划分线。表 1-16 所示是美国货运市场的行业类型划分。现在客源、货源发生了很大的重合，流通电商化让业务边界模糊，渠道融合、物流融通。快递企业依托既有的运输网络，不断向零担领域渗透跨界，两者的公路运输存在重叠，零担快运的物理节点和路由计划有大量运营优化空间，目前其在国内的发展处于整合期。

表 1-16 美国货运市场的行业类型划分

子行业	重量段	运输	分拣	配送
快递	<150lb	信函、零售及电商	自动化分拣、轻小单件	门到门
零担	150~10000lb	分销、零售及制造业	叉车托盘、一票多件	站到站
整车	>150lb	合同物流、多式联运	整车托盘直送交接	自定义

国内零担市场规模是快递业的三四倍，在这个细分领域中，近年出现了不少领军企业。虽然这些领军企业还比较分散，但德邦、安能、远成、华宇、佳吉、新邦、佳怡、盛辉及壹米滴答等全国性的运营网络已搭建完成，已能够借助外生力量实现网点快速扩张与下沉，如借助加盟、承包、区域联盟及合伙人等措施。

在美国的卡车运载市场中，整车运载占市场总运载量的 70%，零担大约占市场总运载量的 20%，剩下的 10%左右是快递包裹的运载量。美国快递业平均毛利率为 12%，约为零担业同期的两倍。快递业的市场集中度更高，具有标准化更高的运营属性，如"门到门"与"2C"端的属性，这也要求其拥有比零担更为广而密的网点布局。

零担服务与跨境物流关联较少，头程送集货仓和境外海外仓送货等环节可用卡车送货，如图 1-19 所示，Echo、YRC、Saia 和 J.B.Hunt 等都是北美著名的运输商，收费模式灵活。零担行业毛利率低、面对服务对象广、涉及的产业较多，集约化是必然趋势，货运电商、城市配送、车货匹配以及自动化与 IT 技术等的引入正让行业效率显著提升。对标欧美市场，1998 年 FedEx 收购两家零担企业，跨界进入这一市场，UPS 紧随其后也通过类似的操作入场，美国零担行业遂经历一拨洗牌，这些快递巨头进入零担市场的过程可以给国内零担市场中的其他企业一些启示，值得拭目以待。

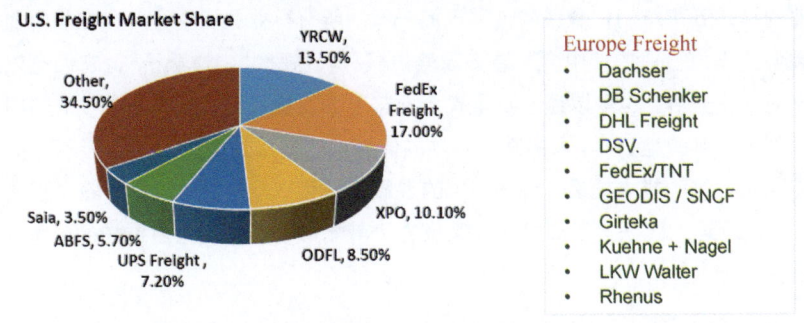

图 1-19 美国和欧洲主要陆路货运企业示例

1.5　国际货运代理

通常承运商不会直接去市场揽货，因为中小商户数量较多、业务较分散且需求较小，承运商可能完全忙不过来，所以承运商一般通过外部代理商来营销，搭建中间角色，使用批发舱位的方式进行零售拆卖。另外，进出口货物需要办理一定的手续，如出口货物在始发机场交给航司承运之前的销售、接货、订舱、制单、报关和交运等环节。但货物在目的地机场的接货、接单、清关、送货或转运等环节，航司一般不直接办理，因而分门承办此类业务的货运代理便应运而生，它们能够为货主和航司双方带来便利。

货运代理人，不是实际承运人，与3PL在本质上相同，大部分业务是做项目客户，合同化服务；它可以是货主的代理，代货主向航司办理订舱、提取货物、制作运单、报关、交接等；也可以是航司的代理，代航司接收货物、制作主运单和出具代理自己的分运单。当然，体量很大的客户也可以直接与航司办理业务。

从2005年开始我国放开国际货物运输代理的资质，由审批制变成备案制，市场准入门槛降低，众多参与者涌入，市场快速井喷至完全竞争格局。目前备案的国际货代企业合计超过40 000家，还有上万家的无船承运人（NVOCC）资质企业。航空货代约有3000多家，其中大约63%的企业从事国际、国内航空货运的一类代理业务，约35%的企业从事国内航空货运的二类代理业务，另有90余家境外航空公司开展了至中国大陆的国际货邮运输业务[①]。代理做前端销售、中间运能或关务等，在服务环节很难实现链条化、网络化或规模化运营，如今港到港、站到站的干线服务已经变得非常透明和标准化，如果缺少稳定货量，那么市场上过度杀价则在所难免。

1.5.1　货代盈利模式

商业的模式五花八门，赚钱的道理千篇一律。所有行业的"中介"存在的价值和生存之道都类似。作为行业的"中介"首先靠差价获利，俗称"二道贩子"，它们可以通过舱位代理直接获得差价，也可以通过货量整合把若干单发货物组成一整批货物，将同一份总运单发运到同一目的地口岸，再由其在当地的代理人负责接货，清关后分拨给实际收货人，以此获得差价。这种集中托运（Consol）的混载方式可以从承运人（Carrier）那里争取到更优运价，而承运人既获得了成批货源又省去了前端市场开发及售后维护的成本，实现了三方获益。

---

① 运联研究，危机已来，3000航空货代的未来将走向哪里？2018.04.27

没有哪个业务场景能兼顾高利润、现金流和低风险。货代业上下游账期不对等，资金占用比较重，给船司和航司的押金、预付，以及应收账期长、月结或季度结款都很常见，而且网络信息透明化也在消除市场不对称，差价基础在削弱。另外，附加增值服务，这类业务是基于货代专业性的实践积累，通过处理一些外贸交付过程中的问题来获得报酬的。货代必须对国际运输及外贸法规十分熟悉，与口岸、海关和交通运输等部门建立广泛联系。有些规模较大的货代掌控着行业的某些稀缺性资源，拥有较好的政策支持，有更多获利条件。

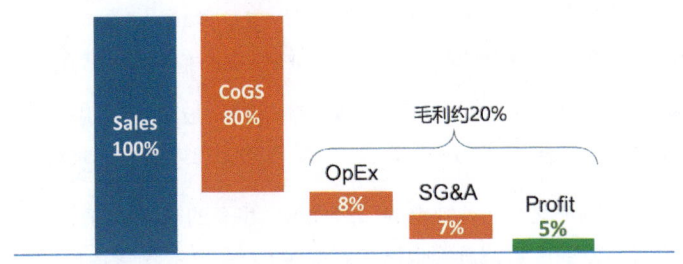

图 1-20　国际货运代理的营收结构示例

货代业被分为多个层级，如图 1-21 所示，一级货代的资信程度最高，其他二三级货代的数量众多，以挂靠一级货代的形式承揽业务。中小货代企业的职工人数一般在 3000 人以下，销售额在 3 亿元以下。70%的货代是不足 50 人的小企业，它们的管理能力和独立开发市场的能力比较弱，在货源结构上主要以承揽出口预付货为主，只能靠价格优势获得市场，以赚取差价和订舱佣金为主要盈利手段，欠缺提供系统性综合服务的能力，利润空间被层层挤压。

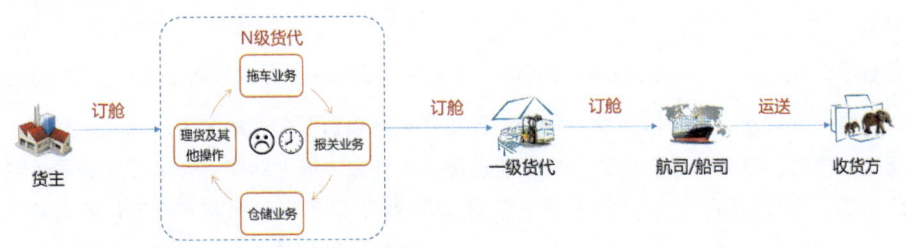

图 1-21　国际物流中的多层级货运代理

在某个城市或地区，许多航司/船司只指定几个少数货代销售全部舱位，即销售总代理（General Sales Agent，GSA），也被称为总代、庄家或订舱口。GSA 承担了包销的风险，所以除了赚取舱位销售差价，一般还具有相应的装载舱位的配载权、吨控权等，运输商是定价权的最终掌控者。货代包括空代、海代，船代却是另外一个范畴，如表 1-17 所示。

表 1-17　货代与船代的概念差异

	货代（货运代理）	船代（船舶代理）
职责	本质与 3PL 相同，不是实际承运人，受货主的委托完成货物进出口物流的有关环节	代理与船舶有关业务，办理船舶进出口手续，协调船方和港口，确保货物装卸顺利
服务	帮助货主处理国际贸易中的环节衔接和沟通，空海运进出口订舱、报关、拖运、代缴等	为船舶和船司提供特定的船务工作，办理引水、检疫、拖轮、靠泊、装卸货、证件等
客户	服务于贸易商、工厂、进口人等各类货主，是货主、发货人和承运人之间的纽带	主要服务于船司，是船司和港口之间的桥梁，完成船方委办事项、定舱代理、代签提单等
能力	服务范畴具体要看货代公司的资质和能力，通常一级货代/GSA 可直接向船司订舱	拼箱提单一般不是船司提单，船代可以代表船司处理有关订舱、签单、改单、放箱等工作

行业里有明庄和暗庄之分，有纯粹的二级代理，也有的同时扮演庄家和二级代理两个角色，比如 A 是 MSK 的庄家，自然也能接到很多 COSCO 的询盘，A 会把这些单子委托给真正的 COSCO 的庄家。有些国际货代有无船承运人资质，可以向货主揽货、订立运输合同、签发提单等，成为契约承运人，并提供美元发票，由在各个国家航线均有长期合作的船司或总代提供港到港最快的直航船。

四大快递代理是一类特别的货代业务，它们在全球的渠道管理中授权代理商来揽收货物转卖折扣。代理账号以货代与大快递商签约的协议制定价格，当货量达到一定级别时才可以拿到相应的折扣，而为了更低的折扣，货代有时不惜前期亏钱去拉量。但做代理账号的门槛其实很高，为了避免代理们失信跑路，较大的快递商都在缩短账期，要求它们缴纳代理保证金，发件时直接在预付账户中扣款。四大快递对代理进行适度管理，提振与打压并存，在淡季没货时，对账号要求有量；在旺季有货时，对账号进行限量。四大快递都有自己的直接客户，大货量直客会有比代理更优的资费，直客的货通常也会被优先操作。

货量大的直接客户可以开贸易账号，贸易账号是以贸易公司的名义出口，即直接在快递商处拿单号，原单出口。贸易账户只能自用，不能去市场上转卖，若借贸易账号之名行代理之实，被查到后，会被直接封杀。区域竞争的不平衡、账号折扣及运价的差异，使得出现了跨区账号滥用的情况。对于第三方付款账号、海外开通的进口到付账号及代理账号，如果账号持有人拒付会造成退货。快递商倾向于下沉至客户、对接平台，于是对于夹在中间的代理就比较被动，淡季无序低价竞争，旺季限量排舱延误。

国际化的、较大的货运代理盈利能力非常强，擅长为大货主做项目化服务。如表 1-17 所示，很多货运巨头在传统货代深耕多年，它们的市场优势存在已久，欧美外贸大货基本上都是 FOB 形式，大批量货物集中到了外商指定的货代手中，市场份额会继续向龙头企业集中,中小货代的融资能力和资源有限,业务机会堪忧。与此同时,大批量的货物被跨境电商分流,代理需求呈现萎缩。国内空代跨越速运近年来发展很快,专注为企业客户提供高时效的航空重货运输及配送服务。

表 1-17　全球货运代理 Top25

Top	Provider	Revenue (US$ M)	Ocean (TEUs)	Air (Tons)	Top	Provider	Revenue (US$ M)	Ocean (TEUs)	Air (Tons)
1	DHL SC & GF	27,598	3,259,000	2,248,000	14	Kintetsu Express	4,752	663,915	580,228
2	Kuehne + Nagel	22,574	4,355,000	1,570,000	15	C.H. Robinson	14,869	698,000	175,000
3	DB Schenker	18,560	2,169,000	1,300,000	16	DACHSER	6,911	522,300	335,500
4	Sinotrans	9,530	3,360,300	533,300	17	Kerry Logistics	3,951	1,053,485	313,800
5	DSV	11,374	1,389,611	635,655	18	Yusen Logistics	3,914	774,822	368,198
6	Expeditors	6,921	1,070,424	985,549	19	Agility	3,500	740,000	415,000
7	Panalpina	5,621	1,520,500	995,900	20	Hitachi Transport	5,935	500,000	280,000
8	Nippon Express	16,720	600,000	835,755	21	Damco	2,700	664,448	206,208
9	UPS Supply Chain	7,981	600,000	935,300	22	Toll Group	4,660	434,000	91,000
10	Bolloré Logistics	5,012	864,000	640,700	23	XPO Logistics	9,506	131,500	72,600
11	CEVA Logistics	6,994	729,000	480,000	24	CJ Logistics	4,454	310,850	57,014
12	Hellmann Logistics	3,305	897,379	654,104	25	NNR Logistics	1,735	144,483	321,704
13	GEODIS	6,255	690,000	330,000	-	-	-	-	-

来源:A&A's Top 25 Global Freight Forwarders List Ranked by Revenue/Turnover, (updated Aug 15, 2018)

1.5.2　运营操作流程

传统的货运代理是按需服务,帮客户去寻源、谈价格和船期、预定航班(进出口主要环节及 Shipment 生命周期如图 1-22 所示),大多只是帮客户提供出口报关或者代理订舱,业务导流能力不足。因此,业务员广撒网,靠关系维持核心客户资源,但在票件交接后质量管控弱,模仿复制成本低,操作过程替代性强。专做同行货的货代也很多。

很多传统的专线公司和小包代理,当货量达到一定程度时,就绕开货代直接去航空公司包板、包舱甚至包机。传统货代拥有丰富的行业经验优势,深谙国际物流操作常识,同时很多新型电商物流企业对物流基本功是不够扎实的,不能把整个跨境物流链条通吃,往往需要寻找资源互补。

好的货代服务标准:不甩柜缺箱、舱位充足、价格厚道、账期超长、送达稳定、客服有问必答、积极理赔……很多传统的空运/海运代理对于电商客户的需求并不了解,新市场业态的客户群、货源及业务流程等不尽相同,跨境物流主打包裹化服务,与终端客户接触,操作更精细化、计费更简单,需要一套完善的产品设计和成本控制。这是一个低价透明的市场,上游直采运能、下游直面用户,中间消除代理,自动化实现规模化边际,这些是很多传统货代所欠缺的。

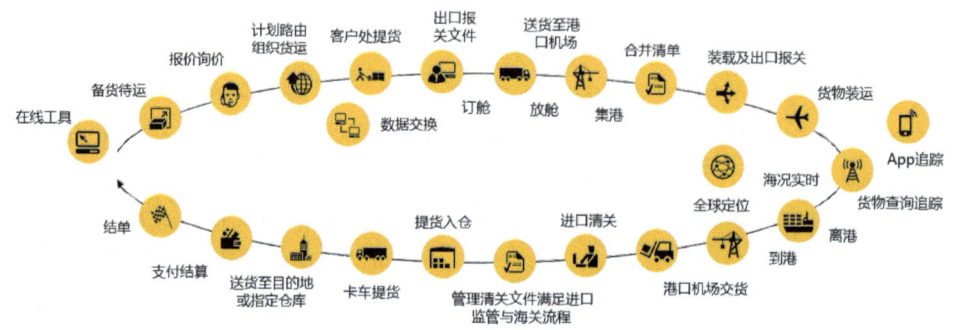

图 1-22　货运代理进出口主要环节及 Shipment 生命周期

承运商对代理有一定的价格保护政策。如表 1-18 所示为国际空运交货术语及收费,以出口"门到门"完税后交货(Delivered Duty Paid,DDP)报价为例,进出口报关及费用等责任全部是由卖方承担的,在出口报关单上的"成交方式"一栏填 CIF 到岸价,运费栏和保费栏都要填写。FBA 头程运输,点到仓的干线运输过程几乎是传统货运 DDP 业务的翻版。很多中小货代会为客户提供个性化的配套服务,空运/海运出口报价的常见费用项,以海运为例,其除了运价,如改单、换单等单证费,理货、贴标、拆板、分货等操作费,还有堆存、短泊、拆箱/掏箱、挂车等港杂费用及多种限制条款。从货物进入监管区、打单、报关、交单等环节是一个标准流程,可发挥的差异化服务空间有限。传统货代模式轻,仓储、提货及部分操作环节都可以外包。航空的地面服务代理负责货物上机前的安检、称重、打板、装箱和配合海关监管等作业。

表 1-18　国际空运交货术语及收费

收费项	服务内容	交货方式
提货费 (P/U)	依具体的提货点和货物的票件尺重等报价,客户也可自送	FOB
出口报关费	一票报关的商品项指标组有上限,如超过 50 项,必须分票报关,150 元/票,如果有加页,每多一页加 50 元	离岸交货(装运港船上交货)
包装费(Repack)	货物打托、套纸箱、缠膜、填充、做木箱等耗材与操作的费用	

续表

收费项	服务内容	交货方式
空运费（A/F）	如低于 30 元/kg，报价包括了 MYC 燃油附加费和 SCC 安全附加费等；若超过 30 元/kg，是不含附加费、操作费及分泡等的纯运价	CFR 目的港交货 FOB+运费
制单费（AWB）	按票收取，通常每票几十元，即运单上的 AWC 或 AWA 费用	
操作费（Handle）	如果所报空运费中不包含操作费，则需单列，通常按重或票收取	
保险费	通常贸易货物险的投保额为发票或合同金额加成一定比例，如 CIF 货值×110%×1‰，最低 100 元/票，受益人可以是任一方	CIF FOB+运保费
进口清关费	不同货物、目的港、运输方式的清关费不同，通常按票计费	DAP 未完税交货
目的机场操作费	不同目的港、不同货物，要单询目的港代理，如 100USD/票	
目的国送货费	依具体的送货地点和货物的票件重尺报价，收货人也可自提货	
目的国仓储费	不同货物，要单询目的港代理，如$0.02/kg/天，最低收 30USD	
目的港其他费用	不同的货物或运输方式可能存在的特殊费用，单询目的港代理	
进口关税增值税（Duties/VAT）	不同货物涉及的税金不同：关税= CIF 价×目的国关税税率，增值税=（关税+CIF 价）×目的国 VAT 税率（或 GST）	DDP 完税交货

注：参考国际商会《INCOTERMS®国际贸易术语解释通则 2010》

1.6 第三方物流服务

物流外包能够让企业将精力集中于核心业务，而合同物流/第三方物流（3PL）又有一定的逆经济周期的特点。各类物流商或多或少都会用到 3PL 的客户开发、质量监控和项目管理的方法：与客户签订明确周期的服务合同，在履约过程中按照合同条款来操作，约定费率、服务范围、权责利等条款。3PL 企业在经营上具有很大的灵活性，其关键能力在于资源整合、项目制管理、定制化方案、网络联动、技术支持，通过系统将所有的资源进行有序连接，为委托方提供定制服务。

如今很多跨境物流都依托上下游渠道提供一种产品或方案，与外贸商家签订服务合同，计费透明、操作规范。传统的 3PL 希望通过服务好大客户来维持长期的合作关系，但服务的多样性意味着后端支撑较为复杂，运营无法做到标准化，难以建立规模效应。而新型物流更希望通过一种快速复制的方式来实现业务扩张，或是追求轻资产、系统能力，往平台化 4PL（第四方物流）概念上靠。项目运营中的任何变动或个性化需求都会给企业带来较大的成本压力，继续投入成本是边际递减的，而标准化的网络组织则相反，业务增长可以摊薄每个环节的成本。一站式服务是 3PL 的主流宣传，但真正的端到端解决方案仍然很难找到，尤其是对于跨行业类别。数字化升级后的 3PL 要走向平台化、团队创客化、服务线上化。

1.6.1 项目开发与实施

3PL 在本质上是资源协调与组织者，是以解决方案的形式匹配甲方物流需求。合同物流项目一般是通过招标或议标得来的，从前期商务、投入实施到稳定运营及盈利期都有不同的项目阶段。3PL 业务前期的开发过程也是定制方案的过程，想要在项目运作上取得成功，就必须在开始做之前做足功课，充分理解客户需求。通常，案例是客户最为关注的，如果没有可参考的相关案例及完整的市场信息，相关建议方案就可能存在风险点。

根据客户关注的问题（物流选择、规划和运营管理权限），编写建议书（Proposal），制作出解决方案（Solution）、主体设计及路线图（Roadmap），详细准备针对客户报价邀请（RFQ）的答案，最好能突出优于竞争对手的亮点，如可靠性、技术性。对所收集的数据进行假设分析，评估人力、仓库、SKU、发运量及路线点等运营设计，测算业务范围、货量变化与报价体系之间的关联。例如，为了控制项目风险，报价模式采用按实际业务量相关的阶梯波动计价，或在熟悉彼此需求的基础上，结合固定及变动成本制定总体费用，互担风险。很多企业物流部门的人才来自专业物流公司，他们对物流环节较为了解，让价格严重透明化，使得合作更加简单，"外包合营"只赚取客户管理费，甚至不存在合同上的差价。

大公司会把物流业务外包给不同的 3PL，避免单一采购，通过设定 KPI 考核指标动态调整业务量。合同物流项目需要一定的盈利期，很多带仓储和系统对接的项目在前期投入上是亏损的，所以签约年限不宜太短，而甲方更换物流合作商也会有成本。

图 1-23 所示是合同物流项目的开发、实施与运营。每当签下一份合同，3PL 都会有详细的商业条款，条款里会提及所需要的服务水平承诺，物流商要按照此标准制定合适的标准操作流程（SOP），有时 SOP 主流程也会成为合约的附件，项目操作团队按此流程执行。通常由售前（BD）或客户经理（KA）应对客户的一手需求，如表 1-19 所示，项目经理或产品经理（PM）组织关键的实施步骤及计划清单，虽然前期涉及职能部门较少，但在这个阶段中会把参与过程落实到细节。如果在商务阶段承诺了过多的个性化要求，则可能会让项目的实施投入过大。优秀的 3PL 必定是有科技能力的物流公司，以信息技术为组织工具，以数据为优化驱动力，连接上下游资源，实现解决方案输出。不同的项目可能 SOP 差异较大，甚至项目团队需要有一套独立的管理体系，在项目上线时必须对整个流程进行反复测试，以确保在运营的关键时刻不掉链子。例如，售后、宅配等需要面对消费者的项目，相对难以处理，需要特殊客服团队，对快递商的质量控制管理有时难以触及。

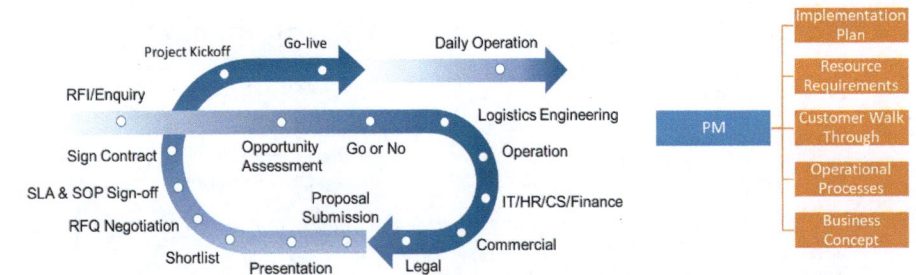

图 1-23　合同物流项目的开发、实施与运营

表 1-19　物流项目实施与运营中的团队组织

PM	BD/KA	CS/QC	IT/IS	Operation	Finance/HR
项目管理/实施	商务/销售	客服/监控	技术对接	运营计划/质量	成本/结算

快递商丢一个客户对公司整体影响不会太大，而 3PL 不同，若流失一个大客户，则可能会损失一大笔收入，甚至团队都可能因此解散。3PL 有个规模瓶颈，即无法将服务进行产品化、运营流程不能在各项目中复制、合同物流项目做得越多越大则管理越难，因此组织结构要不断优化，否则就无法支撑规模的变化，但管理分级又非常不利于项目制。在项目正轨运行中，仍经常面临各种业务变化、成本优化等需求，令项目维系陷入进退两难的境地。所以为了资源整合与成本控制逐步达到平衡，3PL 经常以 Workshop 形式提出阶段性小型内部项目，通过持续优化来提升 KPI。大部分项目非常依赖于甲方的业务增长，而一旦客户产品或市场出现衰退，提出成本诉求，由于项目成本已经很透明，那么项目就可能渐入下线阶段。跨境物流更多的是打造标准化运营体系及通用渠道，但面对大客户及细分卖家，项目化管理也非常有必要。

1.6.2　行业物流变局

3PL 市场规模较大，但是其盈利水平一直处于比较低的状况。3PL 需要产业绑定才能做大，如针对汽车、电器、医药、服装、快消等具体行业。术业有专攻，每个细分领域的商品属性、行业要求和物流服务是不一样的，如图 1-24 所示，引用嘉里和中外运的相关介绍，纵向聚焦以某个行业为服务对象，通过提供专业化的定制物流服务，发展企业独特的核心能力和技术优势，如宝供、潘世奇、叶水福等。横向聚焦是在某一物流环节或板块上做强，发挥长板效应，如 CEVA、科杰、辛克等。有些来自大企业集团的物流公司，在解决自身物流内需之后，又将物流服务开放出来承接外部业务，将专业化服务尽可能地产品化，在行业里做广，如捷富凯、海尔日日顺、长安民生、美的安得、上汽安吉等，都是物流部门社会化而成的，这与电商领域的平台化物流商很像。

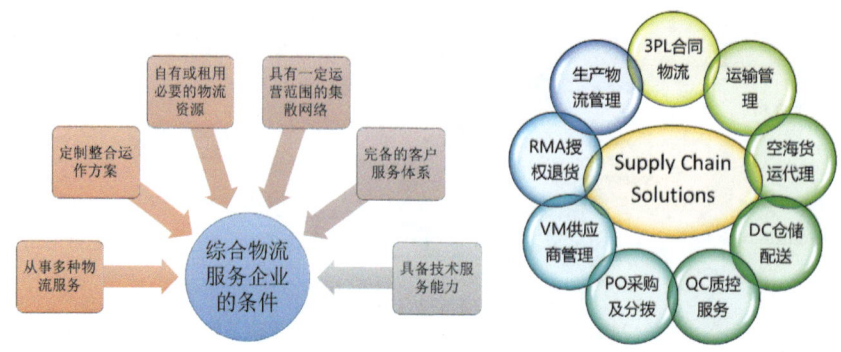

图 1-24　合同物流的服务能力 vs.供应链管理的范畴

快递商涉足 3PL，可以增加大客户黏性，提供边际支撑，联动拓展新业务领域。在全球排名前十的 3PL 公司中，轻资产与重资产类型的公司各占一半，从介入行业的时间上来看，以货代为代表的轻资产公司开展供应链业务更早，而重资产公司以 DHL 及 UPS 等快递商为典型，但其规模均做到了行业比较靠前的位置，网络型物流公司在综合物流领域具备先天竞争优势。电商对生产流通方式的改变，让以面向 B2B 为主的传统 3PL 颇受冲击，从而面临时代的洗礼，其中最大的挑战就是企业基因转型，固有的业务优势成为 3PL 最大的桎梏，要彻底变革、自我革命，组织架构和运营体系等阻力也是非常大的。零售和快消均属于产品附加值较低的业务，高科技、装备和医疗等领域可提供高附加值服务，需要物流商具备专业技能。据 IATA 预计每年医药配送市场高达 1 万亿美元，人口老龄化和新兴市场的需求持续增长，物流商正在抢占这类业务，UPS 投资打造了一体化专业医疗保健配送网络，专门开发了一套医疗寄递及控制塔系统，支持全程 GDP/GMP 认证、监管、追踪、温控存储等临床试验的苛刻要求，能够全球运送敏感材料和生物样本。

从产品生命周期视角来看，在被忽视的售后市场（Aftermarket）中的逆向物流（Reverse Logistics）非常庞大，广义上包括退换货的收集、运输、储存、维修翻新、拆解回收及销毁处置等各方面与物流相关的一切活动。逆向物流的成本是隐性的、分散性的，其成本至少占到总体的 20%。退返件是从多个起点向一个退货仓（DC）运送，即多对一。授权退货（RMA）是电商处理用户退换货的主要流程，不同于包裹配送的拒收退回、投递失败。

逆向物流 3PL 的鼻祖 GENCO 创于 1898 年，首创了网络化的自动化流程来处理退货产品。如图 1-25 所示为全渠道零售退货处置方式。FedEx 收购其作为物流板块的一员，帮助零售商寻找买主、提高返品处理效率，销售因缺陷退回或损坏的产品[①]。3PL 有很强的延展性，但当物流企业尝试在所关注的行业上下游进行突破时，这种纵深业务超出了物流

---

① FedEx Supply Chain,The Retailer's Atlas for Omnichannel Returns White Paper 2017

本身的范围，往往与核心能力难以匹配，所以 3PL 应该专注于提升垂直领域的网络整合能力、订单履约能力、应急与风险保障能力。

- Reverse Logistics 逆向物流
- Omni-Channel Returns 全渠道退货
- Disposition Fundamentals 处理规则

1. Return to stock 重新入库再售
2. Return to vendor 退回供应商
3. Merchant-initiated returns 周期性返货
4. Refurbishment 整修翻新
5. Liquidation 低价清算
6. Recycling 回收利用
7. Demanufacturing 拆解处理

图 1-25 全渠道零售退货处置方式

1.7 从服务创新到智慧运营

市场分门别类，渠道各有优势，各种物流企业没有非此即彼的完全替代性，都是在为合适的场景寻找最优组合。过去，企业是寻求资源能力与需求的匹配，站在内部视角在已知的信息里做决策，容易被自我裹挟。如今，市场潜移默化，颠覆式创新并无章法可循，资源、流程、产品、技术等竞争要素产生新的化学反应，要运营跟得上市场，应不忘物流服务的初衷。凭借中国第一贸易大国的身份，及蓬勃的跨境电商新业态，国际拓展空间值得期待。中国物流企业进入全球市场，跨境一站式的物流解决方案需要落地的运营模式和实体，并对物流系统提出了较高的要求。中国物流企业与各国海关的公共系统联机可以实时掌握海外转运站及线路的运营情况。

可预期的服务。物流服务最重要的是可靠，价格、时限及质量要匹配产品设计，让客户体验具有确定性，另外要过程可视化、诉求得到响应、异常得到保障。市面上有众多类型的物流业务，企业必须有所取舍和细分，锁定于特定市场或客户群，不断强化特有资源及能力，打磨产品和服务，提升专业度。在市场中，中小企业可以拼差异化，大企业则要做服务平台，即使需求跨市场，服务过程也仍要紧密连贯。跨境物流要加速建立海外物流服务网络，融入全球供应链，实现内外联动。预期之中的服务是值得信赖的服务，而超乎预期的则需要更卓越的运营。

可控制的质量。可控是网络运行的基本要求，失控则往往伴随服务规模扩大或业务结构调整。客户行为的改变、前端快速创新的需求、成本缩减等，都会使得后端运营的工作量和复杂度不断上升。运营管控 80% 的精力是在处理异常，因此有必要对 20% 的瓶颈做专项治理，抓少数异常的长效应对机制。运营考核绩效以保障计划为基准，网络体系难以为个别临时需求调整，但仍然要为维持可靠水准做临时调度或投入额外资源。跨国界的信息不对称正在逐步消失，不少国外物流商也将触手直接伸向了国内的前端客户，人才、技术和行业经验等壁垒也在市场化中消弭，创新驱动更依赖于良好的技术能力对网络的整合。

　　可量化的成本。精益物流的概念永不落伍，因为商品自身已陷入价格战泥沼，而货主更加追求物流渠道的低价，所以造成物流价格战陷得更深。物流企业需要应用更多的数字化和自动化手段来挤成本、拉规模，比如资源是否能被高效充分利用，流程是否简化、标准化，操作是外包还是转包。代理型物流企业成本核算相对简单，网络化物流商要算清账会更复杂。整合、共享已不再局限于物理设施，资源集约共享的"云运营"概念，通过技术可以实现逻辑上的集约，确保了服务资源的灵活调度，保障了客户体验的一致性。在成本与市场的双重压力下，物流企业稍有起色便会提出增值服务的概念，搞点特殊服务、廉价的过度服务，表面上看似在寻找差异化，实质无异于将自己置于一个更加被动的处境①。

---

① FBA 物流下半场，机会还是鸡肋？跨境物流百晓生，2017.6.27

跨境进口物流渠道

我国作为全球第一大贸易体，正主动扩大进口，体现我们支持多边贸易、发展自由贸易的立场，为世界经济增长创造新需求、注入新动力，推动建设开放型世界经济。跨境电商零售进口的初衷不是替代一般贸易进口，而是提升消费者购物体验，带动消费多样化，对内推动消费升级，同时引导境外消费回流。相比之下，跨境电商进口的最大优势不是税收优惠，而是准入时间短、清关便利、流通效率高，对国内电商及消费品贸易进口波及甚广，挤压了部分传统中小进口商的生存空间。

国内消费者对于跨境商品的消费日趋理性，进口电商大打物流体验牌，且全面布局海外仓、保税仓及多种履单方式，使得商品毛利走低给物流渠道带来更多成本压力。进口物流主要以清关方式来区别，且将各环节串成线路，比如，什么样的产品从哪个国家，通过什么样的运输和存储方式，进入国内哪个口岸，再经过哪种方式清关，最后到国内用什么样的快递到达消费者手里。

配套物流包括海外提货、海外仓储、出口报关、订舱、进口清关、IT 支持、转运、多式联运及派送等服务，国内配送和国际运输这两项业务已经很成熟，国际运输也并不拥塞。

2.1 海外首公里

跨境电商进口的第一难点是上游海外供应链，所有的销售方都需要非常稳定的货源。无论是进口还是出口，货的分销方式都决定了物流通道，商品本身的特性与价值决定了所需的物流产品，标品与非标品的供应链不同。

早期，很多海外华人以为掌握了境外资源，就能自己做采购、物流及电商，将货物直接送达国内消费者手里，最后发现流量及运营能力有限，所以后来基本都让位于市场头部的电商和代购。很多代购到超市或专营店散买货物，自己打包，再通过当地华人创立的快递/转运公司将货物发到国内，虽然具有碎片化弹性采购和直邮物流的灵活性优势，但受当地取件公司效率、国内海关及快递送货的多重影响，很难控制物流的进程、效率及质量。

有些消费者在进行海淘时想确认商品是否是由海外始发地寄出的，而物流商本身就是国际直邮的证明，能够提供全程可追溯的跨境物流跟踪查询。

2.1.1 海外仓备货集包

依托海外仓设采购中心，是企业物流运作的需要，如增加海外业务据点（如图 2-1 所示），能解决原产地直供、溯源和多种通关的问题，并提升商品品控水平。跨境进口的物流链路长，需要从世界各地调拨货物，再通过多种跨境运输通道运往中国，一旦销售预期超出库存，销售便可能存在断货风险。但过度备货、滞销及资金占用等问题更棘手，要实现直邮、从海外仓到保税仓的无缝连接，在途可售的产品就要在压货、缺断货之间寻找平衡。

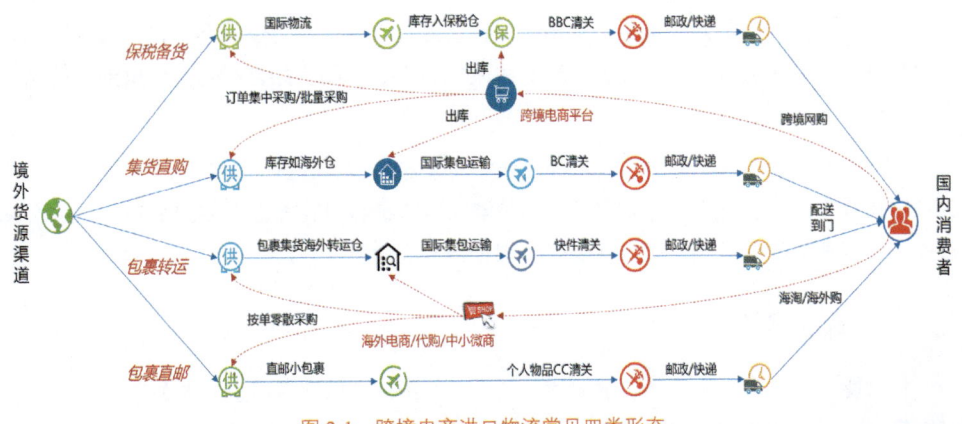

图 2-1　跨境电商进口物流常见四类形态

初级的海外集货仓是电商自营进口的主要形式，海外直邮为辅。海外仓可以提供货物通关所需的资质、单据证明，还可以接收卖家、代购、平台往国内发的零散代购订单，提供分拣打包服务，以及远程虚拟库存监控和管理货物的发货方式。

进口海外仓已遍布主流货源地，如菜鸟国际在悉尼、大阪、首尔、奥克兰等地都设立了 GFC 全球订单履约中心，GFC 仓便于海外商家就近备货和补货，并整合了消费者的交易、支付、物流及身份等信息，在货物入境清关时可实现预报，实时查看揽货、入出库、干线航班、转关清关等货物流转信息。

海外仓还衍生了直供的社交电商及 S2B2C 代发货模式，S 是指供应商或供应链服务商（采购、运输、仓储、品控等），B 是指利用各类互联网平台或工具在网上零售货物的商家，C 是网购的消费者。当 C 向 B 下单后，由 B 将订单信息推送至 S，由 S 代为向 C 发货，以批发或"分销+佣金"的方式合作。这需要整合前端运营、营销与客户服务，以及后台的线上线下渠道、供应链及仓储物流的综合能力，提供仓储系统、清关系统（保税、快件、直购等）、供销平台（分销商、供应商）、货代系统、多口岸管理等 IT 支持，构建针对跨境电商全产业链的 SaaS 平台。

境外的取货、发货，对当天下单的电商平台用户确认订单，海外仓进行包裹处理并发出，完成商品分拣、打包、清点、分箱、质检、打单等一系列库内动作，支持改单、退货、截单等处理。提货需要与当地邮政、国际货代、航司、区域快递等广泛合作，例如英国邮政提供上门取货，直接送货，而比邮、泽西、荷邮等需要第三方快递商取件或客户自送邮局，还有的是送到转运公司后再统一送机场。

如果进出口共用一个海外仓，则容易由于业务交叉而造成差错、混乱，例如从 FBA 仓发过来的货，则需要判断该货物是出口退件还是进口订单，这使得仓库操作难度增加。仓库会对入库的包裹进行开箱查验，检查包裹是否有违禁品，如含有可拆卸电池的商品，仓库会将电池拆除后发运。

中国香港因其得天独厚的内外政策优势备受商家青睐，在国际贸易、供应链、港口码头和空运等方面都有优势，许多贸易商和跨境电商选择将货物放置在中国香港仓，兼顾保税备货和直邮，使得采购、收货及退货等都很便利。

2.1.2 集货运输

货物境外集货与头程空运，需要海外仓、干线运输、口岸多通道的清关方案，打通物流、卖家、平台和政府监管各环节，并通过流程的优化摊薄税费成本。

集货运输分为两类：一是包裹直邮模式，即商家在接到消费者订单后先将货物保存在海外的集货仓，再由供应商/海外仓库直接发往国内，在保证物流速度的前提下需要一定的包裹量来分摊成本，到达了一定的包裹量之后再统一发回国内。一般来说供应商和电商会将跨境物流环节外包给专业的转运物流商，最终由转运物流商负责商品的门到门的物流服务。二是批量货进口，一般贸易及保税模式适合爆品货物，物流主体一般为跨境电商企业本身，而在备货过程中会将相应的海外运输、通关环节和国内派送分别外包给专业物流商。例如海外仓+保税仓"两仓双清"，根据用户预报，提供清点、配货、贴单等进出库服务，在国内保税仓内做分拣、质检、打包等操作后清关入境派送，运输过程、物流轨迹会实时更新。

事实上，集货周期和进口清关是主要的耗时环节。例如美国出口企业或贸易公司倾向于使用美国的航空或代理，因为国内航空在境外缺少拖车、仓库等地面服务，造成国内航空的洲际航班主要拉一些华人的货务，如进口快递、海淘包裹、时令水果生鲜等。

如表 2-1 所示为常见热门海淘市场转运进口标价示例，转运市场标价远高于一般空运实价，这里主要是因为隐含很多打包、存储、托运及报关等成本。部分小型转运公司货量不稳定，需要一定的起运量来分摊订舱成本。中欧班列运价低至 1 元/kg 的冰点价，但铁路散货拼箱回程会产生额外的提货、分拨及装运等费用。由于可能涉及售后问题，有些品牌商不做海淘代购。

表 2-1 常见热门海淘市场转运进口标价示例

国家	日本	德国	美国	澳大利亚
价格	¥3000/5kg（海运）	€5/kg（免首重）	$10/2kg + $3/kg	A$10/1kg + A$5/500g
时效	15~20 天	8~11 天	7~10 天	9~12 天

国内很多快递商都挺进了欧美市场，主要以本地化服务或代理方式，为跨境电商企业、海外代购、微商及同行转运商等提供收货、派送等服务。

降低物流运费最常见的方法是集货直邮/海外拼邮，即多位不同商家的货在海外使用同一个大包裹发货，到境内后再分拆包裹、换单发货，该模式运费更低，但包裹的拆并过程可能存在商品被掉包、破损等问题。

另外，各个国家地区的出口环节，也会有门槛，但总体比进口清关要简单。在有的国家，如果没有当地许可执照就从事商业"囤货"及贸易，则可能涉嫌非法经营，而个人代购者若通过汇率、买卖、机场退税等渠道赚取商品差价，从事与身份不符的商业活动，在境外也可能触及当地法律红线。

2.1.3　供应链安全

全球电商的崛起改变了跨国品牌的全球供应链管理模式，如品牌商、工厂与零售商开始跳过中间商。多数跨境进口供应链在本质上就是 B2B 分销，典型的需求方有跨境电商 B2C 平台、批发商、零售商、网红/微商、海淘代购、社区店、母婴店等。跨境进口主要注意以下几个问题：一是获取货源具有多种采购方式，正品授权、品牌店及正规渠道产品等。二是各环节均存在库存与账期的问题，通常电商平台自营供货的账期为 3 个月。三是要注意单一市场的货源及销路风险，尤其是容易受到国际双边关系影响的地区。

另外，在清关时，对进口货物的品类限制多，有很多代购和转运公司低价承接一些全球购和跨境电商平台不去触碰的品类，使得清关风险极高，一旦被查扣，小型转运将无力承担货物损失。

进口商家通常在资金周转方面压力较大，对仓单质押融资业务有较强需求。电商把资金压力转给服务商，仓库作为供货的一个必备环节，也为授信融资、买方信贷和垫付贷款等供应链融资提供了保障。

表 2-2 所示为供应链金融中常见质押方式，传统国际贸易的金融产品主要由银行提供，若企业规模小、经营不稳定或财务报表不规范，且无法提供合格的抵押品，则难以获得融资授信。企业通常引入商业保理、担保或保险等机构，对融贷资金进行账户管理，但成本高、审核及放款周期长。现在金融机构更依赖大数据征信，吸收物流、电商、ERP 等关联

方,帮助监控供应链的"三流"信息情况,保证贸易行为的真实性,使风险可控。

表 2-2　供应链金融中常见质押方式

存货	物权,海外仓或保税仓的存货担保,静态库存抵质押或仓单质押
应收	托收保付,赊销项下的未到期应收账款转让给保理商以获得回款
预付	代理采购,保证金+货款垫付,销售后偿付或补充质押物入仓

跨境电商只要确保从合法渠道进口商品,严格遵守报关流程,保持进口商品的原始状态,就不存在侵权问题,商标权利人已经从第一次销售中实现了商标的商业价值,而不能再阻止他人进行二次销售或合理的商业营销。

2.2　物流清关过程

清关是进口跨境物流的关键一环,全程运输时限常取决于清关流程的快慢。物流商的通关能力决定进口过程的快慢,谁清关效率高、税费低,谁就能快速占领贸易市场。在对跨境电商的监管方式上,中国海关走在世界前列,已实现与电商企业数据交换,且全流程信息化监管,确保"国门"安全。

为加快清关时效性,国际贸易"单一窗口"功能覆盖至海关特殊监管区和跨境电商综试区等相关区域,实现了进出境通关全流程无纸化,企业可直接登录"中国电子口岸",扫描上传相关单证,系统自动审核放行;凡是征税进口的货物,报关代理企业需在申报后 48 小时内缴纳税款,否则需重新申报并记入信用记录;与多国地区的货物原产地进行电子联网,实现了货物原产地核查、原产地预裁定等业务流程电子化;引导电商企业规范商品信息备案,督促物流企业严格履行揽件验视制度,验证交易的真实性,引入物流轨迹数据。海关通过"监管方式代码"(如 3010 为货样广告品、0110 为一般贸易等)对进出口的商品实施监管和统计,对不同商品,HSC 实施不同的监管、关税和增值税的征缴等工作。进口清关还涉及外币损益、拖车、码头、进境动植物检验检疫审批、许可证等外贸知识。

据海关统计,2018 年我国进口整体通关时间约 65 小时,出口整体通关时间是 10 小时左右,我国进口一个集装箱货物的平均通关成本为 915.9 美元。整体通关时间是指货物从抵港到货物提离整个进出口环节的时间,如图 2-2 所示,清关流程包括货物抵港、装卸、堆放、理货、申报、查验、征税、放行等多个环节,占整个通关时间的 10% 左右。海关通关流程是从接受申报、审单到放行等的"串联式"操作流程。

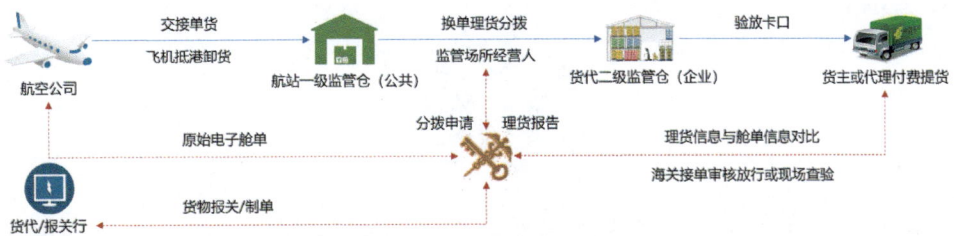

图 2-2　空运进口一般清关流程

在"全国一关"改革后,将企业报关、报检资质合并,采用"一次申报、分步处置"的并行管理,并简化为三个步骤,首先由企业自行通过企业资质信用管理完成报关和税款自报自缴手续,然后风险防控中心分析货物是否存在禁限管制、侵权、品名规格数量伪瞒报等安全准入风险并下达布控指令,由现场查验人员实施查验,最后三大税收征管中心在货物放行后对报关单税收征管要素实施批量审核,筛选风险目标,统筹实施放行后验估、稽(核)查等作业。企业"自助通关、自主报税"已全覆盖进口领域全部运输方式和税则。

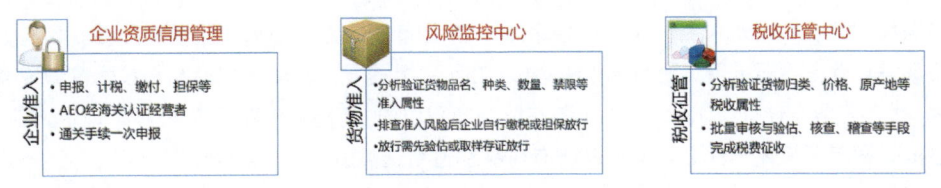

图 2-3　全国通关一体化及监管三权分立

海关对涉及关务的企业有一套完整的认证体系,会采取差别化防控策略,"自动审放、重点稽核",减少开拆率及通关干预,信用认证标准有多种类型,如 AEO 高级认证企业可享受最低进出口货物查验率、优先办理通关及验放手续,海关查验率在 20% 以下,而对失信的企业货物查验率则提高到 80% 以上。海关已引入关税保证保险政策,以进口企业作为投保人,海关作为被保险人,企业实现"先通关后缴税、汇总征税",关税保险费率为 3‰ 左右,无须按每月税额全额交纳保证金。

"灰色清关"在形式上利用监管漏洞走不合规通道。一类是主观上故意逃税监管规则及税务条款,以低、少、谎、瞒报等方式逃避监管。另一类是客观上存在偶然漏税的现象,比如邮件类,在邮件类报关没有完全电子化申报或申报信息不完整的情况下,查验存在很多偶然性。无论哪种清关类型,发货人和承运人都要如实合规来申报,只有遵纪守法才能畅通顺利,如图 2-4 所示为海关查验布控方式。

随机布控	现场审单即决	审单中心布控	风险部门布控	缉私部门布控
•海关查验主要方式，系统设定比例随机抽查，通常没有条件设置	•由现场接单关员根据同屏比对决定，如存在单证与申报不符、疑点等	•申报价与海关风控价相差较大、特定时期特定品类、逻辑错误等情况	•海关内部相互监督制约的机构，下达查验指令，具有复查复验职能	•由于举报或被发现违法违规操作，海关内部缉私部门专门查验侦查

图2-4　海关查验布控方式

很多中小企业因为没有进口权，所以采用买单进口或代理进口，但这只是外贸办理手续的方式，并不会少付税费。企业在短期之内通过灰色途径实现成本优势并非生存之道，不可侥幸，而且这些前端政策和实操正在加强监管，跨境电商零售进口、邮件快件等监管与通关，都已实现无人工干预（查验除外）、数据智能化监管与风险预警等处理。目前，贸易进口壁垒主要采用负面清单（Negative List），就是把禁止输入的商品与技术等做成列表，限定不能干什么，列表之外的都不在管制范围以内。而跨境电商采用正面清单（Positive List），限定了只能干什么，但不是所有商品都适用这类通关方式。

2.3　进口直邮渠道（Direct）

直邮主要是指用户通过跨境电商下单后，境外的货站、海外仓和分拨枢纽进行履单，直接形成包裹转运回国内再进行派送，涉及海外仓储、收件打包、跨国运输、报关清关、国内配送等多方面资源整合。进境电商邮件、快件一般具备批次多、品名繁杂、敏感物多等特点，甚至混有禁止进境物。为防止商家将在国内有现货的进口商品虚假为海外发货，对消费者产生误导，进口商可以应用中检、宁波跨境购等认证溯源系统。各电商平台对代购的监管也日趋严格，例如，淘宝平台要求代购"海外直邮"实为"海外发货"，即发货地为海外或境外；天猫国际帮助商家引入符合条件的物流商、转运商，商家只能在线发运，引导商家使用菜鸟国际直邮体系。商家可以和平台推荐的直邮承运商谈运价，菜鸟主要监管货物的物流轨迹，商家接入物流服务一般通过三种渠道：独立软件商、网页发货与商家工作台。

商家是否适合做直邮取决于交易形态,从消费端来看,跨境直邮能够通过灵活的供应解决市场碎片化、多元化个性需求,快速响应市场。如表 2-3 所示,少数海外代购使用邮件发货;多数包裹交给转运物流商走快件;跨境直购只是少数有支付资质的电商可以操作。电商平台直邮多数是快件、直购,例如中国消费者可以一站式在美国购物,FBA 直接空运进入中国,在中国的口岸运营中心清关,在中转时贴上中文面单之后再配送,极大地挤压了美国本土代购和转运。

表 2-3　主要跨境包裹进口渠道对比

	快件	邮件	跨境 BC	行旅购物
优点	• 支持个人物品 • 快速清关一单到底	• 查验率低	• 电子化清关报税 • 马上清关、马上放	• 货物可随身携带、可简易通关
监管	• 身份证复印件 • 申报价值 • 严格归类 B 类快件	• 邮件电子化申报 • 查验率高	• 免税额度 • 跨境身份核验	• 出境代购严查货值 • 机场购物免税限额

2.3.1　入境口岸选择

选择入境口岸,即选择属地海关、监管区及配套等,要根据不同的国际段运输线路、清关资源、不同进口主体、HSC 及申报价值、对应时效的腹地配送等条件而定,且要考虑用多口岸布局来降低清关通道受阻的风险。目前,海关总署有直属 42 个关区下辖的数百个外贸通货口岸,如表 2-4 所示。多口岸选择的另一个重要因素与空运直航的运价及配送有关。

表 2-4　进口电商包裹入境口岸类型

快件监管中心	全国关区代码查询到的约 70 个已批复公共快件监管中心
国际邮件互换局	含 40 多个国际邮件处理中心及 30 多个驻邮办快件监管区
跨境电商试验区(综保区)	已批 35 个试点城市,后续仍在扩大范围
传统港口、机场及边境口岸等	除一般贸易外,通常只限于行邮个人物品、边境贸易等形式

在跨境进口兴起的一段时间内,存在渠道混乱、不同关区监管尺度不一的问题。对于消费者而言,有时可能会觉得货物没有经过清关就收到了包裹,那是因为不同物品涉及的清关方式不同,所需手续、时间、缴纳的税费也不同。比如有些物品(如文件)在清关时无须收件人提供单据,所以清关快且无须缴纳任何费用,就会给人"无须清关"的错觉。如图 2-5 所示,选择的入境口岸最好能支持多种清关方式。

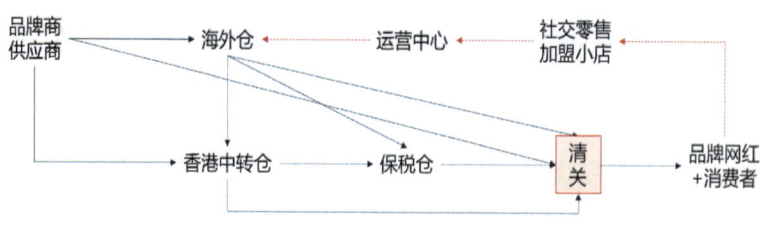

图 2-5 多种物流渠道及入境口岸多种清关方式选择

全球都在因为跨境包裹激增而严控进口清关。我国在电商进口领域以政府为主导，给新生事物发展创造了空间，保持一定的监管弹性，同时防范了系统化风险。传统的监管手段也在升级，海关总署上线跨境电商进口统一版系统，在大数据与互联网技术的基础上，自上而下对全国每个口岸系统数据进行统一监管。企业对其向海关所申报及传输的数据承担法律责任，对清单、申请单、入库明细单等电子单证进行数字签名加密。

发达国家对跨境包裹的监管普遍较为简单，统一税制，只设定一个低值货物（Deminimis Threshold）的免税政策，低于该货值的可以免税，超过该货值的就进行征税，但对于进口医药等消费品很严格。《中华人民共和国电子商务法》2019 年正式施行，明确包括海淘、代购在内的所有电子商务经营者都必须依法办理市场主体登记，依法取得相关许可并纳税。第 71 条：国家促进跨境电子商务发展，建立健全适应跨境电子商务特点的海关、税收、进出境检验检疫、支付结算等管理制度。这里明确了跨境电商的税制和合法地位，也为代购跨境供应链开辟了一条合规转型新路。政策会兼顾多种进口渠道平衡，当行邮税率下调时，一般贸易税及跨境综合税也同步调整。

2.3.2 行邮物品渠道（CC）

邮路是最传统的跨境运输模式，价格非常亲民，线路覆盖广。邮关与商关是相对独立的两套体系，两个国家的通邮是政府行为，邮政渠道是普遍服务，各国对于个人物品都有一定的免税额，公民从海外购置自用物品，享有一定的免税额，这是公民的一项基本福利，缘于此，全球八九成的电商包裹不交税。UPU 公约规定，"申报义务人是他国寄件人，进出口邮包必须由寄件人填写申报单，列明所寄物品的名称、价值、数量等，向邮包寄达国家的海关申报"。

《中华人民共和国邮政法》规定，任何邮件在未投交收件人之前，归寄件人所有，即未签收邮件的收件人不是进境物品的所有人，客观上在邮件进境清关过程中的申报环节，收件人不是法定申报义务人。《中华人民共和国海关法》规定了申报义务人是物品所有人，

《中华人民共和国进出口关税条例》则定义进口纳税义务人为收件人[①]。虽然邮件申报的主体是发件人,但海关难于追查境外发件人的责任,如果邮件涉嫌违禁违法物品,收件人也可能会承担责任。

国际邮件实行的是一种非主动的建议报关制度,不纳入海关贸易统计,申报流程相对简单,运单兼报关签条上只需要写内件品名与价值即可。如图 2-6 所示,海关根据报关签条上写的包裹价值与品类进行抽检,发现可疑包裹才进行人工拆封查验。海关在认定包裹性质时有一些公开标准,如二手物品邮寄的申报价要参照新品售价,但"自用合理数量"也存在人为判断的不确定性。

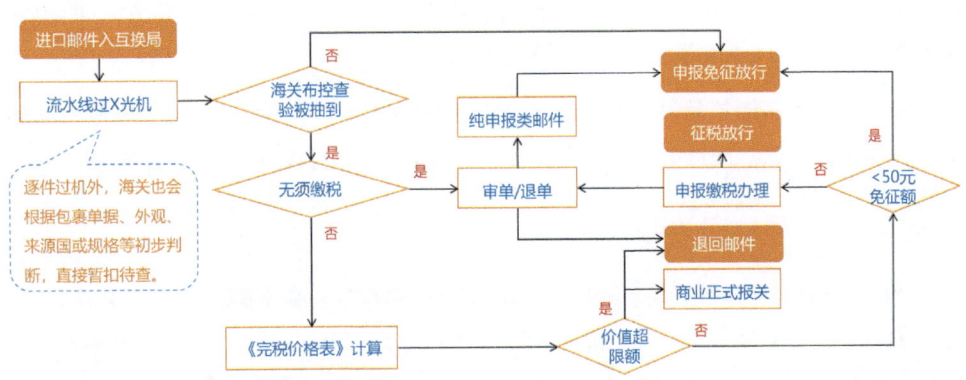

图 2-6 进口邮件现场海关审价征税流程

邮件的封发、运输、处理及报关全部使用 UPU 和 WCO 规定的格式单据。一般采取简易申报的模式,不进行提供品牌或认证等的申报,报关条件限制少。需要详细申报或缴纳税款的国际邮件,收件人会收到邮局代发的海关面洽通知或办理手续通知,待收件人备齐材料即可到海关邮办处办理清关手续。凡是经海关开封查验过的包裹都会在邮件内放置"海关查验通知单"或贴上海关监封封条。在海关扣件估价后,邮包一旦被认定不是个人物品或超限额的,就需要转为按贸易货物办理报关手续,这时需要找一家进出口代理商代办清关手续(个人无进出口经营权)。收件人如果不想申报或缴税,可选择退运,邮局会将包裹退回发件人。

按照《中华人民共和国海关法》的规定,邮包自进境之日起超过 3 个月未向海关办理手续的,将被视为无主物,由海关依法进行处理。海关对进境邮件实行非侵入式检查,电商代购产生的邮件进口量越来越大,由于实际场地与人员条件等限制,很多超限值包裹被

---

① 陈晓,进境邮递物品申报与审价热点法律问题解析,中国海关杂志,2018.2

直接退运。USPS 的 GeM™ 服务可以根据境外消费者地址和所在国家海关条例来预估关税，消费者购物的同时就可预交清关费用。澳大利亚邮政就自己开了一家中国直邮店，卖婴儿奶粉及用品等，出售商品直邮到中国。

为了消除邮件监管盲区，解决抽检率低、拆包避税、商业代购等问题，海关总署已要求进行进口邮件电子化申报流程，全国海关驻邮办使用进出境邮递物品信息系统，邮局负责采集邮件面单电子数据向海关系统传输，通知境内收件人或寄件人办理补充申报手续，进出境邮递物品所有人应当承担邮寄进出境物品的申报责任。邮件的进境、出境、转关等手续，要向海关传输总包路单等相关电子数据，改变了以往国际邮件仅凭各国邮政面单申报，没有电子数据、缺乏信息化监管的问题。而且在邮件申报中增加了"9610"（即跨境）报关方式，让几种直邮方式监管尺度趋于一致。

邮件是个人高档物品很好的进口物流通路，5000 元人民币以内低值货物类的商品走快件清关更高效。邮政公司取得了商业快件运营人的资质，也可以经营快件。

2.3.3 快件及快递转运

快件或快递更多体现的是一种物流方式，对于清关和海关监管方面，可适用于 A 类（文件）、B 类（个人物品）和 C 类（价值≤5000 元人民币且不含运费、保费、杂费等的低值货物，也不涉及许可证、检验检疫及税汇等手续）物品等不同清关类型。

快件的报关主体是快件运营人，也是承担责任人，对于个人物品类快件需要向海关提供完整的信息，必须如实申报清单里的每一件物品，用中文申报物品数量、品名、价值、税号、品牌、毛重等详细信息。按 B 类快件申报，收件人必须是自然人，物品要满足"数量合理、生活自用、不超限值、不属违禁"等条件。快件运营人向海关提交《海关进出境快件个人物品申报单》、快件的分运单、收件人或出境快件发件人身份证件影印件、购物票据和海关需要的其他单证。

在征税方面，口岸海关根据海关总署的《中华人民共和国进境物品归类表》与《中华人民共和国进境物品完税价格表》计算进境物品需要缴纳的行邮税额，对 50 元以下物品予以免征，如果发现申报情况与实物不符，则会开箱检查，重新确定税额或手续。个人税款由快件承运人统一代收、代缴，快递商会根据情况要求客户预付或后付。如果是一批货物整体清关，则转运公司不会提供单个快递包裹的税单。

国际快递入境也按商业快件清关，正规、快速、高价，适合对时效非常敏感的高价值商品，税费由快递商代缴，用户补缴。图2-7所示为一般进口快件/快递的系统清关流程。

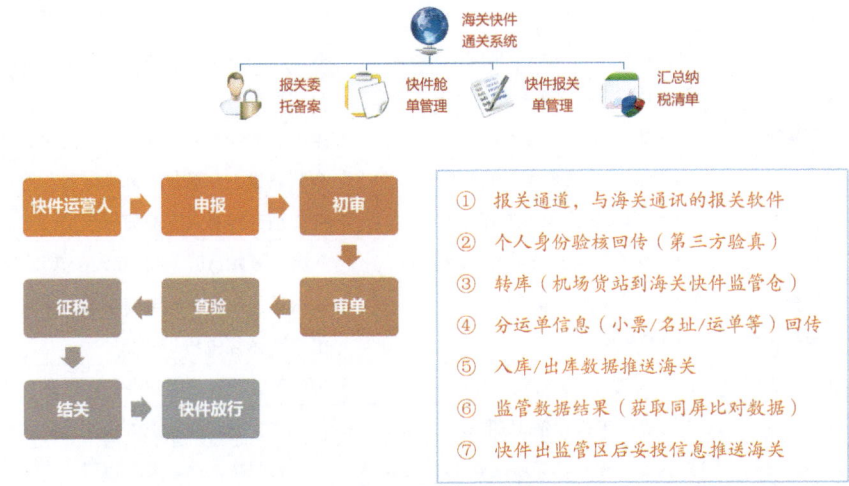

图2-7 一般进口快件/快递的系统清关流程

转运公司普遍宣称半执行主动报关的阳光转运，但由于部分用户的快件行邮预报不规范或不按实际情况申报，从而造成清关缓慢。少数较大的海淘转运打通了收货、进出口清关及国内配送的全环节，但大部分转运商只作为前端收货点，再将货物交给快件运营商。典型的华人快递是在华人聚居地设立揽货门店，主动为国内快递商做代理。快件交税率高的原因，是快件不同于现行邮政包裹的抽查，海关系统根据预申报信息自动审单、比对，备案的快件运营人承担报关责任，一般快递商不会冒着被吊销牌照的风险故意低报、瞒报。

大型转运公司或快递商都会为客户提供在线"自助申报"，便于补充申报及提供身份证等信息，并要核验身份证。少数代理商为了节约成本，将在境外采购的高档商品伪报为个人物品，或以化整为零的方式逃税，这些在海关都是承运商的责任。走快件形式的C类物品清关，按照进出境贸易货物规定缴纳税款，监管方式为"一般贸易"或"货样广告品A"，征免性质为"一般征税"，征减免税方式为"照章征税"，企业已在海关办理汇总征税担保备案的，可以交由运营人进行"汇总征税"的申报。超出C类范围的快件俗称转D，即转为一般进口贸易清关。表2-4所示为美国到中国大陆的跨境物流服务示例。

表 2-4 美国到中国大陆的跨境物流服务示例

	服务类型	收费明细	服务说明
海外仓及运输	海外仓储	免费 30 天，超出时间后 1 元/天/件	停留超 90 天仍未出库，按弃货处理
	运输保险	免费，货值>2000 元按 1‰收取	保费最低 20 元/票起，保额 2000 元
	清点拍照	免费，超过 5 张时 3 元/张	收货入库、出库包裹称重时进行拍照
	包装加固	普通耗材 15 元/单（分箱后）	特殊包装加固另议
	分箱换箱	分箱费=包裹数×4/元箱	据内件实际尺寸，选择合适的包裹外箱
	空运费	15 元/kg，免费整理、合箱服务	合箱数量、重量、价值等限制条件
	退货	20 元/票，客户承担退货运费	退货须在包裹入库前信息预报
清关配送	快件监管仓	10 天免仓期，超出后 3 元/天/件	入库后开始计时，超 60 天按弃货处理
	通关费	3.5 元/kg，如需报检 90 元/主单	仅限美国波特兰仓电商清关快捷服务
	系统录入费	0.5 元/分单	整单产品数量>9 时必选
	身份证验核	1 元/人次，提交查询	物流系统不存储客户身份证信息
	保价	5 元/票，或按货值 1%收取	为贵重、易碎物品提供额外保障
	国内配送费	按实际发生计，如需换单 45 元/主单	快递公司按票件重尺及距离计
	税金/退运费	按实际发生计	根据客户申报如实预收

2.3.4 跨境直购（BC）

商品在海外仓完成打包，以个人包裹的形式入境，包裹通过跨境电商直购进口"9610"的方式完成申报、查验、征税等环节，最后配送到消费者手中。包裹承运人，物流企业应为邮政企业或者已向海关办理代理报关登记手续的进出境"快件运营人"，即要有国际货物运输代理备案资质，不仅要有快件资质，还要获得国家邮政管理部门颁发的"快递业务经营许可证"。

跨境电商全国统一版系统涵盖"企业备案、申报、征税、查验、放行"等各环节的自动化申报、审核对碰等内容。商品的准入门槛，同一 SKU 商品，无须进行重复备案。表 2-5 所示为业务单证数据传输主体，小型电商如果未与海关"单一窗口"做技术对接，可由入驻的电商平台代推，或将海关备案的数字证书授权给口岸从事跨境综合服务的平台，订单数据自动转化为申报数据，电子加签后向海关发起申报代推，在平台上查看申报回执。

表 2-5 业务单证数据传输主体

序号	出口		进口	
	业务单证	责任主体	业务单证	责任主体
1	出口清单	电商企业或其代理人	进口清单	电商企业或其代理人
2	电子订单	电商企业或电商平台	电子订单	电商企业或电商平台，或受委托的快件运营人、邮政企业
3	收款单	电商企业	支付单	支付企业*
4	运单	物流企业	运单	物流企业
5	运抵单	海关监管作业场所经营企业	运单状态	物流企业
6	离境单	物流企业	撤销申请单	电商企业或其代理人
7	清单总分单	电商企业或其代理人	退货申请单	电商企业或其代理人
8	撤销申请单	电商企业或其代理人	入库明细单	海关监管作业场所经营企业
9	汇总申请单	电商企业或其代理人		

注*：要求原始支付信息，委托快件运营人或邮政企业代推数据存在监管不确定性。

直邮进出口场站，场地可能是独立的跨境电商海关监管区，也可能是国际邮件或商业快件的监管场所，同一场地不同查验线，不同时段可共享查验线。跨境电商的综合税没有免税额度，并且要按照进口的到岸价作为交易价格缴税，销售跟随完税价格走，不能做 0 元促销（赠品也必须赋予价格）。

税费由电商企业代缴（提前设立税费代缴保证金账户），按增值税 70%计，大部分消费品的跨境综合税率在 9.1%。跨境电子商务零售进口商品的备案价和前台售价，单次交易限值为 5000 元（税前），年度交易限额为 2.6 万元/人。消费者年度交易总额超过年度交易限值的，按一般贸易管理。

为了防止用户身份被盗用，电商企业要对交易真实性和跨境网购的个人消费者身份证进行审核校验并承担责任。已经被购买的进口商品，属于消费者个人使用的最终商品，不得进入国内市场做二次分销。从税收法定的角度，只有消费者的真实购买行为才能享受个人物品的税收优惠。如果出现冒用消费者个人信息清关、盗用其跨境免税额度，都将同时涉嫌侵权和走私。

小批量入海外仓，长尾毛利率较高的商品、无法入保税区的季节性产品，适合用空运直邮做小批量试销。例如使用传统贸易方式进口的化妆品的备案周期很长，无法将境外新品同步于国内做在线销售。做海外仓的成本是非常高的，无法低成本地承载大规模操作，而且入境清关不稳定，使得体验很差，这些瓶颈让进口直邮模式在这些年一直没有成长出多少电商巨头。而云集跨境、洋葱海外仓等企业则以社交零售为突破点，以海外直邮、保税发货的方式,利用社交流量进行货物直销,由平台负责采购、上新、仓储、清关、配送等服务,为个人商家提供微店分销系统,且一件代发,并为其提供一定比例的分销收益。

2.4 保税备货(BBC)

保税备货,是跨境电商企业将境外批量采购的商品集中运送至国内的海关特殊监管区域或保税物流中心暂存,海关实施账册管理,当企业接到消费者的网上订单之后,保税仓履单拣货,在逐票清关后,由国内快递直接取货并配送到门。保税备货的时效快,能更好地配合企业的线上营销。如图 2-8 所示,在国家推出跨境电商试点城市以后,BBC 模式具有高效的优势,使得原装成柜进口,无须加贴中文标签,即可配送国内让消费者体验,便于电商促销打开市场,极大地促进了跨境消费。

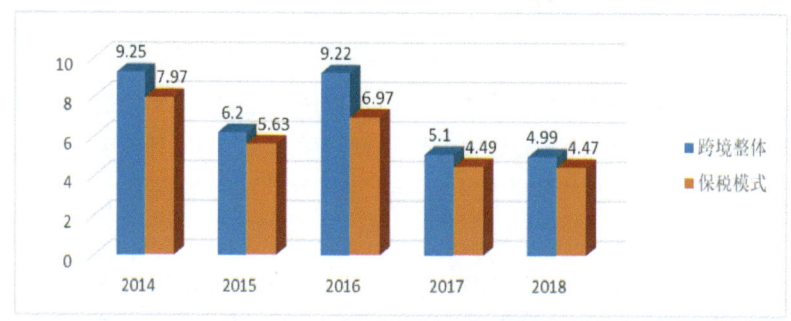

图 2-8 菜鸟跨境零售进口物流 2014—2018 年时效变化(天)

BBC 清关手续类似于 BC,如图 2-9 所示,电商、支付及物流等备案企业将订单、支付凭证、运单等传输给海关,电商企业或其代理人向海关提交清单,海关征收跨境电商综合税,验放后账册自动核销。没有能力自建保税仓的电商,需要与区内第三方公共保税仓合作,区内保税仓运营公司一般具备代理清关资质,能够完成订单申报、代缴税费、订单作业、境内派送等工作。

从 2019 年起,有保税区或 B 型保税物流的城市都可以操作保税进口项目,为了防止部分贸易改走跨境电商,海关要获取真实的电商支付信息,由实际快递商发送物流数据,原仓储企业将无法向公服平台代发、转发。保税仓退换货,符合二次销售的商品在海关放行 30 天内可以原状退回监管场所,不征收税款。保税仓内不可再售的退掉的货物,除了原地返回就是销毁,若没有原厂回收,则通常放到国内指点地点进行销毁处理。保税港区的货物不设存储期限,每年区内企业向海关备案存储期限超过两年的货物。

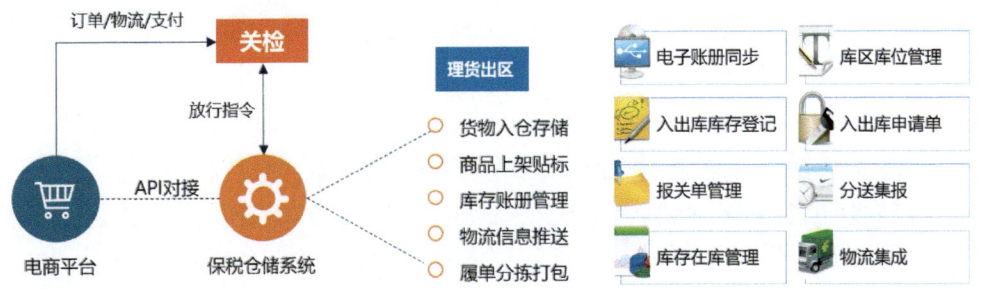

图 2-9 跨境保税仓功能与监管系统对接

2016 年跨境电商进口 "4.8 新政"实施，综合税率再加上入境后的仓储、配送等费用，跨境物流企业的总体成本较高。保税自营因供应链组织相对较复杂，所以只能够选择主流畅销品，规模越大品类越有限，小众商品进不了保税仓，因为很容易被积压在保税区中。在政策波动和市场规律的双重影响下，全国各大跨境保税仓或多或少都有库存积压问题。国内电商的集中度高，使得跨境保税仓呈现两级分化状态，因试点地区具有先发优势，所以进口业务量在增长，而后进城市的保税仓则门可罗雀，在服务能力上也有差距。

国内有很多公共保税仓，将运营外包给更专业的服务商，这些服务商具备稳定高效的作业系统，保证发货的精准度和时效性，全渠道对接与多店铺库存共享功能，支撑电商企业设立城市分仓需求。保税仓普遍缺少冷冻仓、冰鲜仓和恒温仓等冷链能力，冬夏温差大，化妆品、奢侈品、食品等快消品对温控要求高，如果商品经海运到达国内，再经过清关入仓等步骤，那么产品在保质期内的可售期将大幅缩短。

> 案例：网易考拉有 50 多万平方米保税仓，多处海外仓，智能化 WMS "祥龙"系统负责仓储管理商品自动化调度，TMS "瑞麟"系统负责对接合作方，聚合包裹实时数据；京东跨境电商进口北方中央仓选址廊坊出口加工区，成为京东进口商品北方贸易基地，在入仓检查时，每件商品都拆分到最小单元，以检查商品的完整性和有效期，对贵重商品人工存取。

跨境电商的商品在落地市区时将面临合规性问题，海关不允许网购保税进口商品在海关特殊监管区域外开展 "网购保税+零售自提"，自提场所被限制在位置偏远的保税区内。跨境电商 O2O 体验店实际不销售商品，而是以 "保税外借"的方式展示商品，消费者在现场扫码、线上下单后，电商再从保税仓或海外发货给顾客，现场提货基本都是用一般贸易税率清关商品代替。

2.5 国内运输与收派件

国内从生产型向消费型社会的进化，让商品分拨配送的形态改变很大，忙碌的生活方式导致更多的送货服务，物流类型也比以前更加多元化。进口落地配，清关后配送已经与普通国内包裹无异。如今，很多公司的业务规模在中国第一，便可能也是世界第一。2019 年中国快递业务量达 600 亿件，占据世界份额超过 40%，是全世界性价比最高的快递服务。快递网络的地理覆盖范围的"广度"，市场中能够提供的产品种类及服务特性的"深度"，都进一步提升。国内市场格局正渐趋稳定，市场整体处于微利、微亏状态，跨境包裹的内陆运输到国际运输的衔接，客户大多通过国内的快递发到货运代理手上后再外发。

虽然电商包裹量翻了几番，但快递业毛利率已从十年前 20% 的水平，下滑至目前无限低的冰点，快递商挣扎求生。如何盈利成为快递商的最大挑战，各企业都大幅增加"环节外包"，但甩出去的成本并不能提升竞争力，市场已经到了规模、成本和资本的综合比拼。首先，快递商要借助资本市场完成从劳动密集型到资产与技术密集型的转变。人口红利消失，人工成本和运输费用不断增加（占比达 75%），2016 年中国快递业掀起了一轮上市高潮，资本的介入帮助企业突破成长瓶颈。相比之下，错过资本的快递商的经营状况堪忧。其次，持续的科技投入，既是客户多元化需求的驱动，也是业务规模化增长的要求。尤其在智能物流的技术背景下，科技赋能是企业的必备武装，靠人工经验进行市场营销、运营管理已不能匹配日益增长的业务规模和场景复杂度，系统、数据与新技术是不可替代的生产要素。还有网络运筹和流程优化，即使经济包裹在服务和品质方面只有细微差别，但千万级单量的成本、效率差距，也十分考验企业的组织架构及运营管理者的能力。最后一公里物流衍生出来多种社区服务，但快递与外卖、跑腿、即时配等高时效众包服务之间存在差异。

传统快递的作业组织是围绕物品的异地寄递而展开的，航空资源的调配计划难于陆路运输，而且大部分电商类的经济包裹不适宜航空运输。图 2-10 所示为陆路转运的多重网络设计，通达系快递的网络设计，核心节点直营、末端加盟，实现了规模扩张，以及成本、效率的平衡。由电商自营物流开创的库存管理、订单处理、配送及退货等作业一体化物流模式，是"以空间换时间"，通过建设更多的仓库，将商品直接从仓库发往客户，使货物移动的距离更短。毕竟，电商消费者的满意度在很大程度上取决于对物流最后一公里的体验，所以很多商家在城市旁建设分仓库，前店后仓，以同城配送的时效来保证订单服务质量。这类电商业务也带动了区域落地配或城配的发展。

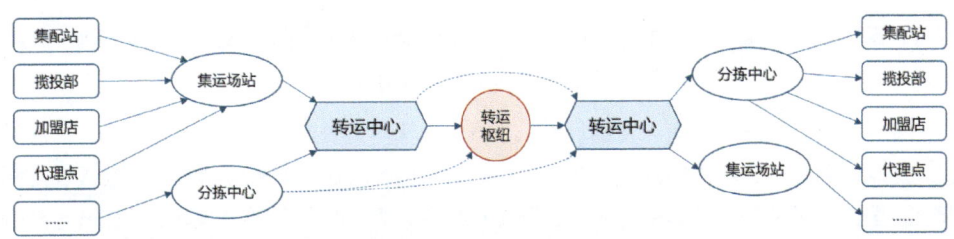

图 2-10　陆路转运的多重网络设计

在电商或零售企业的仓储和运营模式设计上，多少都有一些结构性的缺陷，最简单是一仓发全国、一仓发全球，如常见的三级存储体系，库存共享、多级补货，采购总仓/中央仓补货，区域仓调拨，分仓 DC 进行分拣理货和配送。在两级仓中，前置仓做高频采购的新品、爆品及畅销品、应季性、高周转率商品；中央仓做长尾、低频、季节性商品，这类商品直邮配送周期长，可通过价格或丰富品类弥补；将两者结合，实现高周转+长尾商品的有效搭配，使整个仓储达到成本与周转效率的最佳平衡。也有不分级的，也就是所谓的平行仓，即备货相同、仓间商品随时可调拨包，配合城市仓、门店仓和微仓等 TC 终端仓角色，暂存超高流动性货品，以满足配送时限需求。这对海外仓配置也有一定的参考意义，类比来看，海外仓就是前置到目的国的一个区域分仓。

2.6　进口物流综合解决方案

跨境贸易从"严进宽出、大进大出"向"优进优出"的升级，主动扩大进口的政策宣示，展示了我国坚持对外开放的姿态。通过政府部门间信息互换、监管互认、执法互助，进口逐步实现全球质量溯源体系互认机制。消费者的消费力已经成为中国经济增长非常重要的推动力，那些最贴近消费需求的渠道物流最早得到政策重视和资本青睐。在进口直邮环节有很多灵活创新的操作，邮快件的个人物品清关，正走向数据化监管的大趋势中。

在零售全渠道时代，品牌方对供应链的管控更加灵活。目前，在市场中有多种海淘模式并存，虽然 B2C 大平台的流量垄断性更强，电商进口也几乎融入国内电商体系，但进口消费已经常态化、国别及商品品类更广泛。随着移动社交网购的蓬勃发展，进口物流要发展成为平台型跨境供应链：提供海外仓集货、代购，打通首公里及多入境口岸、多清关方式、多运输网络，免税州收货、每天出库发货、原箱转运、多币种结算、电子预清关，让海淘用户随时清楚包裹状态，最大限度地降低丢包率、破损率，专业客服全程跟踪，建立快速理赔机制；直邮和保税仓结合，能够通过保税仓压低爆款标品的价格，在消费者个性化的需求上再通过直邮满足其相应的需求；考虑进出口双向运能，对于出口流向的包机服务，返程可以承接复购率更高的进口食品，整合海外资源与国内优质的冷运能力，开辟跨境生鲜冷链服务，同时在集报散派新型服务获得突破。

如今部分快递企业拥有大量的场地、飞机、车辆等重资产，并深化网络布局、信息科技，实现跨界扩张，让大件重货、航空、冷链、零担、国际、仓配及物流金融等板块全面起步。国内市场饱和，开辟新的赛道是行业的必然选择，能力溢出和国际市场拓展也是快递企业必走的一步棋。

但是，从物流服务到电商的扩张，是快递业普遍的战略误判，很多快递都开通过进口海淘，但并没有值得称道的成功案例。物流商即使没有电商平台的推荐或绑定，也完全能够凭借自己搭建的网络拓展用户，但市场的主流是没有电商流量的输入几乎很难长期运转，快递要不断进化，适应新电商运营需要的体系，要保持业务的多元入口。如何用送货吸引买家成为很多商家关注的问题，比如使用包邮来招揽顾客下单，使得直邮更像是一种辅助营销。电商平台会采取强制手段迫使物流商接受一些约束，商家与物流之间达成了某种共生妥协，电商想要拿物流挤压取利时，两者之间便会出现冲突。市场还存在较多变数，其中，科技是最大变量，传统的物流模式和新型互联网科技的结合开辟的新方向，仍有出现行业黑马的可能性。

第 3 章

出口直邮物流

跨境物流出口包裹量是进口包裹的 5 倍以上，日均 1200 万~1500 万件，这是跨境电商出口的主要形态，如图 3-1 所示，欧美仍是主要目的市场，海外仓需求不断升温。这些包裹中有 45%低于 500g、90%低于 2kg，30%的包裹货值低于 25 欧元，投入包裹柜的不足 5%，退货比例<5%，中国出口的包裹有 78%是 Free Shipping 包邮的，平均 72%是通过邮政网络投递的，美加英澳俄等国的包裹有 80%以上是通过邮政投递的，发达国家里意大利邮政投递占比最低，为 41%；总体投递质量不计头程，全球本地 12 天投递率为 98%，100%投递要 50 多天，只有约 30%的邮件可全程追踪查询[1]。直邮交付仍有诸多难点，客户对直邮收货的体验不太好，环节多、流程长、旺季爆仓，若卖家使用的物流方案未达到客户预期，将可能导致投诉、物品拒收、未收到纠纷等一系列问题，下面具体讲解。

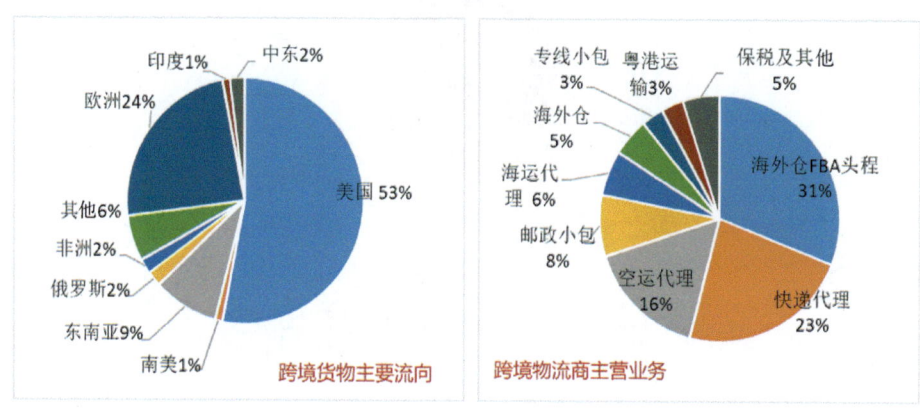

图 3-1 跨境电商货物流向及物流商主要业务[2]

如图 3-2 所示，出口直邮通常由境内集货、国际运输和境外配送三段操作组成。相比一般贸易出口商品需要提供符合目的地市场的详细准入资料，中小型卖家在刚起步阶段，通过直邮小包方式发货，大可免去产品滞销及清关风险。在开发新兴市场、缺少备货渠道的条件下，卖家只能采取直邮的方式发件。随着跨境电商平台的强势整顿，在线发货作为提升物流质量的关键举措，要求对接的物流服务的安全性、时效、运费和关税达到合理水准，物流服务商要具备订单处理、物流集货、清关、干线物流、尾程配送及售后的整合能力。

---

[1] IPC, IATA 11th World Cargo Symposium 2017, E-commerce Logistics, March 2017
[2] 王永强，2018 跨境物流行业趋势调研报告，2018.4

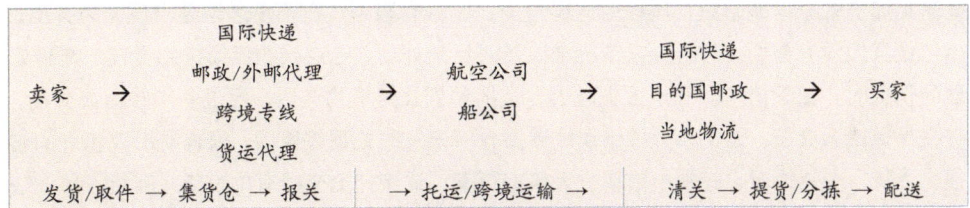

图 3-2 跨境电商物流运作主体与流程示意

3.1 直邮的特点与痛点

对于跨境操作经验不足、议价能力弱的出口中小卖家群体，物流是困扰和制约其业务拓展的一个因素。国内电商转型的卖家，相对而言不了解国际贸易的一些规则，对国际物流行业知之甚少，包裹的交运方式简单，掩盖了清关、认证、税务等国际物流的不可控因素。从传统 B2B 外贸转型的卖家，精通外贸及国际物流知识，但不擅长电商运营，不了解平台规则，如品类多、销量低的非标品，相对库存成本很高，适合单仓统一直邮，应该用直邮类小包物流渠道来合理规避欧洲 VAT 税务政策风险。跨境出口直邮门槛较低，表 3-1 所示为不同出口的直邮方式对比，其服务处于分化阶段，邮包的速度慢，快递的价格贵。拆解国际包裹的运行链路，各环节衔接起来还存在各种问题，下面具体讲解。

表 3-1 不同出口直邮方式对比

环节\渠道	首公里 自送/取件/分拣	出口报关 报关/报检	国际运输 订舱/提货/打板	进口清关 清关/缴税	尾程配送 提货/派送到门
邮件	上门揽收 自送邮局	海关驻邮办	空运代理 代理地服	驻邮海关 收件人缴税	目的国邮政，不限范围（除受限区域）
快递	部分上门取件 自送服务点	机场快件关	自营航线 固定优先舱位	转运中心或公共机场快件关 税费预付代付	自营投递网络 转邮政代投 外包其他快递
专线	部分上门取件 自送到仓	机场快件关 跨境监管 综保区/香港	限优势线路 舱位保障 综合空海运	机场快件关 普货贸易关 税费预付代付	转邮政代投 外包其他快递

一是慢，运输距离远，各环节不可控，发往欧洲、美国的包裹一般需要两周送达，到墨西哥、巴西等国甚至需要数月。实际时效还可能受进口政策限制、天气、清关速度或罢工等无法掌握的突发因素影响。航空资源淡旺季悬殊，在出口包裹高峰期延误是常态。如表 3-2 所示，低价平邮物流的时效标准仅供参考，不做时效承诺。二是难追踪，很多国家

电商物流仍处于早期阶段，尾程配送渠道少，区域有限制，在不发达地区表现尤为突出，小包便宜但没有售后，对于异常情况难以及时反馈处理，在遇到物流商推卸责任、拖延处理的情况时，缺乏协商。三是丢失破损，从揽件到最终货物送达，经过多次转运或交接，存在渠道错漏交接、贴单和分拣错误或遗漏出库未及时处理等原因，很容易出现包裹的破损、丢货、少货情况，旺季出错率、丢包率更高，或者托运交接有单没货、有货没单，缺少赔付。四是难退换，渠道所限，逆向跨境物流存在成本高、复进口等问题。五是运费涨，直邮包裹的商品价值普遍较低，随着邮政终端费上涨，物流成本占出口销售额高达30%以上。不同产品对直邮物流的诉求也有差异，如要求性价比高、上网快速、安全可控、便捷清关、时效稳定、轨迹跟踪、是否可带电等。行业盈利能力普遍下降，低价保量，价格营销是个大杀器，稳定是基本诉求，而要维持低成本运营，则技术投入要跟上。

表 3-2 跨境物流服务商直邮服务表现示例

物流服务产品	服务商	准时率（%）	纠纷率（%）	平均转运天数
GM Packet Plus	DHL eCommerce	99.6	0.55	7～8
4PX 物流服务	递四方	99.8	1.42	9～15
e邮宝-英国	中国邮政	99.3	0.82	7～12
Winit 易递宝	万邑通	99.9	0.65	9～15
燕文物流	燕文物流	99.2	0.61	N/A
邮政挂号小包	中国邮政	99.9	0.49	14～30
MiniPak	比利时邮政	99.1	0.29	7～11
马邮挂号小包	马来西亚邮政	97.9	2.20	16～35
DHL Express	DHL 快递	97.9	0.51	2～3
FedEx Express	联邦快递	99.3	0.81	3～4
UPS Express	UPS 快递	98.2	1.13	3～4

资料来源：英国 eBay 第二季度报告，2018.10

3.2 物流渠道的选择

物流作为一种交易的支撑，关于发货如何选择，要看需求匹配度。不同的物流参与方提供了多种跨境物流产品，如表 3-3 所示，形成了多层次的跨境物流服务网络，各类物流产品都有相对适用的发货特征，以及擅长的线路/区域。邮政与国际快递的价格相对透明，而小包代理和专线的服务商较多，询价、比价的情况是家常便饭。以深圳货运市场为例，据统计，所谓的国际货运代理公司有几千家，很多时候都是小代理收货，再转交同行发货。

高毛利产品用优质物流方式,有利于提升品牌体验,两者相得益彰;大部分低价产品可选择的余地不大,除去营销费、内陆运输费、价格波动、退货撤单等刚性成本,多数直邮能满足基本的交货时限及运输安全,大部分卖家已无力去提升物流体验。出于成本和时效的综合考虑,卖家可以用 ERP 等工具针对每个 SKU 特性,如规格尺寸、重量、价值及综合成本,来设定发货规则从而选择最优发货途径。海外仓头程的重货直发,其特点接近于传统外贸普货,支持 FOB、到付及进口人的其他收货条件,除了运输方式,要着重考虑目的地清关条件。

表 3-3 主流跨境物流直邮出口方式对比

	传统货代	邮政	快递	跨境专线
重量段	>20kg(首重不一)	包裹≤2kg	单件≤30kg	小包为主,≤20kg
客户群	B2B 大贸	跨境电商 B2C	商务件/高货值	B2B/B2C
特点	信息和资源中介	清关好、全球通	全球网络、清关快/严	固定路线或产品
流程	港到港、门/仓到仓	门到门、全域	门到门、部分通达	门到仓/港、门到门
追踪	关键交接点	全程或出境记录	全程详情直至签收	关键节点或全程
时效	不固定	慢	快、准	较稳定
价格	低波动	最低	最高	介于邮政与快递之间

3.2.1 国际快递及其代理

传统商务快件市场相对成熟,客户黏性高,清关安全可靠,有着高效便捷的门到门服务,但定价权在国际快递手上。不求低价、只求最快的高价值跨境商品,选择每票详细申报的快递渠道,速度快,服务好,丢包率低,跟踪实时准确,尤其是发往欧美发达市场非常快捷。由于价格高,如表 3-4 所示,少数品类且在客户强烈要求时效性的情况下,商家才会直接使用国际快递。商业服务的任何非标准化操作都需要付费,快件的计费方式比邮件复杂;商业清关以贸易买卖为目的,清关主体是快递商,从商业风险及口岸信用出发,大快递会正规纳税,运费需叠加在货值里面乘以税率计算,税费也会偏高。

表 3-4 FedEx vs. UPS International Express Service

FedEx International Next Flight®		UPS Worldwide Express Critical®
FedEx International First®	Vs.	UPS Worldwide Express Plus[SM]
FedEx International Priority®		UPS Worldwide Express[SM]
FedEx International Economy®		UPS Express Saver[SM]

Ship From / To: Beijing, 100031, China → Manhattan, NY 10024, United States

Package Details: 1 package, 1.00 kg, packed, 15cm x 20cm x 30cm, value 1000.00 CNY.

Latest Pickup Time: 7:00 P.M.Saturday,20 May 2019 Schedule by:2:30 P.M.

续表

Service (Guaranteed)	Time (Delivered By)	Cost(All Packages)
UPS Worldwide Express Plus^{SM} 全球特快加急	8:00 A.M. 23 May 2019	960.95　RMB *
UPS Worldwide Express^{SM} 全球特快	10:30 A.M. 23 May 2019	592.15　RMB *
UPS Express Saver 全球速快（红单）	By End of Day 23 May 2019	561.04　RMB *
UPS Worldwide Expedited^{SM} 全球快捷（蓝单）	By End of Day 25 May 2019	505.72　RMB *

Rate estimates calculated by UPS: Based on export rates from the origin (Ship From) country.

* Rate includes a *fuel surcharge*. For a breakdown of charges, select *View Details*.

国际快递分为快线和慢线两种，快线渠道适合走体积重量小、单品利润大的新品，通常快递商自有航空运力，也是旺季海外仓补货的最佳选择，保证时效在 3～5 个工作日。慢线渠道适合走大件，是常用的集货运输方式，参考时效不稳定。如常见的 UPS 红单时效高，蓝单价格低；旺季红单出货慢，蓝单肯定要排舱。四大自有全货机线路并不多，慢线多数要承包客机腹仓，可控性略差。

各大快递自有常规优势领域和地区，很多区域性国际快递商，优势地区基本上承诺时效抵达。北美 FedEx 的快件清关和派送能力强，美洲方向的慢线 IE 经济小货价格不错；UPS 空运普货是强项，大货价格经常有促销。在前端市场（如表 3-5 所示）快递商更注重城市点的覆盖，保证高效集散，如 FedEx 在广州设立的亚太转运 Hub 操作口岸"提前申报、运抵验放"预清关；DHL 国际快递在国内覆盖 400 多个城市，中国是其全球七大独立运营区之一。

表 3-5　出口航空快递市场分布及市面上四大代理报价示例

	首重 0.5kg	续重 0.5kg	20～31kg	31～51kg
东南亚	110.39 元	30.14～30.32 元	38.55 元	35.46 元
欧盟	129.66 元	22.78～30.84 元	58.7 元	56.07 元
北美洲	140.17 元	20～27 元	56.07 元	56.07 元
澳洲	148.23 元	54.32～59.49 元	72.47 元	69.38 元
南美洲	229.88 元	65～66.58 元	111.02 元	111.02 元
非洲	422.09 元	114～116 元	148.02 元	148.02 元

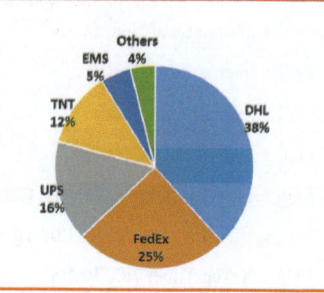

快递清关对于产品本身有一定的要求和限制，对涉及个人用品安全和健康的货物查得很严，特殊类等产品收货受限，5kg 以上的大包或重货资费变化较大，如表 3-6 所示，附加杂费较多。在目的市场清关条件不确定的情况下，邮政 EMS 及 e 特快是不错的时效渠道。一些商业快递不接的货物或受限地区，如俄罗斯、巴西、印度等不容易清关的国家，通关能力强，可以接受大包，有免费退回的优势。

表 3-6　国际快递出口杂费举例

附加费	香港 DHL 出口杂费加收明细说明
超规格	如单边长度≥120cm 或单件实重≥70kg，加收 400 港元/票×（1+当月燃油附加费）
更改地址	地址错误无法派送，改址重新派送，除实际产生的转派费外，加收改址手续费 90 港元/票
特殊处理	加收特殊处理费 800 港元/票+800 港元×当月燃油附加费（除特殊情况外）
特殊派送	指定签收 45 港元/票，派送通知 20 港元/票，星期六派送 350 港元/票
关税到付	如收件人拒付关税，由发件人支付目的地产生的税费，及收件人拒付手续费 150 港元/票
出口报关	向海关报关手续费为 25 港元/票，申报超过 5 个不同的品名，加收 50 港元/票
送达范围	高风险地区 200 港元/票，偏远地区 4.5 港元/kg 及最低收费 220 港元/票
账单更改	货物签收后更改关税 DDP，除 DDP 手续费外，另收账单更改手续费 100 港元/单
许可证	进口报关因某类货物需要授权由 DHL 申请提供进口许可证的，加收此费用 200 港元/票
GoGreen	碳排放抵偿方案，按货件重量 1.10 港元/kg，最低收费 1.10 港元/票
寄方保障	投保额为申明价值 2%，最低收费 60 港元/票，文件保障 60 港元/票

资料来源：DHL.COM.HK 部分国际付运增值服务之附加费用，2019.2

快递如果退回，则是没有折扣的，过去的一般都是两三折左右，退回基本就是全额，退货费只能由卖家承担。快递一般都会做关税预估、预付，无论货代还是承运商，一般不包税。快件的重量和资费的计算较严格，但大快递公司仍可能出现卖货、串货、卖舱等不合理的情形。尤其是当代理的价格大幅低于官方时，可能经转多个口岸或几经倒手，物流环节多，转包容易造成灰色地带，安全性很难保证，很容易导致丢包现象。在选择快递代理商时，要了解其主要的交接流程和赔付标准。

3.2.2　邮政包裹"不挑货"

如果对跨境电商出口物流不了解，无论去向是哪个国家，必然首先从邮政入门，简化通关、全球发货。邮政包裹本着保证各国公民之间通邮权利而存在，通达范围最广，在海外通过各国邮政网络进行清关派送。邮件与快件/贸易是不同的体系，邮件申报通常有最低免征额，DDU/DAP 税费未缴，如果进口海关认定为高价值货物，或超过一定价值后就会转为商业清关。就前端揽收能力、上网速度、通关便利、航班资源等方面来说，中邮具备绝对的本土优势，是目前跨境电商出口直邮最大的物流服务商，占了出口直邮 40%以上的份额，在出口旺季，单日小包量最高达千万件。如表 3-7 所示，邮包的计费方式十分简单，首重与国内揽收和处理的基本费用有关，续重主要与国际航空运价有关，而挂号费是境外邮政固定收取的环节处理费，一般没有额外附加收费，也不计泡。

表 3-7 邮政三大小包产品资费示例

克	公式	平邮（元/kg）	挂号（元/kg）	e邮宝（元/kg）
		85（首重30g起算）	85.98+8（1.0g起算）	75+10（首重50g起算）
20		2.55	9.72	13.75
50		4.25	12.30	13.75
100		8.5	16.60	17.5
200		17	25.20	25
500		42.5	50.99	47.5
1000		85	93.98	85

注：单个包裹≤2kg，规格 L+W+H ≤90cm，最长边≤60cm，最小尺寸≥10cm×17cm；官网 2018.9

货量大的卖家可采用预充值坐扣发货，邮局会提供一定的优惠折扣。在过低的价格和高成本压力下，邮件折扣力度不能跟商业快递相提并论。中国邮政有自己的获取直客方式，如客户在线发货、一体化面单、查询轨迹、平台对接等。大的电商卖家，在有了一定的货量支撑后，自身就可以直接和邮局对接。现在很多境外邮政或下游代理直接和电商平台无缝对接，从源头上直接分流很大一部分货量。慢速低价，邮政在很长一段时间内还会是对价格敏感的轻小件的主要物流方式，但它不太适合大件、高重量的商品，而且转运环节过多、申报形式过简，导致丢包和破损的概率相对较高。从产品角度，传统直邮小包 "平邮、挂号" 属于邮政体系的基础服务，而 e 邮宝、跟踪小包属于类专线的经典产品，也可以归类为 Airmail 邮政航空小包，EMS 与 e 特快则属于时效类快递类产品。

（1）平邮小包，简称平包，是资费水平最低的跨境物流产品，只计实重，不计首重，按克计费，平均重量在 70~80 克，没有单票处理费。Wish/Joom/MyMall 等平台上大量的 5 美元以下的低值轻小件商品，发货渠道别无他选。包裹进入目的国邮政网络后，无法全程跟踪查询，没有签收记录，也不承诺妥投，卖家只能通过收货人评价和订单退款率来评估签收情况，平台给予的收货确认期也较长，丢件率略高，丢件后只能重发。遇到旺季邮寄过程可能长达几十天，境外邮政不做条码扫描，只能查到中国出关的出口交航信息，在这一点上中邮较好，已经实现了所有邮件的条码化。

（2）国际挂号小包，简称挂包，即诸环节登记交接，可以查询轨迹跟踪。这项服务需要额外收取挂号费，适用于货值低、重量较轻、时效性要求不高的商品。平台对订单有跟踪率的考核。它时限稳定，计费方式统一，清关能力强，覆盖全球，一单一件，挂包服务的准时运达率不及快递或专线，但签收纠纷比率最低。应市场所需，部分国家将平邮小包升级为"简易挂号、平邮+"等服务，提供境外主要交接点查询。

（3）e邮宝/跟踪小包，业内惯称EUB，最初是中美邮政打造的跨境电商专线，属于两个国家邮政之间的"双边协议"价格，相比较而言，不受UPU的"多边协议"价格波动影响，可通达主流的跨境目标国家和区域。提供全程跟踪查询，不提供收件人签收证明。国内e邮宝发美国，一般需要15天送达，发口岸城市最快在一周左右，与挂号小包在操作和服务的标准上是一样的。

> 案例：当买家被要求支付与包裹价值不符的税费时，会出现大面积拒收退货情况；德国海关针对非免费税货值高于22欧元的包裹，对收件人征收包括VAT在内的6欧元/件的单一清关费用。非欧盟国家的寄往瑞典的包裹将被征收包裹货值的25%增值税，包裹货物价值低于150欧元的，瑞典邮政将加收7.5欧元/件的服务费，高于150欧元的，加收12.5欧元/件的服务费。

使用邮件发货方式，也要看产品类型和发往国家。国际平邮的产品特点是价格较低、运输周期长、无签收节点、不承诺妥投，基于此产品特性和行业惯例，邮政会明确约定不承诺送达时效，以防平邮因退款率高而要求索赔。邮政能够做到端到端全程管理，必须注意出货口岸，不同口岸境内接货、海关查验、国际航班、发运时间等略有差异。通常，小包出境后不会被退回境内，境外拒收退回成本较高，按弃件处理，部分国家邮政会定期集中退给中邮，若出境前安检退回，则可以退一半运费。随着UPU国际终端费的价格大幅上涨，挂号费比原来翻了一倍，对于中邮小包的低客单价市场有所冲击，可能利好专线类小包及外邮代理，因为小包专线在欧美国家清关完成以后，则进入其本土的邮政派送网络，属于其国内包裹操作，而并非国际邮件。

3.2.3 外邮代理与小包专线

中国电商充分利用低值免税上限，用低廉的邮费来运货，很多国家的邮政并没有因为包裹多了而赚到钱，反而不堪重负。尤其在电商销售旺季期间，很多国家的邮政服务质量下降严重，包裹延误的情况屡见不鲜。很多外邮因公务员体系、劳工权益的保护等因素，邮费价格没有体现出其实际的合理价值。觊觎中国跨境包裹市场之大，直接渗透到前端客户市场的价值链路径最短，所以，市面上的外邮小包不下几十种，如新邮、荷邮、比邮、马邮、芬邮、瑞邮等，每家又都提供两种以上不同等级的产品。掌握了UPU的运行机制后，有些本土大货代，直接在国外与外国邮政合作获得代理身份，拿到一手的渠道价，在中国境内揽货之后，包裹贴上该外国邮政的运单，自己安排出口空运到相对应的邮政所在国口岸，清关后再交由该国邮政网络配送或转运他国。

如图3-3所示，多数外邮渠道都属于这类操作模式，也有少数外邮不仅放代理帮它揽货,还在香港或珠三角设立了自己的分拨中心和办事机构,直接与跨境电商平台对接在线发件。事实上,对于跨境包裹寄递的监管,境内企业提供商业快件或包裹等跨境寄递服务的,要依法取得快递业务许可证,而且在包裹出境前禁止贴用外国邮政面单。为此很多主流外邮产品,在集货、分拣及航空干线、运单格式、系统对接及轨迹追踪等方面做了很多商业化改造。

图3-3 跨境包裹DHL电子商务操作流程

在做跨境物流捞到第一桶金的货代中,有很多是做小包代理起家的,发展壮大后,直接盈利点不仅是差价,还有运能优势。如今做邮政小包已到了规模化竞争阶段,单件微利,前端服务良莠不齐,通道交接不稳定,影响全程效率和"原厂"口碑。外邮要求的预分拣颗粒度以及运输线路的安排,都需必要的处理场地或仓库、车辆,大量操作工,打包、预分拣、补打标签、安检等前置服务,而系统软件也必须得跟得上,通过细节管控减少误差,以效率换成本,稳定运营质量,这样才能从邮局拿到更好的折扣或返点,支撑更广的货源。对于货代而言,没有自营渠道场景,就需要同时代理多家外邮及快递产品,选择最有利的销售组合。诸如云途—德邮小包、中外运—西邮小包、出口易—比邮小包、中俄快递—SPSR等,可以明显看出境外原渠道,但有些大代理已隐去具体配送商,只显露冠以自己品牌的经济小包、追踪小包、带电专线等小包专线。

> 案例:伴随 UPU 涨价,中国邮政及许多外国邮政都不同程度地上调了资费标准,导致大量的平邮轻小件包裹借道中国周边的 UPU 体系内第四、五等级国家邮路涌入目的国。平邮结算无利可图,意大利、西班牙、英国等直接拒绝接收 UPU 第四类邮政所对应的国家的邮包,俄邮拒收除中国邮政外的其他外邮平包。顺丰代理的蒙古邮政平邮,造成 30%~40%退单率,退货理论上退回了蒙古国。此外,俄罗斯海关还规定,优先处理已经进行邮联 ITMATT 报关 EDI 对接的包裹。

在跨境包裹运输成本构成中,航空运费占一半,航空货运传统营销以大货代、批发为主,大量包裹增加了航空公司的填舱。当前跨境电商物流对把控运力和时刻诉求强烈,客户关注的是包裹的时效性与可追踪特性。批量整袋交航交运的过程有交代理、过安检、交地服等,在上飞机前有个交货真空期,可能被安检退回或停飞改航,而上了飞机也仍有可能停在原地;在抵达目的港后,地服提货至航司暂存仓,交海关,代理取货送至邮政处理中心，直至进入外邮境内配送网之前也有多个延误点。很多欧美热门小包专线是常规的跨境电商出口直通车，但需要卖家有一定的销量和销售数据作为预判和支撑，对热销品类进行海外仓备货，很多新卖家直接使用 FBA，大幅挤压了直邮小包份额。小包是空加派到门，低值包裹一般是双清无税的，但也有不少"被税"情况。

3.2.4 运输安全与禁限寄

安全是航空业的第一考虑因素，在严苛的航空运输标准下，空运事故率很低，约在百万分之一以下。随着跨境电商碎片化订单的增多，单票货物项下品类繁杂。普货和含电池类的危险品经常无法有效区分和正规操作，不规范的货物包装及操作流程，将会对航空货运的安全构成威胁。

根据国际航空运输协会（IATA）发布的《危险物品规则》中关于锂电池操作的规范，航空公司带电产品都会被强制要求做 UN38.3 检测认证。认证价格不低，而且如果是混装，那么不同型号带电产品就需要做若干次认证。如图 3-4 所示，国际运输对每类危险品都有相应的严格操作规范和流程，被列为危险品的货物，必须由经过专业培训，具备危险品承运资质的货运代理人操作。大部分 3C 带电产品、带磁性电子元器件、喷雾状/液体化妆品、易燃易爆性等产品，都需要经过特殊包装及鉴定处理之后方可收运。大宗贸易出口，基本上整票单一品类货物的重量按吨计，那么货主和货运代理完全可以按照操作规范来整票统一安排。跨境电商货物品类千差万别，大量零散包裹中普货和危险品掺杂，要区分出来单独进行规范操作变得十分困难。

图 3-4 联合国及 IATA/IMO 关于危险品运输规范示例

> 案例：电池类产品，卖家要区分清电池类型，每个 SKU 如实申报，要有 MSDS、UN38.3 等测试报告、真实发货人抬头的电池信（类似保函），在外箱贴上相对应的电池类型标签，纯电 PI965 防静电包装、内置电池 PI967 独立内盒包装、配套电池 PI966 特殊包装等，不确定产品需要哪些相关资质证书和鉴定报告，可在发货前寻求货运代理人的协助。

通常空运仅接受规定范围内的内置锂电池货物，纯电的包装和标识另有要求，二者的申报流程也有所差异。近两年 ICAO 和 IATA 禁止利用客机托运锂电池，通过货机运送要严格按 DGR 规范进行包装，放在专门运送危险品的特制箱中，若包装不妥，则在运输途中也可能会因磨擦而起火。危险品的运价高于普货，空运价大概分为两类：仅限货机运输 CAO（Cargo Aircraft Only），价格较高；可客货机运输 PAX，比普通货物运费高，低于 CAO 价格。境内提货集货到广州或深圳再过港装机，报价中会多出危险品费用或其他名目的过港费。危险品出口偏远国家或非中心城市，可能没有全货机航线可以抵达和出发，不得不进行周折转运。另外，有的航空公司的不同航空线对带电产品的查验率不同，这时不排除有些卖家和货运代理人，为了缩减运费和简化流程而存在瞒报、误报的现象。虚假瞒报是违反危险品安全管理条例的，货运代理人瞒报危险品，不仅会受到相应的经济处罚，甚至会被吊销牌照。除了部分货运包机，在操作层面上，现阶段内地机场尚无一个合理有效的通关和安检举措来规范带电包裹的正规出运。

运输安全是国家安全治理的重要部分，海关、邮政、公安、商务部等政府部门对寄递行业的监管，收货验视、发货实名制、过机安检、安全生产、违禁稽查等要求，已大幅提升了市场的安全规范性，针对快递网点、小包仓库和货场，安检逐渐成了一个硬性的配置要求。如图 3-5 所示，发货前物流公司要进行安全审核与单证确认，验视包装、内件及标签。国外也有类似制度，如美国对运输烟草产品有严格规定。常见危险品可发海运，船公司有时对纯电池、易燃易爆、腐蚀品等危险品不接，对于铅酸、镍氢、锂电等带电产品、粉末、电磁、气体、液体及易燃剂等货物，则要求出具相关认证，普通仓库对此类产品也不好保存。非锂电池，要想空运，需要先被鉴定是否属于危险品，之后根据鉴定结果决定是否安排运输。带磁性货物不属于普通货物，磁场的干扰可能影响飞行安全，所以带磁性的货物必须出具磁性检测报告，磁性报告是一次性报告，不能多次使用，必须在货到机场现场测量后才能做。

易燃爆/危险品	动植物等需检疫类	原材料/液体粉末等
枪支弹药及烟草	食药医疗等需许可类	超规格/超重/超限值
品牌仿品/假货	金银/货币等价物	汽摩配件等未认证类

图 3-5 进出口禁限寄商品图示

3.3 跨境专线"空+派"

跨境物流专线，是"特定的国际运输线路"，也是运作链条的优化组合。跨境专线的货源很泛，包括配送到门的小包及到仓的重货。上有快递、下有邮政，市场总会有空隙，介乎快递与邮政之间的需求空缺，以及服务不周之处，即专线公司操作的空间。专线一般是集中大批量到某一特定国家或地区的货物/包裹，通过航空包舱/海运拼箱等方式运输到国外，目的港商业清关或货转邮，再通过合作商进行对目的国的派送。跨境专线获客方式的卖点，是能够在经济性和时效性之间找到一个契合点、高性价比。跨境专线商家多是以固定渠道起家，做其擅长的线路，注重平台和上下游渠道的打通。常见的宣传口号是"空运价格，快递服务，一单到底，全程追踪"。专线的核心能力是整合资源，缺陷也是没有资源，协调空运、清关代理、快递及邮政等方面，自主安排路由、车次、舱位等串联成可控的定点线路。

随着新市场、新平台的开辟，自建站、直播及社交电商等流量的增长，服务于细分领域卖家、商品的专线增多，打造了很多有特色和针对特定路向的优质小包专线及"空+派"（空运加派送）物流。市面上有上千条发往全球各地的跨境专线，其中以珠三角最多。品牌专线或大庄发货价格比较透明，对接平台也欢迎接收同行货，做同行客户要比做终端客户容易。

> 案例：国内仓储代发，速卖通在许昌建立综合发制品仓库，兼具仓储和转运的功能，让发制品卖家都备货到该仓，当地采购、当地发货，提供产品进仓前的验货检测、托运受理、打包贴标等一系列服务，库内不同货主的商品，经过拼箱后可降低运输成本。

3.3.1 专线的运营模式

从经营角度来看，境外物流商在国内销售服务，有直营、代理、合作等多种方式，在国内的操作主要是揽货、集货，在国外的操作则交给海外合作伙伴来完成，如表 3-8 所示。由于很多国家的末端配送是邮政一家独大，服务及价格可回旋余地很少，造成很多专线小包并无突出优势。提升跨境专线的时效与客户体验，要从揽货范围、分拣、空运及清关时效、规范理赔等方面着手。专线在收货段，除了快递和邮政拥有无缝揽收网络，即便较大专线的上门提货也仅限于沿海重点城市，很多是卖家自送货到代收货点或集货仓。包裹量大的需要按邮编预分拣到指定目的口岸或投递区，分拣打包后交给空运代理操作，空运代理承接的小包专线客户增多，专线规模越大则议价能力越强，在大到一定程度后还可以绕开代理直接与航空公司接洽，包板直飞。

与小包专线不同,头程入仓类的大货专线接近于传统货运代理,业务重点是集约化的跨境运输,关税实报实销,前提是要能解决合规申报及清关税务等问题。相比货代自己整合资源打通服务链,大快递商是另一个专线主力,其凭借自己的运输、清关及配送等资源,也提供低于快递价格的大货门到门服务。海外仓及 FBA 头程大货在增加,没有国外合作渠道的中小货代,只要开了 SCS 这类代理账户,就可以在市场上营销 FBA 空派专线,在揽货后将货物交给 UPS 完成后续流程,直达派送仓库最近的机场,单票清关,卡车提货送仓。

"空+派"的运输分为直飞和转飞,在相同时刻下,空运直飞一单到底,价格高、速度快;转飞环节有所增加,价格低、时间长。转飞环节越少越好,最好使用整板转运、无缝接驳的航班资源,避免二次换单,如果转运机场是航司的基地,也能降低丢包概率。"海+派"(海运加派送)是更便宜的渠道,适用于体积大、重量大的货源,可派送到仓,当然速度也慢。

表 3-8　国内运作跨境电商物流的渠道模式

直接经营	在国内直接投资经营国际快递及包裹,如 FedEx、Yamato 及 Bpost 等物流商
境内物流代理	由货代在我国内揽收小包和快件,如新加坡邮政与 4PX 合作推出新邮代理小包产品
电商平台合作	芬兰邮政与速卖通合作速优宝-Itella 物流专线,俄邮与菜鸟合作 SRM 简易小包
国内快递合作	UPS 与顺丰合作美国小包专线,申通与日本邮政合作提供跨境包裹通关及配送
邮政间合作	澳大利亚邮政与中邮合资赛诚物流经营澳洲专线,法邮与瑞邮合资 Asendia 等

近年国内出现的虚拟海外仓在本质上还是"空+派"的专线小包,运作手法是:先开通目的国的物流打单账号,在国内打印好 Label 境外配送运单,包裹发件地址为海外地址,再把每个包裹拼装到大箱,空运至海外仓库后,立即拆包交物流商派送,或者在拆包后补打派送单。网上订单显示的是当地海外仓发货,实际货物是从大陆直邮的。这种新服务,既不合规也不提倡。这一运作的首要条件是速度足够快,能满足电商平台对海外仓的时效考评。这种服务的费用结构高于一般专线费用,小批量交舱,不仅有较高的头程快递运费,还有海外仓拆箱、打包、补打面单等费用,即便交航快、清关顺,仍不免有问题件和退件,仍需配合真实海外仓及时补发处理。

逆向海淘出口集运类专线,海外消费者在国内电商平台网购,发到集货仓库或保税仓,然后从中国出口,集运拼箱再发往国外派送。国内电商的国际化发展,如京东售全球、天猫出海、严选出海、Lazada 淘宝精选频道等"一店卖全球"项目,推动了逆向海淘、出口集运、平台直发等一系列专线物流的发展。这种需求最早是被海外的华人留学生及华侨带动起来的。全球有上亿的海外华人成为庞大的逆向海淘大军,国内产品既丰富又便宜,海量的国际转运及代购包裹催生了巨大的物流需求。点点淘、四方格、优贝等具备一定规模的转运公司直接入驻电商平台，成为官方认证的专业集运物流商，为境外消费者提供包裹签收、合并发货，甚至还帮客户做仓储和代发货。客户群体都在国外，且叠加正向专线小包，逆向海淘集运在整个东南亚的出口电商包裹中占了相当大的比例。

外贸货物有正式出口报关单，退货回流也有规范流程。出口货物被重新进口回国更换或返修，物流商可以利用出口时的报关单帮助卖家填报一个临时进口单，缴纳保证金或提供保函，卖家只要在规定时间内（通常半年内）完成同规格、同数量产品的出口，即可拿回保证金，且不会产生任何税费。如果不能按期核销/销保，则会转一般贸易征税。出口包裹手续不全，除了邮政 EMS 无退回返程费用外，其他渠道的包裹被退回都有费用，且包裹往往只能先退到中国香港或保税区。通常，包裹退回海外仓的运费由客户自己承担，但如果退回国，那么产生的国际物流费用只能由卖家自己承担。原则上，先退货、再退款，国内自发货的，包裹货值不高，退货退款的事情需慎重斟酌。

3.3.2 各类跨境专线物流商

与国内电商快递相比，跨境物流行业的集中度较低，龙头企业较少，区域化的小型服务商多，资本介入谨慎。邮政网络太弱或商业配送发达的市场，都是跨境专线的路向目标，东南亚、印度、非洲、中东等专线货量增长迅速，如表 3-9 所示，东南亚跨境专线基本上都可以做到当天下午在深圳交货，晚间将货物发车过港，直接上当晚或次日凌晨的航班，实现次日递。

表 3-9　典型东南亚跨境专线物流服务介绍

通达范围	服务通达新马泰印尼，仓库设置，欧洲全境 FBA 仓库及欧盟国家
提货范围	珠三角地区（深圳地区免提货费）不接仿牌、纯电、充电宝等航空运输限制品类
包装要求	坚固纸箱，单件计费重量不低于 10kg 同时不大于 31kg
运输	综合空运及海陆联运、一单到底，自主设计头程空运包板渠道、每周时效和运力保障
清关	双清代理、预付税款，申报货值不低于海外销售价的 30%，税单出来后多退少补
派送	3～5 个工作日、门到门，与 COD 资质本地快递合作，派送海外仓或私人地址
系统	订单对接、跟踪查询、签收反馈、电子账单等
增值	退货退款、改派、超规格件操作，在线客服、结算、理赔专人小组，T+3 日货款结算

下面具体解释主流的几种专线。

（1）境外渠道上游。外邮渠道有很多，典型的代表是 DHL，其把原全球邮政包裹 Global Mail 业务更名，授权以品牌 DHL Parcel（欧洲）和 DHL eCommerce（美洲/亚太/中东/非洲）开发全球电子商务业务。如表 3-10 所示，DHL 跨境电商包裹类产品是一类经济、适用于小型、重量小的订单的产品，可在全球市场中进行运输递送，已占其邮政板块业务量的一半，提供包裹到站节点追踪（Arrival at Facility）服务。还有很多境外商业渠道，如澳航 Qantas 专线，联动澳航旗下的国内快递 AAE、Startrack 等配送资源，提供快递、空运及托运行李一站式的清关、转运及派送服务。

表 3-10 外邮 DHL eCommerce 专线产品示例

平台上传跟踪号格式	CN/HK+ 3 letters + 1~30 numbers 或 R/L + 1 letter+ 9 numbers + DE （如：HKAMM12345678 或 LP123456789DE）
DHL GM Packet Economy	始发地追踪，转运 10~15 天，提供范围明确的中转时间，重量轻、低价值
DHL GM Packet	部分全程追踪，转运 5~10 天，物品提供范围明确的中转时间，简化通关
DHL GM Packet Plus	全程追踪、时效明确，转运 5~10 天，目的国递送确认，提供保价保险选择

（2）快递企业延伸。如德邦欧洲电商小包、圆通东南亚专线、申通日韩专线等跨境快递产品。顺丰国际走出去的时间比一般民营快递更早，是自建型的海外扩张形式，先做跨境商务快件，后开办顺丰国际小包，是为跨境电商 2kg 以下包裹而推出的经济类服务，通达欧洲、美国、澳洲等，高重量段的业务有欧洲专递。

（3）传统货代转型，具有庞大的货代客户基础。市场上这类专线最多，如万色、佳成、大森林、UBI、易联通达、易脉、京华达、CNE、巴西忠进、印度邦太等，很多是亿级规模的企业。4PX 早期以代理中国香港 DHL 为主业，最早把新加坡邮政的产品引入中国，主打自主品牌的全球专线，合作多个外邮渠道，跨境包机每年几十架次，一直在做战略性亏损布局，目前是这类跨境物流服务商中最大规模的企业，营收规模达百亿元级，获得菜鸟网络、新加坡邮政的投资，成为阿里全球的核心物流伙伴，在深圳机场有大规模自动化处理场地。

（4）大卖起家。云途物流是电商卖家成功转型跨境物流的代表，迅速成长起来的特色专线，专注做小包和专线，在海外收购商业清关行、卡车公司，靠着专线物流的全程跟踪服务和优质的清关和落地配送，服务同行及行业大卖家，努力把专线各个环节的细节把控在自己手上。棒谷公司下属的飞特物流、三态股份等，也都是既做跨境电商卖货，也做物流服务。这类专线都比较注重稳定性。

（5）外邮代理做大。顺友专注做多个邮政小包物流代理，在行业中有很多卖家都用它的马邮代理服务，主打顺邮宝品牌专线，过港车+空运包舱，每个环节都把控得较好。燕文物流是国内最大的小包物流服务商之一，销售规模二三十亿元，从 2005 年开始在北京做出口包裹服务，主营中邮大小包，后拓展了欧洲等多个外邮代理专线。

3.3.3 出口报关（Declaration）

正常来说从中国出口的报关问题较少，主要看申报的 HSC、禁限寄及品牌是否有侵权等问题。报关就必须要核销单，因为不要退税且尚未网销收汇，所以买单出口报关的不正规操作较多。如外贸领域仿牌货"包柜"出口的情形，即没有出口权的小企业买其他有出口权公司的出口单证，假其名出口。这与正规的进出口代理操作有很大区别，舱单、提单、报关单等信息不一致，直接个人收汇没有挂靠，无法核销退税。

跨境包裹票数多、品名繁杂，难以通过普通的一般贸易方式报关出口。表 3-11 所示为跨境电商物品出口报关常用方式。邮件报关，凡向中国邮政交运的包裹，都按个人物品出境的相关规定办理，有海关驻点的邮件互换局有几十个，分别覆盖不同地区的出口邮包。邮件电子化申报流程正日趋严格，海关已不再接受"clothes/shoes/toys 等"这类不准确的品类信息，并逐步纳入贸易统计。原则上快件类只有海关备案的进出境快件运营人，采用在海关备案的面单才可以按照商业快件报关出口。

表 3-11 跨境电商物品出口报关常用方式

贸易方式	监管码	适用情况
邮件包裹	无	个人合理自用，运单即简易报关单，限值、征行邮税，超出按货物正式申报
旅游购物	0139*	申报主体外国旅游者或外商采购货值在 5 万美元以内的出口订单
商业快件	3010	广告品、货样等，货值≤5000 美元，由货人或代理人正式申报，不收汇
商业快件	3339	发货方或报关公司，非货样广告品、礼品等，不收汇
商业快件	0110	货值>5000 美元或申报物品，发货方或报关公司，正式报关，等同于"一般贸易"
跨境电商	9610	集货模式，汇总申报、清单核放，发货方或电商平台正式申报
跨境电商	1210	经监管区先出口，每月汇总数量之后，再一次性集报，生成一份正式报关单
市场采购	1039	小额 B2B 采购贸易，发货方或报关公司，认定的市场集聚区内采购的、单票报关单商品货值≤15 万美元，并在采购地办理出口商品通关手续的贸易方式
一般贸易	0110	发货方或报关公司，正式报关，货值高、结汇退税，无货值限制

注：货物简化归类"0139"已于 2017 年 8 月被取消。

在 9610 一般出口模式下，跨境电商采取"清单核放、汇总申报"的方式办理报关手续，电商包裹直接申报、查验、放行、出境，无票免税；在 1210 特殊区域出口模式下，商品先批量运进综保区/保税港区等，若海外有订单则从特殊区域形成包裹发货。在实际出口操作时，凭电子清单申报，海关凭清单验放，之后再根据企业备案申请，跨境电商企业或其代理人提交《申报清单》，将放行清单内的商品简化归类，归并汇总形成《出口报关单》向海关申报结关。跨境综试区可采取"清单核放、汇总统计"的方式通关，不用再汇总报关单,《申报清单》与《出口报关单》具有同等法律效力[①]。快件报关需要在专门的快件监管中心封关,通常是机场海关。国务院批准了义乌小商品城、海门叠石桥国际家纺城等 8 家特定区域的资质,小额外贸也可交由这些有资质的贸易企业按"市场采购 1039"申报出境。

3.4　物流追踪及查询（Track & Trace）

物流查询,常被形象地称为"供应链透明可视化",使收/发货人能够随时跟踪包裹的物流状态,降低产生交易纠纷的风险。这通常也是判断一个物流服务质量的基本参考标准。而物流信息也是电商平台处理纠纷的第一依据。跨境物流的追踪,主要难点还是在国门之外,很多包裹出境后往往无法追踪了。国际快递的一体化网络早已实现跨境物流追踪。邮政网络依托于 UPU 进行数据交换,追踪信息不够详尽,对于一些小语种国家和极不发达地区,就算拿到单号也未必能够追踪包裹信息。国内快递在信息系统建设上多侧重在内部网络运营,渠道整合类物流商要有强大的系统聚合能力,与各个渠道无缝连接,不仅能跟踪货物流转轨迹,还能借助物流控制塔和质量控制中心的方法（见图 3-6）,对全球范围内的物流活动进行数据化管理,建立可视化系统工具,监控仓储库存、运输网络、订单履行、报关状态及客服工单等全流程管理。

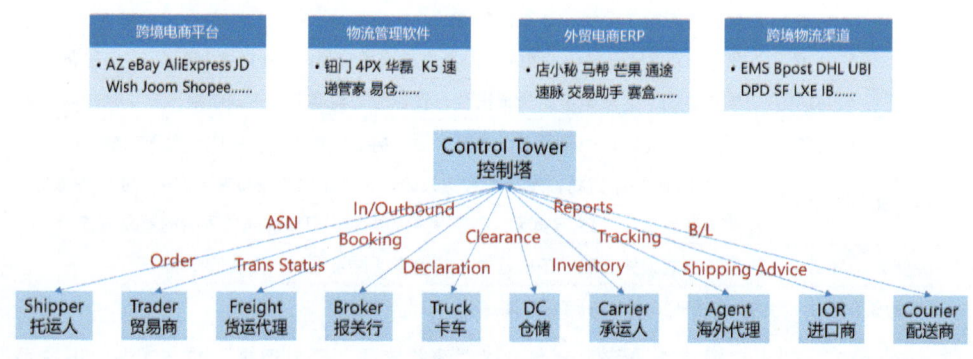

图 3-6　对跨境物流运营的全程监控

[①] 海关总署公告 2018 年第 194 号《关于跨境电子商务零售进出口 商品有关监管事宜的公告》

3.4.1 上网信息和一单到底

跟踪可分多个层次，如图 3-7 所示，除了收件和配送外，包裹并非都是全环节逐件扫描的。如果商家难以提供规范的物流节点信息，则最好选择电商平台推荐的物流商。为了严厉打击异地上线、刷单及虚假发货等行为，电商平台的物流政策日趋严格，对不能跟踪的平邮类服务进行限制，对物流商协助卖家回传虚假物流轨迹的，直接下架发货服务。

柜型	20GP	40GP	40HQ	45HQ
最大可装载体积	28CBM	58CBM	68CBM	78CBM
最大可装载重量	17.5 吨	22 吨	26 吨	29 吨

图 3-7　包装及运输层级（集装箱容器规格）

最次的经济物流服务，首先至少要含揽收/取件信息，让卖家可以及时更新订单处理状态，确定已是真实发货。其次是有安排航班离境的 Departure 启程及境内状态，让收/发货双方知道货物已离境，运输责任已转移给境外渠道。好一些的物流服务如图 3-8 所示，如果能提供出门投递及投递结果等信息，则达到了基本水准的可追踪服务。如图 3-9 所示，从管理上来说，当数据采集的源头不完整时，后端的推送、查询和各类报表统计都将受到影响。

Intl Parcel Tracking For Item EA123456789CN:		
包件送达	28/09/19 10:43	Delivered
出门投递	28/09/19 08:43	Out for Delivery
海关放行	27/09/19 15:30	Out Of Customs
正在清关	27/09/19 11:44	In Customs
到达抵港	27/09/19 07:33	Arrived Destination
起运离港	26/09/19 18:20	Departed Origin
运输经转	26/09/19 11:45	In-transit
承运交接	26/09/19 09:19	Assigned To Carrier
分拣发运	26/09/19 08:14	Dispatched

图 3-8　包裹查询及法国邮政留存示例

图 3-9　物流数据的采集与使用

最好的物流服务是商业快递类,可以展示全程节点及到门 POD 签收信息。而 3PL 不仅要提供真实的货运追溯,有时还要提供预计离港时间(ETD)、计划到达时间(ETA)、预计派送时间(EDD)及运输工具变更等计划信息。货件跟踪信息是反馈客户、丢失理赔最明确的依据,代表整个跨境物流的服务链条和信息连接打通了。例如查询丢包异常,可分为上网前和上网后,包裹交付给物流货代,在国内段操作不当导致丢失,属于上网前丢包;交付给官方快递或邮政之后导致的丢包,属于境外上网后丢包。卖家的管理系统及外贸 ERP 与物流商及电商平台打通系统,可以实现自助发件、对账、计价、查件等操作,确保每次交易上传的跟踪号是指定承运商唯一有效的,具备及时的售后沟通。

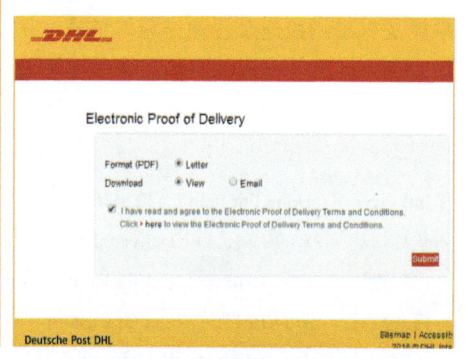

图 3-10　国际快件的查询及电子签收 POD 示例 DHL

"一单到底"是跨境物流领域一个特有的概念,即一个物流单号完成从发到收的运作全程。实际上,经常有跨境包裹需要换号、换单。所谓换单,实际就是换承运商、换渠道或换物流产品。对发货方而言,仅需对接单一物流供应商,可以获得质量与时效保障,大幅降低管理难度。同一路向存在多种运输或配送渠道,如果集成商不能主推自己的一体化标签,那就必然需要在集货的时候分拣、换单。除了几大快递及邮政拥有全球网络,其他跨境物流解决方案都存在断点或依赖合作伙伴解决相关问题。如果用四大代理的跨区账号出货,如香港代理账号是货代提供的,要次日才有转单号。通常,主导一单到底的标准化跨境专线产品、统一前端标签，由集成商提供质量和服务担保，打通各个环节的物流资源和信息流，成立一支产品运营团队，合力开展全流程优化，统筹协调售后服务等跨企业的日常运营，执行监督考核及内部结算机制，确保各方实际交付质量。

> **如何避免换单？** 大部分境外落地配也有自己号段管理，国内物流商从合作方拿到预分配的配号池，根据双方对服务的约定，一种是直接全程使用渠道指定既有样式运单，另一种是设计多条码的新运单样式，保留各自的市场与运营标准要求，一单两号、各取所需，境内段物流商操作扫描 A 条码，到境外段合作方扫描 B 条码，通过 IT 系统开发 API 接口向合作方推送实物预报新、获取境外物流轨迹，为客户及平台提供完整的物流全程追踪。

3.4.2 国际运输单据

国际运输单据是指在进出口贸易中，由承运人及代理人业务程序产生的各类货运单证，是与托运人之间运输契约的证明，是交接货物、处理索赔及向银行结算等的重要凭据，包括托运单、提单、舱单、运单和邮包收据等多种形式。国际航空运单是由国际航空承运人或其代理人出具的运输合同、核收运费的凭证，进出口报关时提交海关作为运输凭证，协助承运人处理、分发、交付货物给收货人的联系细节。航空主运单（Master Airwaybill）是承运人和托运人订立的运输合同，是由航空公司签发的，用来做货运交接，其中收发货人一般为始发地和目的地的国际货运代理。每一批空运货物都有对应的主单。House Airwaybill 是由国际货运代理签发出具的分运单，是委托人的货物收据及提货凭证，不能作为向承运人提货依据，运单上一般为实际收发货人，配合主单使用，由目的地代理将分单和货物交给收货人。

海运提单 B/L 是船方或其代理人签发给托运人的货物收据，托运人确认收到货物并已装船，表 3-12 所示是航空运单与海运提单的区别，在法律上提单具有物权证书的效用，是一种有价证券，例如无记名式提单的任何持有人都有权提货，收货人在目的港提取货物时，必须提交正本提单。提单有多种，如直达提单、转船提单、联运提单、运费到付提单等。针对内陆的国际运输，分为国际道路货物运单、多式联运单据、国际铁路联运等运单，但国内铁路运单不能作为对外结汇的凭证，故通过铁路对外出口的货物使用承运货物收据。

表 3-12 航空运单与海运提单的区别

航空运单 Airwaybill	海运提单 Bill of Lading
不可流通 Non-Negotiable	可流通 Negotiable
货物进入航司地面站后出具 Master Airwaybill	装船后出具 Master Bill of Lading
记名式（不支持不记名、未列名指示运单）	无记名式（支持 To Order 不记名或指示提单）

邮包收据（Parcel Post Receipt）是邮包运输的主要单据，如图 3-11 所示，它既是邮局收到寄件人的邮包后所签发的凭证和简易报关单据，也是收件人凭以提取邮件的凭证，当邮包发生损坏或丢失时，收件人还可以将其作为索赔的依据，但邮包收据不是物权凭证。快递运单功能类似，但不具有邮件标签的报关作用。拥有多种服务水平产品的物流商，为了便于区分，通常会为不同的产品赋予相应的物流单号规则及运输单式，如 UPS 的红单（标准）、蓝单（经济）、SCS（空派）。为了防止造假或误用，跨境电商平台对物流商的各个线路及产品都会有号段管理，物流商也会直接分配一整段号码池给大客户、合作方或电商平台以自用，减少系统对接或数据交互延时，实现自助打单，快捷发货。

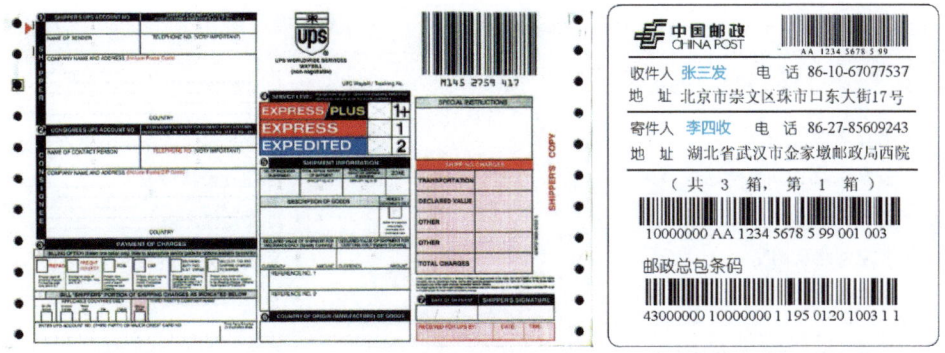

图 3-11　国际进出口包裹运单示例（邮件/快件/货运）

物流运单号设计有一些常见方法。通常国际邮件号的后两位字母，是始发地的国家简码，中间 8 位顺序编号加尾数校验位，是 UPU 公开的邮件号计算规则，比如空运运单号 999-12345678，其中 999 代表国航的航协三字结算码，后 8 位代表运单编号，前 7 位为顺序排列，尾数校验码既有单号防伪、防串号功能，也能避免操作人员录入错误。

3.5　外贸出口物流转型

物流连接客户与商品，历史上的跨境物流是洋行、买办等外商在中国从事贸易的代理机构，今天的互联网实现了贸易全球化、产品人格化、公司媒体化，物流的形态和作用都在变化。

物流就是规模与效率的比拼，价格和时效的博弈。商业模式无论是轻资产还是重资产都可以取得成功，取得成功的核心是团队运营能力。跨境物流需要投入的人、财、物要比传统货代多很多，新型专线与创新科技平台相得益彰。外贸市场 B2B 电商体验仍然落后于 B2C 体验，切入 FBA 及海外仓头程的大货市场更容易，但包裹是需要网络支撑的业务，不愁没量，怕的是运营不可控；包裹行业成本刚性上涨，重中之重是要更多科技赋能。如表 3-13 中所做的分析，新时代最显著的变化，是数字化升级已经成为社会面临的大方向，无论是生产、经营还是客户管理，企业的每个环节都在向数据化、在线化转变，并深度依赖网络连接，但物流安全高效地完成交付的本质没有变，在网络年代中成长起来的"新世代"更有可能尝试和信任可替代的递送方式。

表 3-13　三类典型跨境物流商 SWOT 简析

	Traditional Air Cargo（传统航空货运）	Integrators（集成商）	Postal Operators（邮政网络）
优势	• 各种货物 • 安全保障/识别危险品 • 货代/航空公司/地服的专业度 • 航空网络及调度 • 供应链上下游合作伙伴	• 供应链集成综合解决方案 • 清关速度/预报关 • 安全保障/识别危险品 • 各方遵循互信的交易规则 • 端到端全程跟踪查询 • 新科技投入/网络调度	• 收派末端一公里及服务网点 • 产品及价格体系 • 地面运输跟踪 • 直接服务发货人及电商客户 • 专属海关清关通道
劣势	• 运营分散、取件取货能力弱 • 缺失端到端全程跟踪查询 • 数字化管理弱、科技投入不足 • 无法触及终端用户及电商	• 整合成本高 • 收派末端一公里 • 依赖传统航空来组织网络	• 运营分散、运输管控弱 • 空运邮件的安全问题 • 数字化管理弱 • 没有完整空海铁全球网络
机会	• 邮件与货物的 IT 系统融合 • 端到端全程优化/跟踪查询交互 • 预清关、应用新科技 • 业务多元化/更新价值链环节 • 与其他服务渠道或模式合作 • 灵活的最后一公里解决方案	• 在线交易降低成本 • 大数据与 AI 优化流程 • 自动化与机器人提升效率 • 为电商提供一体化方案	• 运营质量预警方案 • 机场安检体系升级 • 邮件与货物的 IT 系统融合 • 端到端全程优化/跟踪查询交互 • 智能化自动化等新科技
威胁	• 来自新模式的竞争 • 电商平台掌控物流渠道 • 科技创新带来新竞争 • 无法适应市场快速变化 • 低效烦琐的监管增加成本/时效	• 邮政网络的价格战 • 电商平台掌控物流渠道 • 资源渠道变化 • 渠道管理扁平化	• 快递与集成商的竞争 • 电商平台掌控物流渠道 • 危险品混入航空邮件 • 无法适应市场快速变化 • 低效烦琐的监管增加成本/时效

第 4 章

境外清关及配送

考虑到安全供给、税/汇利益及自主产业等因素，没有哪个国家的海关"国门"形同虚设，海关、贸易和国际物流之间的关系天然是一体的。在出口关务中，目的国的"进口清关"是跨境物流商品交付第一"拦路虎"，关务环节对货物进口的风险也使得物流时效。清关（Clearance）即结关，是指进出口或转运货物在出入一国关境时，依照各项法律法规应当履行的手续，海关有权让任何货品做正式报关，报关流程应符合进口国的法规管制、进口主体、申报要素、认证检验等准入要求。提交海关入境的申报数据及材料，依赖于报关行或关务经纪人。欧美国家开始对跨境电商征税，各大电商平台被迫加强对商家的税务管理，多数跨境电商卖家主要还是靠物流商做清关。稍有实力的外贸卖家会比较谨慎处理清关问题，有实力的物流商，也会按原则来做清关，避免不规范的操作。

除了关税问题之外，跨境电商还涉及很多问题。全球都在强化针对电商的通关审查，2019年WTO启动电子商务谈判，着手制定全球数字经济规则；2017年年底WCO（世界海关组织）在埃及发布了卢克索宣言的8条原则决议，承认了跨境电商是经济发展的动能和新引擎，制定了"跨境电子商务标准框架"全球统一建议，在确保跨境包裹快速通关的同时符合所有监管、税收、安全、统计等要求。中国也开始实施CRS全球税务信息自动交换，各国政府通过"相互交换税务信息"的方式，掌控国民或机构资产状况，使逃税者无所遁形。通过图4-1，可以清晰地了解目的国贸易政策及法律法规，从而建立不同国家的商品风控体系。有些地区对跨境电商持闭关自守政策，极力限制消费者跨境网购行为。没有安全就没有一切，勿存侥幸心理，违法的事情绝对不能做。

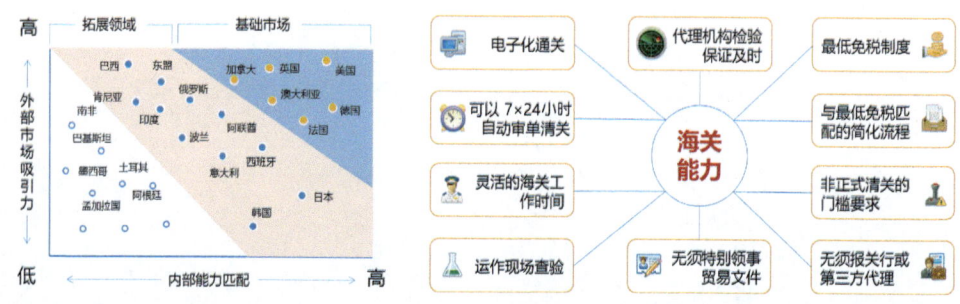

图4-1　主要跨境市场条件及海关能力评估

4.1　扣关种种情况

在国际贸易的规则下，合规是关务工作的基本点、立足点和价值所在，跨境卖家要保证操作合规。关务是事务性工作，还面临对某些事件做应急处理的挑战，大多数运作问题，如果追溯源头，往往是由于工作的技术失误或操作不当造成的。多数国家在进口清关、查验、税收、认证等方面有着严格的规定，不少新卖家就由于在认证和物流方面"踩坑"而受损。很多卖家误将清关问题认定为物流商的清关能力不行，对自家产品的合规性、国际贸易规则及目的国营商环境等缺乏基本认识。很多卖家资金链也很紧张，利润都是账面上的，在货物清关之前，一旦出事就会压账期、拖欠运费，造成物流商坏账。更有甚者，把货值从运费中扣除，或用 N 倍运费来做赔偿。清关受阻无外乎三种情况：直接没收货物、强制退回发件地或要求补充文件资料并在交税后再放行。

货物被扣关多半是商家自身原因，要想货物顺利被清关，要注意以下三点。首先是产品合规。保证自己的产品无侵权、且非违禁品或非敏感限制类产品。在产品销售前先去了解其在目的国销售和当地的监管制度有无冲突。产品认证、授权、专利、相关检测等手续和文件都要俱全。不同产品被海关查扣的概率不同，贵重物品、重件包裹的扣货率是很高的。

二是手续齐全。报关资料包（Customs Pouch）的全套进口单证齐全，包括进口许可证、入关单、商业发票、产地证、装箱单和货运单等，结合产品属性出具相应认证及产地标签；需要客户协助去清关的，通常因为货物收货人条件不允许，如无进口权、个人物品限值、网购限额或商业进口私人税号行不通等原因。

三是如实申报。卖家或许为了少付税费而低报单价、虚报数量、模糊品名，装箱清单不详，但物流商需要从保护自身及进口商安全的角度考虑，一旦申报价和海关估价不一致，就要补缴差额，可能还有罚金。也有物流商为了节省目的港的费用，整板拼货一个主单去申报，大大增加了扣关风险。另外，海关提高开箱查验比例与本国对待跨境包裹的政策有关，寄往不同的国家，申报策略也有所不同。在海关扣货后，如果货件退回太贵，而清关税费太高，商家就只能弃货。

4.1.1 知识产权与认证许可

未来的竞争是知识产权的竞争，知识产权成为贸易保护或贸易摩擦的"头号把柄"。根据日本关税局统计的数据，日本 93% 的侵犯知识产权的行为以及 70% 多的假药的流入都因跨境电商引起。相关产品认证、授权、鉴定，都要申报品牌类别、授权书或加工合同等法律文本。著名品牌在海关都有备案，知识产权权利人已向海关申请保护，假冒途径早已被封堵，电商平台处罚也很重，所以销售品牌产品必须有授权认证。众多无牌仿造的大宗侵权，多为权利人举报，海关在接到举报后会通知当事人补充申报知识产权状况，如果当事人无法提供合法购买凭证或权利人许可文件，海关则会暂扣货物并通知权利人确权。若权利人确认货物侵犯其商标专用权，并提出保护申请，则海关依法没收侵权货物并对当事人处以罚款。

物流企业最好在派送货物清关前及时收齐关税及运费，签署因产品本身问题引起清关风险的免责条款。如表 4-1 所示为进口清关敏感货物相关手续，要处理好清关中的疑难问题，对于货物申报要求以及如何处理扣关等突发情况需要目的港的清关行，及时给客户反馈第一手信息，并请客户提供相关资料协助清关。海关通常对涉及安全和健康的货物查得很严，因为产品质量事关消费者生命财产安全，对社会影响大，所以物流商对产品的预审十分重要。

表 4-1　进口清关敏感货物相关手续

禁限寄类	FDA 管制类	知识产权	强制认证
粉末、烟、易燃易爆品、动植物、木制品等	药品、食物、个人用品、儿童玩具等	Bluetooth/HDMI 等标准授权、品牌商标及专利授权	ROHS、DOT、UL、FCC、CE、EPA 等
举例：带电产品要带 CE 安全认证标志，U 盘出口美国需要 FCC 认证、NRTL 安全认证，出口欧盟需要做 CE-RTTE/RoHS 认证和测试报告（EN71）。使用蓝牙功能的产品都需要做 BQB 认证。充电宝 MPP、旅行移动电源等，用纯电池的 HSC 为 DG 危险品，要出具 UN38.3 检测报告、UL2056 及 MSDS 等认证。			

在出货前要和卖家确认好一些国家的监管准入要求，若发货人无法提供食品药品、医疗卫生、检疫证明等资料，则不要发这些物品。若货物在目的港被久拖不放行，则物流商要支付各类罚金、仓储费及码头杂费等高额的滞港费，所以要及时对滞港的货物进行转卖、退回等减损处理。各国海关都会对在规定时间内未清关又不缴纳各类费用的货物进行充公拍卖，以收回各种港口费用。

> **案例**：美国 CPSC（消费品安全委员会），管辖多达万余种用于家庭、体育、娱乐及学校的消费品。这类货物在向美国海关申报之后，一般会被要求提供产品的检测报告，或由 CPSC 进行人工查验，检验产品的认证标签标识、安全吊牌、检测证书等。儿童用品一般都需要美国当地公司提供紧急救助联系方式或回收地址。通不过的产品直接被查没、销毁或退运，或在条件下放行（Conditional Release），即货物暂存在货代仓库，但必须要按 CPSC 要求将产品质量完成达标，才可真正放行。

4.1.2　进口 VAT 及税务合规

贸易合规、税务咨询与清关代理等业务并非物流货代的主营，在传统外贸中，在通关时货主发生转移，则无税务问题，海关内外是两个不同的主体，外国的采购商是清关时的税务主体。但跨境电商的全新贸易模式，与现有的国外传统线下零售业态存在税制不公之争，且在清关前后物权不发生转移，货物依然属于卖方，这就需要卖家在当地注册进口人的身份，在通关过程中根据申报货物的价值缴纳税金，否则无法完成进口闭环。以进口货物到欧洲为例，卖家以进口方的名义发货至海外仓，入境报关单必须要有 EORI，并提供有效的 VAT，即货物的利润税。EORI 相当于企业的经营执照号，与 VAT 注册绑定，海关通过 EORI 确定申报主体，就可以追溯到进口方缴纳的进口税及对应的产品信息。当货物进入欧洲，商家通过申报产品 HSC 及价值来确定进口税（Import VAT），当货物销售后，可以申请进口税的退税，再按销售额交相应的销售税。若没有 VAT 则属于非法运营，这就近乎将跨境电商与本地零售商等同看待了，即要进行真实、及时、准确的税务申报。

海外仓要保管好的清关申报、报税留档信息，保证申报与销售的物品的价值对应，因为后期还要面临税务局的审计问题。如果税务局从电商平台得到直发货的销售数据与申报货物的价值不符，或者商家故意延误、错误或虚假报税，都会受到税务执法部门包括追缴、罚款及货物查封等不同程度的处罚。申请 VAT 和 EORI 及日常报税，并不需要注册本地公司，可委托境外专业税务代理人申请及合理正常报税。

直邮包裹的税务风险是最小的，许多跨境电商的高毛利就来自于直邮免税，不超过一定限额的包裹无须做 VAT 申报，超限邮件也是买家自己承担进口税。从欧洲海外仓发货，不管企业选用的是 FBA 还是第三方海外仓，都需要在货物存储地注册 VAT 并做税务申报，在一国注册 VAT 可以在其他欧盟国家清关，但货物仍要转到该国存储和销售。有些商家为了规避货物在当地直接清关时被扣税，试图从其他国家中转，这是不可行的，配送到欧洲其他国家是否需要在当地再注册 VAT，取决于卖家是否超过远程销售额。如表 4-2 所示，从英国仓销往德国，德国远距离销售限额是 10 万欧元/年，超过此额需要另外注册德国 VAT。欧洲提高了关税门槛，矛头直指跨境电商，提出更严苛的零门槛税务规范，而且抓住电商平台这个"牛鼻子"，要求卖家必须在 listing 中展示 VAT 税号，否则线上封号禁售、款被冻结，线下物流亦"拔出萝卜带出泥"不能幸免地被连带扣货查封。

表 4-2 欧洲五国远程销售限额

英国	德国	法国	意大利	西班牙
£7 万	€10 万	€3.5 万	€3.5 万	€3.5 万

在跨境市场有大量卖家涌入，品类迅速扩展的情况下，跨境卖家对于税务制度要有清晰的了解。如果卖家没有 VAT 账号，就要了解清楚物流商的资质和操作机制，物流公司只是提供货物的运输服务，并不涉及货物的买卖环节，没有进项和销项，直接导致后续的报税工作无法合理、合规地申报，很难简单地闭环解决以上问题。各国关税缴纳的规则会经常改变，税率也会经常变化，这些规则变化通常以保护本国商业或消费者为目的，没有预先通知，因此跨境商家与本土物流商或深耕本地的华人企业合作必不可少。

4.2 邮件与快件清关

海关对进口邮件的监管较为宽松，申报依赖于邮件运单（CN22/CN23/CP72）上面填写的信息，如果海关认为申报的信息不太明确，则会拆开包裹检查，若没有违禁品且不超限值就会被直接放行。低值包裹类，目前一般使用国内邮政小包 DAP 直邮，产生的关税一般由收件人自行缴纳；若使用商业快件 DDP 直邮，则由物流商代为缴纳。例如去美国 FBA 的快件，尽量选择 DTP 关税预付贸易条款，否则容易被海关退回。如图 4-2 所示，快递商和一些专线小包普遍使用快件清关，不少国家下令阻止中国电商以 gift 的名义申报快件进口，即使收件方为私人居民也会被限制收货次数。批量商业性质的大包货物，使用私人税号是行不通的，会被要求转为正式清关。例如韩国海关要求，所有通过豁免限额（小于 150 美元，US 和 FR 低于 200 美元）的个人物品，在过关时都需提供个人的海关编码 PCCC 进行实名验证。而在正式进口报关时，通常需要正本发票（Commercial Invoice），并随货附带供收货使用，形式发票 PI（Proforma Invoice）只能用于出口被退回或临时进口等情形。"反倾销产品名录"下的商品，除了要被征收进口税之外，再加收"反倾销税"。

小包裹	邮件清关（邮政/外邮）、货转邮（中途转关），快件清关（快递/专线）
海外仓及FBA头程	普货清关、快件清关（限值/限重）

案例：货物从中国起运，包裹贴荷兰邮政标签含有 CN22/23 报关单，货物到阿姆斯特丹的邮政处理中心，在完成了货转邮的操作后被转往瑞典，但包裹在荷兰并未清关。清关动作实际是在瑞典的斯德哥尔摩国际互换局完成的，这类包裹一样会被视为从欧盟以外入境的包裹。如果先将货物空运至欧盟境内某个国家，对货物进行商业清关，则此后货物就等同进入了欧盟内部，无须再对其做二次清关。

图 4-2　包裹与头程重货的清关方式

以美国邮政（USPS）为例，USPS 每天进口的邮件量巨大，海外进口件每天大概 500 万件。主要是从其五大国际邮件处理中心 ISC（International Service Center）进口的：纽约 JFK、芝加哥 ORD、旧金山 SFO、洛杉矶 LAX 和迈阿密 MIA。这五大国际邮件处理中心接收他国进口的航空小包、水陆路邮件、EMS 及商业代理件等，还有两个规模较小的 ISC 在新泽西及夏威夷。美国海关会入驻 ISC，对邮件进行监管、过机抽查及开箱查验。如表 4-3 所示，按现行政策，单件申报价在 800 美元（含 800 美元）以内的邮件免税并直接放行，绝大多数跨境包裹不会超过此值；在 2500 美元（含 2500 美元）以内的邮件，如果需要缴纳关税，那么海关会开据税单，由 USPS 向收件人收取关税和清关手续费；对于申报价大于 2500 美元的邮件，邮件会被扣在 ISC，USPS 会通知收件人做正式进口报关流程。

邮件渠道对于品牌物品监管相对宽松，但长期大量的商业行为，比如某个地址经常接受大量的品牌货物，或收/发件人是企业的，海关可能会认为这是商业侵权，会追究法律责任。海关要履行 FDA 职责，对食品类的监管较严，涉及检验检疫，肉、蛋、奶类制品禁止通过国际邮件寄递。海关对于进口邮件抽查的比率在提高，查到禁限品后会直接没收，若经常邮寄，海关会则把收件人列入黑名单或采取法律措施。

表 4-3　美国进口清关一般申报形式

非正式报关 （Informal Entry）	价值≤800 美元* De Minimis	低货值免税范围，不需要提供海关编码（HTS）及箱单，用仓单做批量报关
	价值 801~2500 美元 进口配额商品限值≤2500 美元	需提供产品装箱单、发票、HTS 等，按照 HTS 的税率直接计算关税，有物流公司代缴代办，不需要提供 Bond，收取进口商品处理费用，一件货 2~9 美元不等
正式报关 （Formal Entry）	价值为 2501~100000 美元	正式入境报关单（Form 7533/3461），提供商品 HTS、箱单、发票、提单等，收货人给报关行 POA 及 EIN，提供 Bond 并缴纳税费。最低收费$25，经常性进口的 IOR 可使用 ACH 自动税费结算账户
	价值>100000 美元及需要政府批准的	Quota Entry 进口配额、Antidumping & Countervailing 反倾销反补贴及出口退回的，需走特殊清关流程（ATF/FDA 除外），大批量高货值，通常都需要依赖本土清关代理，需 POA 及 Bond，收取 MPF

注*：进口配额管制、烟酒及需政府批准的非 General Commodities 仍需正式报关及相关流程。

商业快递入境清关的时效高，按预申报先放货，在航班起飞之前，清关数据预先传送到目的国当地海关，航班抵港时海关已经审核完毕，一个主单中的其中一票被查验，不会影响到其他货物的清关。快件监管中心通常设在主要口岸机场附近的公共监管区快件清关完毕，不具备快件清关资质的公司不能从监管中心提货，也不能在监管中心里操作换单，海关要监控包裹的最终去向。普通清关代理只能为每个客户分别清关，若要一次批量清关多货主的集拼货，则需要更高级别的快件清关资质，美国海关对于设立第三方快件中心非常谨慎，容易出现拆单、伪造进口人与实际收件人等关务风险。在集拼模式下的尾程派送的关键是看进口人，若整票货清关完毕了，进口人就可以在美国国内分发了。

各国海关对快件都有规定细则，包括完整的客户资料及清关文件，申报价值低于免征额的包裹免于征税。如果申报或被估货值超过一定额度，则需准备原产地证、进口许可证、检测报告等，按正式清关办理，个人需要清关代理公司来协助办理清关手续，退回的所有费用直接转由寄件人承担。有些国家，不接受无费用弃件，若目的地清关失败，即使发件人选择弃件，也需要支付弃件费，否则国外会安排到付退回。

4.3 头程入仓货运清关

海外仓头程属于重货范围，跨境卖家可选择快递直发、空运专线、海运整柜 FCL 及拼箱 LCL 等多种运输方案。按照传统普货及快件的清关流程，以贸易商的名义进口名正言顺并无障碍，在目的国进口清关时，进口商或固定税号信息会显示在箱单/发票/提单上。海外仓头程的备货并非经外贸交易完成的货物，货权本质仍属发货人，尚没有实际的进口人。大部分中小卖家在国外没有自己的贸易公司或进口人税号，虽然进口人很关键，但更核心的是有人去如实报税。进口人可以是买方、卖方也可以是第三方，这取决于谁做了进口申报工作。

美国进口商备案并无门槛，通过向海关申请 IOR（Import of Record）就可以获得一个外国进口商的 EIN（税号）。通常货代或海外仓仅作为提单的接货人，一旦进口的货被海关查出了问题，产生的费用和责任就由具体的 IOR 承担。只要进口商不变，这个税号就永久有效，今后无论用哪家报关行办理美国的进口都可以使用该税号。IOR 的政府申请费用为 150 美元，递交资料后的 5 个工作日内就可以办妥。

客户拥有自有税号的可单票清关、打税单，税单显示客户的税号，关税实报实销，收件方是直接收件人的，并不要求其必须做预付或者到付，可以自由选择。进口商品没有实际的贸易收货人，除非有些电商卖家设立了自己的境外公司作为收货人，物流商、第三方海外仓或境外货代是不愿意作为贸易进口人来承担税务和法律风险的。即便是较大的电商公司，也不愿意在海外开设公司，因为又会套入另一更复杂的境外企业税务问题。商家若借道物流商提供的清关进口服务，拼箱普货清关，则容易被其他客户的问题货物"株连"，即如果其中有他人货物被检测不合格或没有特殊商品的进口许可，这个 Owner 名下的货物就会被全部拒绝清关进口。被扣关货物申请专项检测检验的周期长，检测费、码头滞期费、柜租费等难以估量，通常不得不进行整箱退运，所以只有用自己的进口商进口才能确保商品不会被连累。因此，与货代合作，介于海外仓和国内卖家的中间物流商，尽量与有国际网络、懂国外的法律法规、操作规范并知道如何规避风险的公司合作，有邮政背景的公司不会出什么大乱子，远离"野路子"的双清包税公司，此类公司的操作潜藏风险。

4.4 双清、包税、包派

在国际货代中，"双清"是指出口国清关，和目的国进口清关，"包税"是指包目的国进口的税费，"包派"即包送货到门。货代为了迎合电商卖家低价、省事的需求，对发货人报一个总价格，买断交货后的一切服务。包裹计费本身单一，这种报价主要针对头程送仓，卖家无须提供任何凭据甚至报关单据，也无须提供进口人税号，坐等货物入仓即可开卖。由于报价中预估的被税概率和税金并不确切，货代为了达到避税的目的，普遍都存在低报、VAT 缺失或不实的情况。货代一般专做某个国家或线路的清关包税，但很难擅长很多线路，多是转卖同行，毕竟这种"冲货"需要目的港有较强的代理关系。

传统贸易中的"灰色清关"存在已久，进口商凭借清关行某种关系资源过关入境，避开复杂的通关手续或少交税，通常是由于经济落后、行政腐败、法律及社会制度的不完善等因素叠加才滋生了"灰关土壤"；"灰色清关"主要操作一些不能按照正常手续进口的特殊货物。如表 4-4 所示，物流服务商只是为客户提供运输服务，完全没必要去为客户的偷税、逃税问题去承担风险。合规的货运代理不会提供所谓的"双清包税"服务，正规途径是最省心的方式。

表 4-4 美国海关 CBP 打击电商货物进口三种避税手段的措施

壳公司	正式清关货物需要提供收件人 Employer Identity Number（EIN），且总货值>800USD 时，美国收件人作为海关登记进口商 IOR 无法清关，发件人要在发货前准备自己的税号
低报	申报物品清晰准确，提供内件所有物品的发票，无论价值多少，都需要提供商业发票，如货物未出售，则提供形式发票
拆包	同一发件人在 1 天内发送了 n（$n>1$）票货物至同一 FBA-US 仓库，这 n 票货物会被美国政府视为 "split shipments"，从而全部转为正式清关，无论单票货值是否低于 800 美元

下面列举"灰色清关"的一些操作，大家一定要规避这些操作，而选择正规清关途径。

（1）虚拟进口人，很多货代通过在境外注册大量税号或空壳公司作为名义进口商，来帮卖家做进口清关，空壳公司没有实际交易，经不起税务审查。而且以代理商或海外仓名义替国内的卖家进口货物，若清关出了问题，则容易影响其他客人的货物清关，即使参考货值来补税和交罚金也可能损失巨大。在海关，货权属于税号的提供方，出了问题的货物，卖家也无法主张货权。

（2）低报避税，或将商品归类在零税率中，整个报关过程涉及很多单据造假的问题，其实若申报数据经常不符或申报单价过低，会严重影响到进口商在海关的信誉，严重时会被海关处罚及停止进口资质。正规的货运代理及进口清关公司就会比较谨慎，在正式清关时不仅必须有代理报关委托书 POA（Power of Attorney），还会要求上游代理同意进口商和报关行有权修正低价及不符合的商品价格，不低于网上销售的最低价申报，品名一致，关税税率以最终报关时海关判定的税率为准，关税由卖家无条件承担，以便顺利清关。

（3）拆包，这是物流商利用低价进口免税优惠政策，把一票大货拆成几票免税额以下的小件货，提供虚假进口人身份 IOR 去规避正式报关的方式，以免缴进口税。海关的检验力度具有季节性，在年底货运旺季，各国海关都会加强排查。这就是为什么 FBA 只接受卖家自发头程，撇清了进口环节的清关及税务问题。

4.5 境外尾程派送

如表 4-5 所示，在配送环节要注意以下几点，一是货运配送到仓，海外仓头程货清关之后的提货入仓，由货代根据货物的体积重量选择快递、陆运零担或整车，派送 Door-Door 或 Port-Port，提单、卡板数量、箱数清单及运单号等手续文件完整，运输公司会提供签收 POD 及在线查询；二是住家配送（Residential Delivery），无论是直邮还是海外仓发货，各种跨境专线最终目的地的派送渠道都大同小异，无外乎三类：邮政、快递、区域性的本土派送商。尾程派送的成本占小包成本的很大比重，在美国境内配送平均也要 3～5 美元，这还和包裹大小、距离正相关。所以，各类物流商纷纷踏入境外寻找自己的配送渠道，通过有效的货量聚集拿到有竞争力的价格折扣，如表 4-6 所示，美国邮政提供多种配送服务。

表 4-5 中美跨境 B2C 出口物流渠道对比

（1kg 为例）	运费（元）	清关	时效（天）	渠道特征
快递	300～500	快件	2～5	到门/仓，限于贵重物品或急件
专线	80～100	快件/贸易	7～15	到门/仓，代理小包、重货及热门航线
海外仓	35（头程）+45（尾程）	贸易	2～5	到仓，重大特异，备货库存，高效配送
虚拟海外仓	80～100	快件/贸易	5～7	到门，集包快递运输清关 拆包邮政配送
邮包	60～90	物品	10～20	到门，低价、轻泡、低速、限≤2kg

表 4-6 美国邮政国内产品分层

USPS 正向基础产品示例	资费水平	定位	衍生产品及组合定价
USPS Priority Mail Express®	$$$$$	隔夜速递	零售价或 Commercial Base® 协议价
USPS Priority Mail®	$$$$	优先递送	统一邮资封 Flat Rate®
USPS First-Class Mail®	$$$	普通邮件	分区产品 Regional Rate®
USPS Parcel Select®/ Lightweight®	$$	陆运包裹	大宗运输 Open & Distribute®
USPS Retail Ground®	$	陆运大包	包裹服务 Package Service®
USPS Media Mail®/ Marketing Mail®	$	媒体邮件	退货服务 Package Return®

传统快递的住家配送有多种时限选择（如表 4-7 所示），或是送达某个位置自提，比如社区中的自提站、便利店、包裹箱等。据美国零售协会 NRF 统计，美国有将近 60% 的线上订单都是免运费的，为此 90% 的买家会去凑包邮的最低限额，Free Shipping 配送到门已变成一种销售的调节杠杆。欧洲、美国、日本等成熟市场快递年化增速低，资源弹性小，但可靠性高，配送相对稳定，周末和节假日配送延期，休息日送货需加收费用。新兴市场则不同，专线的落地配大多选择与电商仓配、同城配送商合作，能够提供更灵活低廉的配送服务。

表 4-7 美国网购用户包裹递送方式选择

by Age 年龄段	18～29（岁）	30～39（岁）	40～49（岁）	50～59（岁）	60+（岁）	Total
Deliver to home 投递到门	77.0%	84.6%	81.4%	76.9%	76.5%	78.9%
Pick up in-store 门店自提	34.9%	25.4%	28.5%	24.0%	16.1%	23.5%
Ship-to-store 发到提货点	18.3%	15.9%	19.8%	15.6%	9.0%	14.3%
Deliver to work 投至办公地	8.7%	8.0%	8.7%	7.6%	2.4%	6.2%
Curbside pickup 就近自提	6.4%	5.0%	4.1%	2.1%	1.3%	3.1%
Deliver to locker 包裹柜	4.0%	2.5%	0.6%	1.3%	0.5%	1.4%
Other 其他	0.8%	0.5%	2.3%	1.7%	2.9%	1.9%

来源：Bizrate insights, The eMarketer Ecommerce Insights Report, Feb 2018.

选择尾程派件服务商，要综合考虑价格、时效、客服及派送范围，如图 4-3 所示，最优选择与货量优惠、产品属性等有关，注意派件的单件限重、住宅及偏远地址的附加收费。快递商对于发货量大的 VIP 大宗客户，价格折扣率非常低，但签署的合约通常不可以转售给其他客户，如拼户、集货、代发货等形式，若竞争对手向快递商举报，一经证实，打单账户就会被立即查封。但对于中小卖家来说，即使开了账户，由于前期的货量少，价格也不会太高，且还面临系统对接、结算及售后等沟通问题。于是衍生出的专注于本地市场的快递拼货折扣平台，例如很多海外仓都会单开发货账号，通过一个平台 API 集成连接多个快递渠道，以供电商卖家在线打标签。以 USPS 美国境内三种主打产品为例，一类函件小包（First Class Package）服务全美国全网，不按照距离远近收费，优先邮件（Priority Mail）及陆运包裹（Parcel Select®），可支持较大电商包裹。

> 案例：FedEx Advantage® Savings 官方大客户优惠方案，为 eBay、Walmart 及 Dell 等大客户提供折扣，FedEx Express® 运费最高可享 6.3 折，Ground® 运费最高可享 8.7 折，Office® 运费最高可享 8 折，可以使用 FedEx 自提及改址服务，提供退货标签及退款保证。

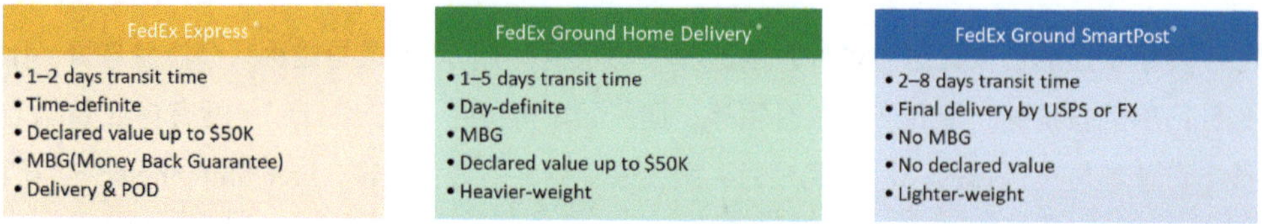

FedEx Express®	FedEx Ground Home Delivery®	FedEx Ground SmartPost®
• 1–2 days transit time • Time-definite • Declared value up to $50K • MBG(Money Back Guarantee) • Delivery & POD	• 1–5 days transit time • Day-definite • MBG • Declared value up to $50K • Heavier-weight	• 2–8 days transit time • Final delivery by USPS or FX • No MBG • No declared value • Lighter-weight

图 4-3　到门派送三类时限渠道 FedEx Portfolio of Residential Services

配送可以参考 Amazon 在各国的"御用"服务商，尤其是 FBA 送仓，更要考虑是否与 FBA 有优先上架协议，否则派件就需要预约排队。俄罗斯、加拿大及澳大利亚等国接近 90% 的电商包裹是由邮政配送的，地域小的国家商业投递更多一些。学会管理消费者的收货预期，如投诉处理不当、妥投不符、投递不及时、错封或运输延误、服务态度差、丢失等问题，其中消费者短板体验的提升最难。第三方海外仓通常有专门的客服来协调问题。美国的末端派送基本上由三家把控：OnTrac、Asendia、Lasership，多数区域最后一公里仍由 USPS 派送，USPS 及 FedEx 轻重件都有配送产品，YRC、XPO 等零担物流商可重货（如家具）送货上门。卡车运输存在分包关系，即使清关完成之后，还有一个提货等待预约派送的过程，整托集装运输这个环节不好把控时间，市面上很多空运时效，其实是从取货算起到目的港航班落地为止。欧洲、美国的快递在配送时电话预约少，主要靠 App、短信和邮件给客户通知派件、预约改址、授权代收，如通过 Collect+、Kiala、MondialRelay 等包裹店自提、暂存，以减少没人签收的问题。

4.6　典型市场的物流条件

电商不断促进物流配送体验的提升，境外消费者对收货也变得挑剔。与国内仓配相比，跨境物流面临的挑战更严峻，很多涉及与商品清关及贸易规则有关的问题或纠纷，不是物流企业能一并解决的。在传统外贸领域，物流都是品牌商、货主或进出口企业来处理的，跨境包裹依赖于企业的网络化能力来配送，从某种程度上看是物流商为电商买单。因为产业链不均衡，在非洲及中东等市场中，电商 50% 的订单来自海外，拉美、东欧、东盟等新兴市场与中国跨境电商的连接也十分紧密。各个市场物流条件差异很大，在美国境内跨两个区发 5kg 的经济大包，配送费要 10 美元以上，而在德国会便宜近一半，但顾客对配送速度及多种收货方式的要求更高。新兴市场物流企业增长快、体量很小，运作不成熟，如表 4-8 所示。

表 4-8 新兴市场物流绩效指标 Market Attractiveness&Compatibility &Connectedness

No.	Country	规模增长	营商环境	市场连通	Total Index	No.	Country	规模增长	营商环境	市场连通	Total Index
1	China	9.49	6.96	6.85	8.00	11	Qatar	4.87	8.60	5.95	6.02
2	India	9.46	5.05	5.52	7.12	12	Chile	5.28	5.99	6.46	5.86
3	UAE	5.78	8.88	7.43	7.01	13	Oman	4.17	8.09	6.30	5.75
4	Malaysia	6.78	6.07	6.76	6.63	14	Egypt	6.51	5.19	5.13	5.73
5	Indonesia	8.58	4.62	5.11	6.50	15	Thailand	6.79	4.43	5.06	5.68
6	SaudiArabia	6.18	6.59	6.25	6.29	16	Pakistan	7.55	3.08	4.65	5.58
7	Russia	6.73	5.85	5.50	6.10	17	Philippines	7.58	3.96	4.00	5.53
8	Mexico	7.35	4.64	5.33	6.06	18	Iran	6.12	5.03	5.00	5.48
9	Brazil	7.32	5.83	4.64	6.03	19	Vietnam	5.99	5.38	4.89	5.46
10	Turkey	6.63	5.54	5.60	6.03	20	Kazakhstan	4.60	6.91	5.52	5.41

资料来源：Transport Intelligence，Agility Emerging Markets Logistics Index 2018。

4.6.1 美国

美国比较鼓励进口，大部分产品关税都在 2%～5%，服装属于高税收产品，在 17% 左右。美国的外贸政策通常由贸易办公室、商务部、财政部等制定，美国海关（全称 CBP 海关边防总署，隶属美国国土安全部）主要是操作层面的，提供了很多合规性指引，如"商业进口指南"文件及申报"合理关切清单"（Reasonable Care Checklist），强调了进口商在进行 HTS、价格、原产地等项目申报时要合理谨慎，疏忽、过失或欺诈都会受到不同程度的处罚。商业清关是有收费的，美国的关税法案"Section 321"规定对免税额在 800 美元以内包裹直接放行，不需要商业发票跟正式进口报关，用仓单做申报和核销，收件人就是 IOR。美国法律体系比较健全，海关给予报关行（Customs Broker）明确的资质，负责预归类、预审价和原产地预先确定等制度的落实，并有权追溯 5 年以内所有进口申报记录有无虚假。

表 4-9 美国进口包裹清关方式对比

USA Parcel Clearance	邮政关（USPS）	快件清关（ECCF）	货物清关（CFS）
预计清关时效	1～3 天	预清关或到达后数小时内	2～4 天
快件清关费用	无	1 美元/件	批量收费
周末清关	否	是	否
查验扣货时间	2～4 天	24 小时	2～4 天
旺季清关延误	是	否	是

FedEx、UPS、DHL 三大快递的快件进口美国，一架飞机上只有一个货代的货，转运有监管场地及报关资质，海关现场派驻。而多代理集拼货（Consolidated Entry）就需要有快件清关场所 ECCF（Express Consignment Clearance Facility），公共快件监管中心可以由多运营人共享，业务量大快递商的可以拥有自己的"场内席位"独立清关库。国内很多物流商及专线委托较大的第三方快件报关行做包裹快件清关，清关后再转给当地配送商。还有一种清关类型是集装箱货运站 CFS（Container Freight Stations）清关，主要是处理空运/海运拼箱货的场所，与 ECCF 清关限量相比，通过 CFS 清关的低包裹不收取单件费用，有批量清关的成本优势，缺点是慢、次日清关，周末不处理，存在货代堆放仓库的现象，假如海关要查验某个包裹，操作流程烦琐。

如图 4-4 所示，自动舱单系统 AMS（Automated Manifest System）是美贸易"单一窗口"ACE 平台的空运模块，是货物实际到达之前的数据预报系统，美国海关提前检查货物的安全。欧洲 ENS、日本 ISF、加拿大 ACI 等是类似的申报系统。AMS 要求货物在抵达美国之前 4 小时完成电子预报关，承运商航司负责 MAWB 航空主单数据，若数据遗漏、错误或虚报，则承运人也会被处罚。货运代理通过自动申报接口，直接将 HAWB 空运分单数据发送给 CBP 时需要 FIRMS 备案代码，即系统接入授权号。

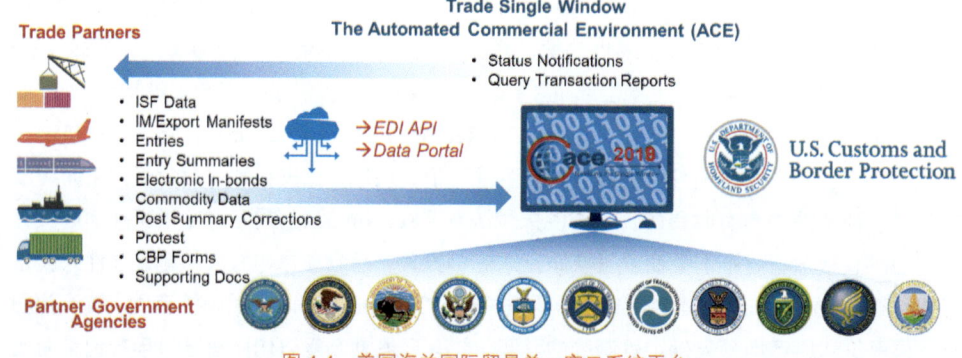

图 4-4　美国海关国际贸易单一窗口系统平台

如表 4-10 所示，若涉及货代收费中的"系统录入费"，就要借道有海关注册资质的 AMS Deconsolidator 大代理。对于 Split/Partial Shipment 分单或部分装运会比较烦琐，仍需要将多个主分单的详情同时申报。此外，国内货代要及时提供"10+2"表格（进口商 10 项+航司 2 项申报）给美国清关代理，发送 ISF（Importer Security Filing）进口安全申报。AMS 申报的主要是提单信息，ISF 申报侧重于贸易实体信息（Buyer 和 ShipTo 等相关），如不及时提报，则不仅不能清关还会遭重罚。在货物运抵监管区后，CFS 或 ECCF 会收到 CBP 的电子货运状态通知，进而按海关指令进行放行或抽查等处理。航空普货的主体承运人就是各大航空公司，一般在货物起运后，这边代理或者航空公司部门会按照空运提单的收货人信息来通知收货人，进口人做好报关之后拿到报关公司的委托书，就可以自己或者委托第三方物流商去机场提货。海运则需要最少在货轮抵港前 24 小时，呈交详细报备信息给美国港口执法机构。

表 4-10　美国一般普货进口的费用

政府收费项目		商业报关费用	
MPF 费用	25 美元≤货值×3.464‰≤485 美元	报关费	85～120 美元/票（票货杂，费用高）
关税	=CIF×关税税率	文件费用	65～80 美元/票
其他	政府管辖部门，许可或认证费等	机场仓库费	55～65 美元/票

注：节假日部分费用收双倍；不含提货从机场到目的仓库的运费。

跨境电商模式下的货物进口人角色缺失，发货人就需要注册一个 Bond（关税保险），即使没有关税的产品清关也需要，没有买 Bond 等于在美国海关没有备案，就无法进行清关操作。具体的 Bond 价格与 IOR 每年进口的产品及其价值有直接的关系。进口商因故不提领货物且不支付任何费用弃货时，美国海关除了逾期拍卖货物以外，还可以向保险公司求偿以支付该货物在美国产生的各项费用（如堆存费、税金等），Bond 的主体责任人就是进口人。如果以美国收货人 Consignee 的名义清关，则需要用收货人 Bond 及税号来进行清关。

合规做法是由代理帮发货人申请 IOR，从而获得一个外国企业的税号（EIN），并以发货人名义购买美国海关的 Bond，提供报关委托书 POA 给货代，以发货人的名义清关，货代再转给其美国代理，并与指定的报关行签署 POA。有了发货人 EIN 和 Bond，美国货代或海外仓作为货物的收货人就没有法律风险了，货还是发货人的，美国的货代或海外仓仅提供清关、代缴关税和物流服务。任何一家美国的物流货代都能代办 IOR 和 Bond，如遇查验还需提供采购合同、形式发票及出口报关等资料。

美国配送商都有自己的分区，区代表配送位置远近及快慢。美国本土从西到东直线距离几千公里，根据不同的分区，派送的时效和费用也差距很大，即使不考虑偏远地区的因素，从一个地方把相同计费重量的包裹，派送到最近的分区和最远的分区，费用也要相差数倍。

4.6.2　欧盟

欧盟内部是单一市场，欧盟国家间的货物流动不算进出口。欧洲的清关申报程序一般不需要收件人协助，通关手续有两种方式，一种是直接在国际运输抵达的口岸清关，再经内陆运输至目的地，是多数快递及空派专线采取的落地清关，"货转邮"配送。另一种是在口岸港转关（Cross）而非清关（Clear），包裹到了目的国还会另行清关征税，例如有些专线包裹在荷兰、比利时等地进口，意大利或德国收件人还要在当地缴关税。欧盟"新电商增值税法"于 2021 年实施，实现一个 VAT 通用，规定所有从境外直发进口至欧盟的包裹，只要货值在 150 欧元以下，就免征进口 VAT，但需要出口商/卖家注册 VAT 税号，取消 22 欧元 VAT 低值包裹豁免条款，并向税务局申报销售 VAT，不再接受由税务代理人代缴进口税费。

税务部门保留对历史问题订单征收惩罚性税收的权利。海外仓卖家在进行税务登记、取得 VAT 后，卖家要需留存产品销售链接，作为税务部门复核销售税及免税货物的依据；并保留在欧盟地区销售税申报的完税凭证，以备税务部门对海外仓的出库订单抽查。

欧盟各国的申报单信息基本都差不多，海外仓企业必须根据税务局要求做好 KYC（Know Your Customer）客户管理，如校对客户 VAT、留存进口申报文件、记录配送及物流单证等信息。如果海外仓企业没有遵照要求，对自己的客户做好把关，则要承担客户的税务连带责任。欧洲各国的邮政网络都比较可靠，欧盟内的跨国商业快递也很发达，有 DHL、Hermes、ParcelForce、GLS、Yodel、Whistl、DPD 等，选择很多。如在西班牙，除邮政 Correos 外，还有 MRW、SEUR 及 Nacex 等选择，准时运达率很高，配送时效一般在两三天。意大利的包裹递送市场集中度并不高，除了意大利邮政旗下的 SDA 快递和 MistralAir 空运之外，市场上有不少初创递送企业，如知名的电商快递 Milkman，还有很多通过 DHL、BRT 等快递派送的包裹。

4.6.3 俄罗斯

2018 年，俄罗斯邮政处理了超过 3 亿件进口国际包裹，5 年增长 10 倍多，其中来自中国的进口占比超过 90%，中俄跨境陆运非常便捷，如图 4-5 所示。俄罗斯对于 DHL 和 FedEx 等快递方式基本上都会查验，俄罗斯快递一般要求收件方是公司名，而且公司有清关能力，时效性不强的基本都是用 EMS。俄罗斯人口集中在行政区官方所在地周围，一线城市的本土快递到达时间为一周左右，二线城市快递到达时间为半个月左右。总体来说，俄罗斯地广人稀，跨 10 个时区，而且电商订单量很散，物流成本居高不下。俄罗斯邮政（简称俄邮）、DPD、SPSR、PONY、SDEK 等是主要配送商，俄邮占整个市场的 70%，DPD 在收购 SPSR 后占 25%。直邮小包是俄邮最常用的物流方式，其近年因此受益颇丰，发展步子加大，推出了直接跟平台对接、简易跟踪产品、跨境包机、电子清关等被业内称道的创新举措，2019 年俄邮在深圳直接设立了子公司。俄邮有莫斯科、圣彼得堡、叶卡捷琳堡、新西伯利亚和喀山等五大邮政口岸接收跨境小包，但由于投递人员、网络设施及操作流程等"年久失修"，处理能力严重不足，在旺季货多时"必堵"。偏远地区的顾客会放低对配送时间的要求，俄邮有自提服务，但保存时间有限，逾期会加收保管费。这一市场也存在少量货到付款的需求。

图 4-5　中俄边境旅游巴士带货及俄罗斯邮政行邮专列

俄罗斯海关对小包裹价值有严格限制，时常调整免税进口额，清关难度也在提高。最新规定是消费者每人每月可以累计接收价值在 1000 欧元以内、重量在 31kg 以内的境外包裹，如果包裹超过此限制则会产生关税，此税费需由买家承担；在同一包裹中若有超过 5 个相同的商品，海关将视其为非自用物品而拒绝清关并退运。个人商业清关必须提供纳税号等个人信息，目前发往俄罗斯的很多线上物流开始使用个人商业清关，在下单时平台会要求卖家必须填写相关个人信息，卖家要提前和买家沟通配合相互清关，在线签署清关授权协议，清关失败多是因为申报资料提供不全而导致的。

俄罗斯的税务收入主要来源于当地的"常设机构"，可以是代表处、分支机构和法人实体，税法列出了三个层级的税收：联邦、地区和本地税收。海外仓货物进入俄罗斯境内要按一般的贸易处理，征关税和增值税，若货物超过 1kg 则走海外仓有优势，可以辐射周边关税同盟的独联体市场。海外公司如果想要直接参与俄罗斯物流基础设施相关的业务，必须要找一个俄本地合作伙伴。使用俄罗斯海外仓，签合同的是国内物流公司，实际运作可能是俄罗斯的公司。

4.6.4　日本

日本有可观的人口基数和消费能力，日本人均网购的消费金额高、物流满意度高，退货率全球最低。日本最受欢迎的三个平台：乐天类似于天猫，亚马逊好比京东，雅虎相当于淘宝。相比欧洲和美国市场，日本市场有更规范的法规制度，在通关方面会比较严格，基本上目的港税金实报实销，能做双清包税的货代公司很少。因为没有免征额，无法钻低报的空子。日本 FBA 是大多数跨境商家的首选，关东地区为日本购物人群相对集中地带，是海外仓选址的重要参考地。日本主要港口如东京、横滨、大阪、神户等大都集中在太平洋的西岸，大阪是关西地区的工商业和水陆空交通中心，距离中国东部沿海的各大港口也只有 3~4 天的航程，日本 FBA 头程若选择海运那么一周就可完成整个流程，成本也比空运节省一半，而且能绝对保证有足够的舱位。如果是体积小或箱数少的货物，则一般可以用寄快递的形式寄到 FBA 仓库，无须打板，入仓预约由日本代理来安排。

日本没有 VAT 和 KYC，常规进口的 80% 以上货物是免关税的，交消费税。如图 4-6 所示，超过 1 万日元的货物要缴纳进口关税（3~5%）和 8% 的消费税，税分为很多个档位，且海关要求申报单价不得低于该商品在网店售价的 25%，否则属于严重低报。邮寄包裹的税额起征点是 1000 日元。在进口代理人清关模式下，卖家在海关必须做店铺商品链接的备案，若通关申报不实，货主可能会面临被扣货及高额罚款；当货物被海关查验时，一旦被认定侵权，货物就会被没收，或商家被追究法律责任并进行经济处罚。普货和 FBA 货件必须要由有进口权的公司的名义清关，若无进口商配合则基本无法完成清关，个别卖家冒险找一些日本当地留学生来做进口代理人，但因为留学生不能做生意，若被查到的话，则留学生可能会被遣返。建议不要发清关敏感物品，一切跟食品、医疗、美容等人体接触的产品，以及刀具等都很难清关。

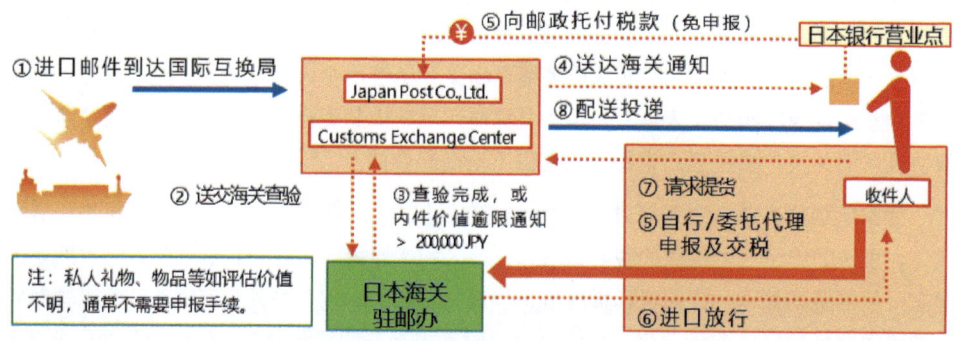

图 4-6 日本进口邮件的申报清关

说明：直接接触人体的物品在日本进口清关时会比较复杂，会产生仓储费，若因无法进口必须销毁时又会产生销毁费用。食品需要提供日本卫生部门的食品卫生检疫证明书；按摩器材需要做医药确认并提供相关的医疗证明资料；玩具必须确认被使用年龄段，否则会按照食品类来清关，而需要提供食品相关清关许可证资料。

日本国土面积小，整个社会对守时很重视，本土物流服务比较稳定和规范，电商物流配送以这三家为主：黑猫 Yamato、佐川急便 Sagawa、日本邮政。即使在跨境旺季，日本的包裹派送也能做到准时高效。在亚马逊进入日本市场以后，整个物流业务体量快速增长，致使配送商承载能力超负荷，各物流商的派送价格都在上涨。因人力短缺和成本增加，Yamato 放弃亚马逊日本的当日达业务，采取涨价 30%、为不需要二次配送服务的消费者打折、取消中午的定时配送等措施。

4.6.5 印度

"人海生钱潮"也许是所有挺进印度市场的跨国企业共同的动机。许多跨境出口卖家想要把货运到印度去卖，但出现了"水土不服"的现象。印度有堪称世界上最复杂的双轨制增值税制度，包含多种 GST 商品和服务税（Goods & Services Tax），这导致货物在印度的跨邦运输需要提交繁多的资料。为此，UPS 将印度部分业务外包给了当地公司。印度是联邦制国家，地方邦对贸易及财税保有相当大的自治权、裁量权，在各邦领域内销售商品的销售税由各邦负责征收，销售税税基、税率和征管不统一。出口至印度的货物，提单和舱单必须有印度外贸总局（DFGT）颁发的 IEC 进出口商代码及其 GST 税号。印度对其国内零售业极度保护，受外商投资零售业 FDI 相关法令限制，若境外卖家没有 IOR 身份，则无法直接在线销售，要靠物流商代开平台的印度站账户，如图 4-7 所示，相当于是给电商平台供货，在店铺形式上属于卖家。在产品方面，印度政府要求所有在线销售的商品，在产品包装上都体现最高含税零售价 MRP（Maximum Retail Price）、原产国、质保期等信息，否则有清关被查扣的可能。印度的 BIS 商品标准认证是强制发证的，包括消费电子、家居、汽配等范围的产品。海关政策及税务规程多，只能委托专门的清关代理操作进口相关手续，由代理提供进口商 POA 并审查 KYC 账户持有人条件。消费者从海外网购价值低于 5000 卢比的产品，能够以私人物品的形式免税清关，自用物品不需要 IEC 代码，只提供护照副本或居民永久账号 PAN 及 POA。

印度商业直邮要解决 KYC 资料收集难点，通常要与平台对接或提供在线自助填报工具给收件人。如图 4-7 是印度市场的电商物流特征，小米印度的本地配送时效集中在一周以内，而海外仓要解决本地投资、进口商和 COD 资金回流等问题。快件到印度的时长为一两周，邮政渠道为 20~30 天，海外仓模式时效高，但贸易税率非常高，税率是 60%~85%。印度海港装卸能力和海关效率都较低，订舱时尽量找能提供目的港多天免费用柜的船公司，货物最多可以在海关被监管存管 30 天，被买家拒收、需要退运的货物，通常需要出具买家签署的无异议退货证明。印度除了有 Flipkart 自营仓配，还有 Delhivery、Rivigo、GoJaVAS、EcomExpress、Dotzot、InnovEX、FSC 和 WowExpress 等很多新型电商物流，以及 XpressBees，而且阿里巴巴欲将 XpressBees 打造成"印度版菜鸟网络"。印度跨境物流还有一个特点，即其国内业务走出去常习惯被"熟人带路"，而印度华侨华裔极少，当地华人合作伙伴也很少。

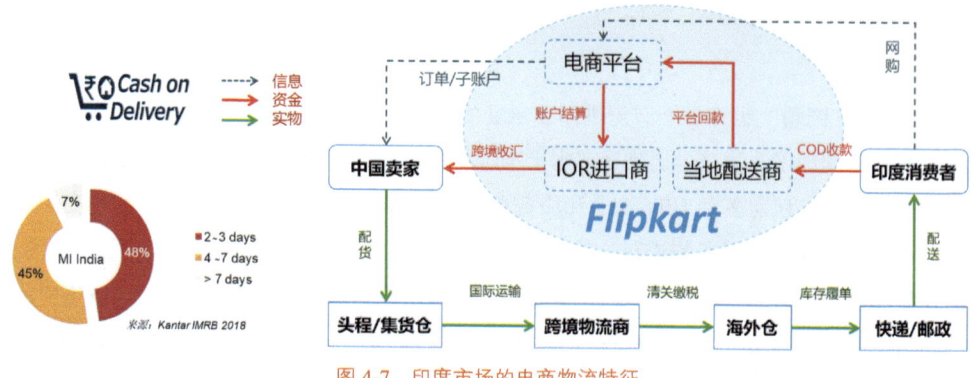

图 4-7　印度市场的电商物流特征

4.6.6　东南亚

每个新兴市场都不太一样，东南亚各国人们的消费习惯深受中华文化的影响，各国所有消费升级的产品几乎都会在东南亚整体市场流行，使得东南亚跨境包裹量增长迅速。东盟正发展成为世界第二工厂，国内制造业转移、东盟 ATIGA 及 CPTPP 自贸协定，也利好东南亚物流市场。各类专线和包裹落地配是东南亚跨境物流市场的主力，每天都有近百万件电商包裹从中国空运过去，时效通常是两周以内，运输时间短，费用合算，除了常态化货机航班外，也可通过东盟整车整柜跨境陆运的方式送达泰国和越南等国。多岛屿的国家配送时效很差，有时候物流成本甚至超过货物本身价值，还有很多货到付款的情况。

被进口到菲律宾的产品必须缴纳进口关税、消费税、增值税以及多种海关收费，菲律宾对于进口货物没有免征的额度，对所有包裹都可能征收关税，存在征税的不确定性。菲律宾大部分配送限于马尼拉周边，如图 4-8 所示，2GO 等商业快递可以提供全国配送。

图 4-8　菲律宾本土化电商物流举例

印度尼西亚海关一直以来都以清关严著称，复杂烦琐的通关手续以及高额的关税也是跨境物流发展的一大掣肘，物流商和清关代理都必须拥有非常强的法务能力。每年年底至来年 3 月，为印度尼西亚进口清关的"红灯期"。印度尼西亚海关会联合其他执法部门对进口清关进行严查，使清关手续增多、查验频繁，如果商家申报不当，则会产生更多的费用。

马来西亚的物流政策环境更利好跨境电商，为了使物流产业彻底转型，马来西亚政府于 2015 年提出了促进物流与商贸的总规划。

新加坡属于城市配送，相对富裕和西化，良好的基础设施使得该国成为东盟跨境物流扩张的首站，自提箱（POPStation）比较流行，类似的还有印度尼西亚的POPBox、泰国的Box24等。

> 案例：阿里巴巴与马来西亚合作建设"数字自由贸易区"（eHub），由菜鸟网络和Lazada牵头，在吉隆坡国际机场打造一个国际超级物流枢纽，为马来西亚中小企业跨境贸易提供物流、仓储、通关、贸易、金融等一系列供应链设施和"一站式"外贸综合贸易服务。

新加坡邮政SingPost、马亚西亚邮政POS Laju、越南邮政VN Post等东南亚国家邮政迎来了前所未有的发展机遇，但整体配送时效质量有待提升。而东南亚本土快递也在迅速崛起，马来西亚的City-link、ABX、GDEX、SkyNet、Airpak、Ninja Van等都在升级电商服务，新加坡Dragonlink、泰国NIM、缅甸KOSPA、印度尼西亚JNE及J&T等配送公司发展迅速。Kerry及DHL在东南亚有较大市场，嘉里物流近些年通过一系列的兼并重组，发展势头迅猛，在泰国电商仓配中排名第一，近五年增长了几十倍，500个DC日处理超50万个包裹。日本的黑猫、中国的顺丰及百世等快递近些年发力拓展东南亚市场，初步建立了区域快递网络，成立了多个分公司，实现了双边互寄。京东在印度尼西亚自建物流Jaya Ekspres，在雅加达区的大部分订单已可实现当日送达。

4.6.7　拉丁美洲

巴西曾是阿里巴巴速卖通在全球出口前三大市场之一，但是由于物流和清关问题，中国直邮巴西30～60天的包裹投递时间，清关雷区及超30%的未妥投率，让很多卖家对巴西望而却步。巴西是全球最难清关的国家之一，因为严格的贸易保护、限制货币外流等因素，巴西海关不仅效率低下而且查验率、扣货率奇高，各类包裹常被查到，尤其商业快件是必查的，巴西的VAT分为CNPJ公司和CPF个人两种税号。巴西为保护本国的工业生产，其海关税赋较高，普遍税率>60%，而且海关事务由财政部下属的巴西联邦税务总局负责，对国外进口的货物采取强征税措施，入境包裹不论价值和重量多少都要征税（如3C类产品），对外来企业尤为苛刻。正因如此，在巴西的电商海外仓极少，如果要在巴西建海外仓或保税型海外仓，则还要非常注意安全问题，全程监控必不可少。

> 案例：为了抑制进入巴西的国际小包数量，并平衡邮政连年亏损的情况，巴西邮政Correios自2018年年底起，对所有国际包裹强制加收15BRL的清关费，该笔费用支持邮政运营，而此前只针对价值超过50美元的包裹征税。买家有30天的时间在网上支付税费，若逾期未付，则包裹将被退回，付款后Correios才配送到门，自2020年起要求入境包裹打印个人税号。

在通关时，进口商必须拥有巴西的外贸操作许可证（Radar License）和进出口权。不同类目的产品，可能涉及农业部、卫生监督局、国家标准机构等要求强制认证或检测的进口许可及运输许可。有时，即使进口商提交的清关文件是符合要求的，但如果巴西海关认为货物的处理方式存在问题，那么它们也可以扣押货物，若过期未清关，则这些货物将被税务局没收拍卖或销毁。原因可能多种多样，比如资料不全、缺少证书、税号不实或超过个人购买限量等，很多反倾销产品被限制入境。虽然支持邮件以简易清关的方式进口，但巴西人每年的境外购物免税额只有 50 美元，因此几乎所有进口货物都需要缴纳关税，对海外包裹普遍征收 5~10 美元的税，即使低申报也无用，巴西海关会依照该产品在本国的平均售价进行评估，看卖家是否存在低报的嫌疑，还要求购买方提供境外消费的证据或网址，核对无误后，按照网址上的价格缴税。寄给当地私人的物品，若同样的货物超过 3 件，那么海关可能拒绝清关而直接退回。否则只能寄给公司，然后以正式清关的模式进口，而目前巴西只有圣保罗的 VCP 和 GRU 两个口岸可以办理正式清关手续，收件人还要在当地海关进行备案登记，这都造成巴西弃货退包的比例偏高。

阿根廷人每年只能有两次从海外网购，不能购买合计超过 25 美元的商品。汇率波动、高通胀、货币贬值等一系列问题困扰着拉美跨境电商的发展，加之有关税壁垒、投资受限、本土化要求高等门槛，以及商家难以掌握当地相关法律、税赋及物流等限制，只能寻求与当地的华人合作。

4.6.8 中东及其他市场

中东和北非地区（MENA）都是有潜力的跨境启蒙市场，中非贸易主要通过海运或从中东空运转到当地，物流成本较高，税务、通关、结汇等受到当地政策不确定性的影响，时效低，不少非洲电商平台采取了自建物流配送团队的方案。

海湾六国空运清关较为简单，电子化清关只需一两天时间，收货人可以登录海关官网进行报关，在填入运单号、舱单之后便可向海关提货了。

因宗教、政治和经济等问题，中东物流难点不少：一是各国物流基础设施差异很大，受局势动荡影响，邮政发展相对滞后，一些偏远地区还靠沙漠驼班邮路，订单密度小，偏远地区派送困难。二是地址没有标准化，中东地区对地址库的维护很差，消费者的网购习惯使他们在收件地址上就写一个邮政信箱号，收件地址模糊难以配送。很多物流商都会去邮政购买地址库，通过与自己系统的历史数据对比来匹配用户的实际地址，再发货。三是用户偏好货到付款，使得物流还承担了收款功能，买家网购时下单后无须支付，但其容易反悔和拒收。

在税务方面，各国规定不一样，相对比较富裕的国家税率比较低。海湾六国合作委员会制定的统一 VAT 税则，目前只在沙特和阿联酋有用，若单票包裹的申报价在 270 美元以下，则被视为低值货物，缴 5%的 VAT，大于或等于 270 美元的货物缴增值税+关税。不是特殊的品类，海关查验相对宽松，但不能低于申报价值，申报价值要和货到付款收款额一致。包裹从买家下订单到收货通常需要 15～20 天或更长时间。

土耳其跨境市场总量大，70%以上的进口来自中国，日均包裹量为数万件，大多以邮政小包空运的方式入境。配送端由土耳其邮政 PTT 垄断，也有一些新兴电商快递提供个性化配送，如 Aras、Yurtic 及 MNG kargo 等，可实现 1～3 日达。土耳其对一般贸易进口产品征收关税、货物税、特别消费税、增值税等，若申报价值大于€75，则海关将认定为高货值，转为正式商业清关，并强制要求提供 HSC、VAT 号码、个人 ID 等，而且需求最大的 3C 类产品是不能直接免税通关的，必须缴税；其关税结构分为从价税率、从量税率和形式税率等多种复杂形式。

澳大利亚对进口的包裹查验相对宽松，1000 澳大利亚元以下的申报价不产生关税，但澳大利亚有着严格的动植物检验检疫程序，植物、食药物、化妆品、化学类、未经官方熏蒸处理的木制品等都是被禁止进口的。任何物品都必须在面单和发票上清楚注明其新旧、材质和用途，否则易被转入动植物检验程序。一旦货物被开箱查验，即产生 100 多澳大利亚元的查验费用，查验周期要一周左右。卖家 B2C 年销售额大于或等于 7.5 万澳大利亚元的卖家，需要通过澳大利亚税务局 ATO 注册企业代码 ARN，在电商平台上登记，并将其列入海关进口文件中，需要按季度向 ATO 提请 GST 纳税申报单。

4.7 物流代收货款

物流代收货款（Cash/Collect On Delivery，COD）不是新事物，即在货物送达时由物流公司代收款项。"一手交钱一手交货"早已有之，中国曾经也经历过这个过程。跨境物流 COD 模式主要集中在东南亚、中东和印度等市场，迎合了当地网络支付不成熟、网络信用基础尚未充分建立的消费环境。如图 4-9 所示，日本也广泛存在 COD 需求。

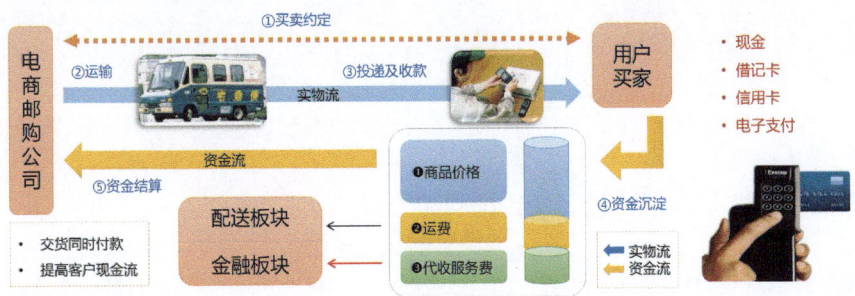

图 4-9 日本 Yamato 快递提供的国内代收货款服务

COD 的核心问题是签收率低，大部分市场的平均签收率只有 70%～80%，也就意味着有 20%～30%的货物是被退回的，大量的退件容易造成仓库旧货堆积，后续处理退货的费用高，很多退货只能销毁。即使包裹被妥投，很多消费者也会因为商品质量问题，在线下直接要求物流商退货退款。各大电商为了平衡货到付款低签收率造成的额外成本，会加收一笔 COD 交易费，并限定客单价门槛，客单价达到一定额度才可以选择 COD 方式。

对于普通发货，物流商要考虑签约账期的垫资成本以及产生坏账的风险，若出现运输配送问题，应付运费就可能被拖欠。而代收货款的物流方式是整个现金流的运作环节颠倒过来了，变成了物流商要给商家返款。通常，如果使用电商平台认证的物流商，本地物流商收款后先汇缴给电商平台，再结算给卖家。如图 4-10 所示，卖家自发货的，境外物流商将货物送到国外的客户手中后，当场收取货款和运费，然后再结算给电商卖家，化被动为主动。物流商帮卖家收取了货款之后，一般会承诺在两三周以内将货款返还给国内卖家。货款如何正规合法、快速地回流到内地是一个很大的难题，资金大多只能汇到中国香港。跨境电商包裹 COD 派送，最后一公里也主要外包给本土派送商去做，交接回款周期必然会进一步延长。退货通常只能退到本地海外仓，集货后再定期运回中国香港或内地。

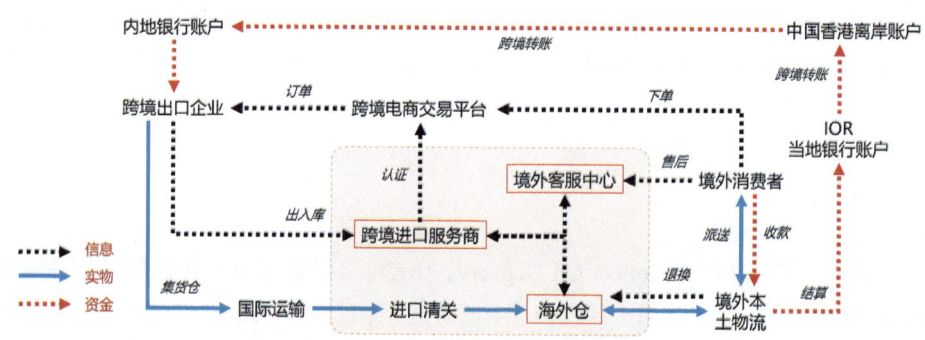

图 4-10　跨境物流货到付款的一般流程

第 5 章

保税物流

保税是一种国际通行的海关监管制度，即经海关批准货物可以在商家未办理纳税手续的情况下进入境内，在"境内关外"对货物进行相关处置。保税物流是指保税业务经营者经海关批准将货物在"税收保全"的状态下从供应地到需求地的有效流动，包括运输、存储、简单加工、分销、流转、配送及增值服务等环节。保税物流除了具备基本的物流功能之外，还包括海关监管、税务、报关、口岸管理等关联要素，物流与保税监管紧密结合构成完整的保税物流体系。保税物流活动主要被限定在海关监管区内，国内货物进入保税区则被视同出口，享受出口退税政策；国外货物进入保税区实行保税政策，海关保留征税权。

保税区是跨国企业的采购、配送、分销及加工贸易基地，如图 5-1 所示，保税区的边界交叉，能促进贸易投资自由化，具有政策叠加优势，在一定程度上具备了国际上自由贸易区的基本特征，实行"一线放开、二线管住、区内自由、入区退税"政策，是跨国企业的采购、配送、分销及加工贸易基地。区内企业可以直接在主管海关办理报关手续，区内货物可在区内企业之间及出口加工区、保税仓、出口监管仓等其他特殊监管区或场所之间进行自由转移、跨关区报关提取等操作。在多元化贸易时代，国内保税区可以支持境内保税互转、境内外货物入区、多种监管方式进出口、集散至全球或境内等多种定制化通关方式①。目前跨境电商进口对保税仓的需求较大。

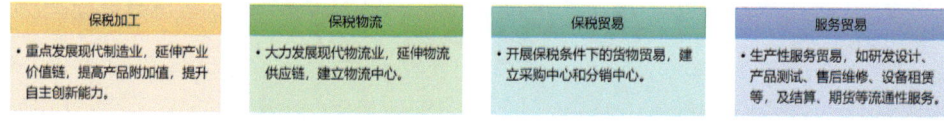

图 5-1　保税区功能定位

5.1　监管体系

海关特殊监管区域被赋予了承接国际产业转移，联接国内、国际两个市场和统筹两种资源的枢纽的作用，该区域的定位是"两头在外、大进大出"，帮助全球性的、外向型的企业建立产销基地，包括保税物流中心、出口加工区、综合保税区、自由贸易区等不同开发层次的保税类型。海关总署于 2004 年提出了"以保税区和海港之间区港联动为龙头，以保税物流中心为枢纽，以优化后的出口监管仓库和公共型、自用型保税仓库为网点"，建立多种保税物流监管体系。然而，在多种监管尺度下，大多数监管区域存在政策功能不统一、产业结构较为单一、生产型服务业缺乏支持等制约问题，如表 5-1 所示。保税区不是"万能区"，不是所有企业都适合进入该区发展，该区在税收、外汇、监管等方面有着

---

① 《国务院办公厅关于加快海关特殊监管区域整合优化方案》，国办发〔2015〕66 号

特定的政策要求。以跨境电商为例，先行试点的保税区占尽了先期政策红利，而不同的试点区域又存在监管差异。为此，海关总署对特殊监管区域进行了"三个整合"优化：整合现有区域类型、区域政策和管理资源；优化产业结构、区域功能、管理职能和监管模式；把各类特殊监管区向综合保税区统一，将新设海关特殊监管区域统一命名为综合保税区。

表 5-1 各类监管区特征

类型	保税物流服务特征	监管要点
监管区/点	进出口/过境转运等货物暂存，超期征收迟纳金，超 3 个月视为弃货	进口三检
出口监管仓库	只出不进，存储期通常半年（可续），加贸、一般贸易及转口货物类	三检/退
进出口加工区	进出口货物加工生产，功能叠加保税物流仓储，每 6 个月滚动核销	退/免/保动/植检
保税物流园/中心	国际物流及贸易进出口、仓储配送，不设存储期限，一年内核销	
综合保税区/港 FTZ	区内退税，储存期限不受限制，定期列表报送，集港口作业、仓储、物流、加工和贸易为一体综合物流服务	
自由贸易港/区 FTA	广义自由贸易经济活动，不设存储期限，不限企业类型	

截至 2018 年年底，我国已有 140 个海关特殊监管区域，运作的区域有 127 个，综合保税区有 96 个，如表 5-2 所示。海关的保税监管范围包括货物原产地、查验、保税仓、AEO、过境、加工贸易、跨境电商等方面。

表 5-2 全国海关特殊监管区域进出口统计表 2018 年

	统计数	进出口		出口		进口	
		金额（亿美元）	增幅（%）	金额（亿美元）	增幅（%）	金额（亿美元）	增幅（%）
全国外贸	—	46230.34	12.6	24874.01	9.9	21356.33	15.8
合计数	127	7791.03	/	3799.57	/	3991.46	/
保税区	10	2148.27	10.6	645.98	8.9	1502.30	11.3
出口加工区	32	956.11	11.0	583.36	7.3	368.25	17.4
保税港区	14	1137.94	10.9	389.49	-2.4	748.45	19.3
综合保税区	65	3453.82	16.9	2135.45	15.9	1318.38	18.4
保税物流园区	4	86.00	10.9	37.89	25.4	48.12	-0.3
跨境工业区	2	8.89	/	7.40	/	0.98	/

国家简化对综合保税区的设立、整合的审核和验收程序，加强对准入的监管和对事中、事后的监督，如表 5-3 所示为综合保税区五大中心定位，将综合保税区发展成为"具有全球影响力和竞争力的加工制造中心、研发设计中心、物流分拨中心、检测维修中心、销售服务中心"，将跨境电商零售进口税收政策扩大到所有综合保税区。海关进一步创新保税

监管方式,优化"自定核销周期、自主核报补缴""批次进出集中申报""集中汇总纳税""先入区、后报关""智能卡口验放、区内自行运输"等相关制度,允许对保税区内的货物按状态"分类监管",非保税货物以非报关的方式进入监管区,与保税货物集拼、同仓调拨后,按实际离境出口或返回境内进行监管,降低了建仓及运营成本。

表5-3 综合保税区五大中心定位

加工制造中心	赋予区内企业增值税一般纳税人资格,允许入区企业进口自用机器设备等,承接国内委托加工,免除手机、汽车零部件等产品内销环节自动进口许可证
研发设计中心	区内企业从境外进口且在区内用于研发的货物、物品,免于提交许可证件,进口的消耗性材料根据实际研发耗用核销,优化信用管理等
物流分拨中心	简化进出区管理,数据自动比对、卡口自动核放,保税货物点对点直接流转等
检测维修中心	开展高技术、高附加值、符合环保要求的保税检测和全球维修业务;支持第三方检验检测认证机构在综合保税区开展进出口检验认证服务,延伸产业链条等
销售服务中心	综合保税区全面适用跨境电商零售进口政策,发展租赁业态、服务外包、期货交割等

货物进出保税区时,不同业务类型会涉及多种监管方式,如图5-2所示。在保税监管运输方面,由国外始发、经停境内空港,空转或陆转到其他保税区的货物都必须提供申报单,在"一点清关"政策实施后,除了邮件、快件、市场采购、跨境电商、过境货物、中欧班列及多式联运等类型的货物外,国内不再接受转关运输,使得一线口岸业务量增加。但对进出境监管车辆而言,原内陆转关业务变为非转关业务,使得运输不再有制度性门槛。

常见监管码	进口贸易	出口贸易	区内互转	跨境 B2C
入区	6033 保税	6033 保税	6033 保税	1210/1239
出区	0110 一般贸易	6033 保税	1200 区内转	1210/1239

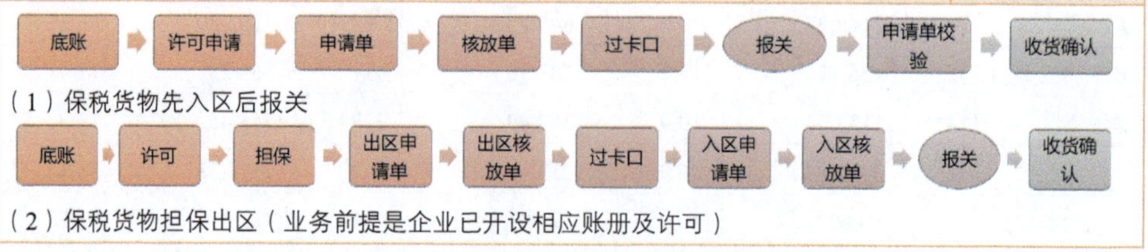

底账 → 许可申请 → 申请单 → 核放单 → 过卡口 → 报关 → 申请单校验 → 收货确认
(1)保税货物先入区后报关

底账 → 许可 → 担保 → 出区申请单 → 出区核放单 → 过卡口 → 入区申请单 → 入区核放单 → 报关 → 收货确认
(2)保税货物担保出区(业务前提是企业已开设相应账册及许可)

图5-2 保税区货物出入区的监管流程示例

保税物流中心主要分两种:A型和B型,这两种类型的保税物流中心在存储货物范围及功能上基本相同:A型属自用型保税仓,是由一家法人企业设立并经营的保税物流场所,只有仓库经营人才能存放货物,但所存放货物并非必须属于仓库经营人所有;B型是公用型保税仓,能满足多家保税物流企业的运作需要,准经营业务范围更广。保税仓的功能已发展得十分完备，如 TAPA 认证的高科技仓、温控冷链仓，并可提供 VMI、产线 FTL 配送、全散件 CKD/半散件 SKD 物流、分销 DC、电商备货、备品备件、供应链金融等针对不同行业的物流解决方案。由于在保税区内进行消费容易导致税收流失，以及造成对内地资源过大的漏斗效应，所以通常不准在保税区内设立商业性生活消费设施。

在监管的系统化方面，监管区域、区内物流仓储和加工贸易等企业与海关联网，通过保税园区电子口岸或综合保税区线上平台，实现一站式备案、底账、许可、担保、分送集报、卡口核放、进出区报关、报税等管理工作，及时掌握保税货物进、出、转、存等状态信息，如图 5-3 所示。在保税货物的流转过程中，货物入关是起点，核销结案是终点，实行全程封闭式管理，如场站至卡口、场站至场站、场站至区内企业等在途监管。在进出卡口的集装箱号识别、车牌识别、电子地磅、卡识别等通道智能系统，实现不同层级、不同环节的自动数据采集。

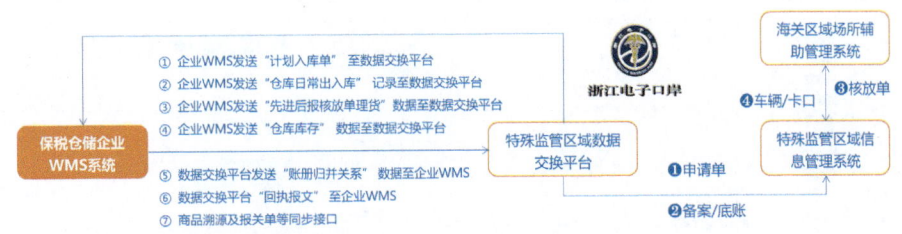

图 5-3　特殊监管区的海关监管数据交换示例

5.2　保税业务场景

综合保税区拥有多种"外向型"功能，保税物流中心/物流园区具备国际中转、配送、采购和转口贸易四大功能，开展保税仓储、流通性简单加工、包装及增值服务等活动。保税物流主要分为生产物流和流通物流，生产物流为进出口加工，流通物流为进出口备货及成品销售区。如表 5-4 所示，保税区可以作为"境内关外"的一个临时缓冲区，即使进口或转口等贸易的手续不齐，也可提前进入该区存放货物，再操作后续流程。在双向海外仓模式中，卖家把利润高的货物、贵重货物退货运回国内保税仓，以安排维修处理和再销售，从而减少退件损失。将进口与出口相融合，一仓发全球，从真正意义上做到全球买、卖。

表 5-4　国际保税港区的业务场景

单证不齐	手册、许可证等进口单证不齐，不能及时报关时，货物放在港里会产生滞箱费、滞报金、转栈、堆存费等。货物先入保税库暂存，补齐单证、节约费用
退运	出口货物需要直退的，提供箱单、发票、提单等，先入保税库，可代办相关手续
转口贸易	不清关入保税库，不涉证，不交税，直接转口到第三国
进口仓配	货物整批存入保税仓，分批按需清关进口，降低库存、减轻一次清关的税金压力
国际分拨	货物入区后，可以自由选择进入境内或发往海外第三国
增值服务	不改变货物化学性质和不超过海关规定增值率的简单加工

保税区最常见的功能是加工贸易，即对货物进行实质性加工生产，产出成品后，按成品（成品税号）发往海外或清关进口的生产性保税物流。国家级出口加工区都有单独的海关关区代码，是集保税加工、物流、研发、检测、维修等功能为一体的综合保税区，是政策最优、机制最活、通关最快的对外开放区域，如图 5-4 所示。

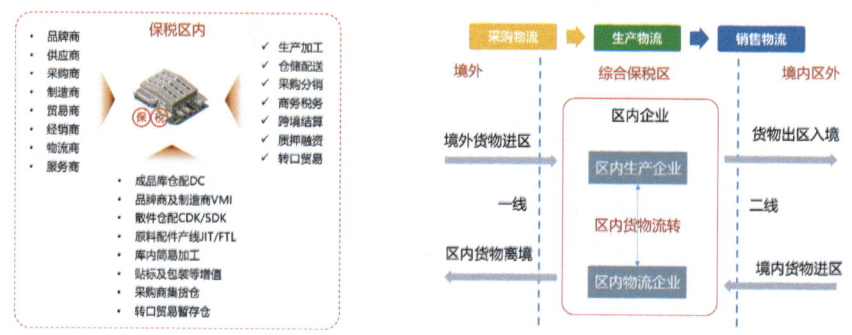

图 5-4　保税区内企业及主要物流活动

加工贸易的保税货物有三类：一是供加贸（来料加工）加工成品后复出口的进口料件；二是外国商品寄售业务、外国产品维修业务、外汇免税商品及保税生产资料市场的进口货物；三是转口贸易货物、外商寄存货物及国际航行船舶所需的燃料、物衬和零配件等。所有货物进出监管区，都经过保税仓系统的在册管理，如图 5-5 所示。

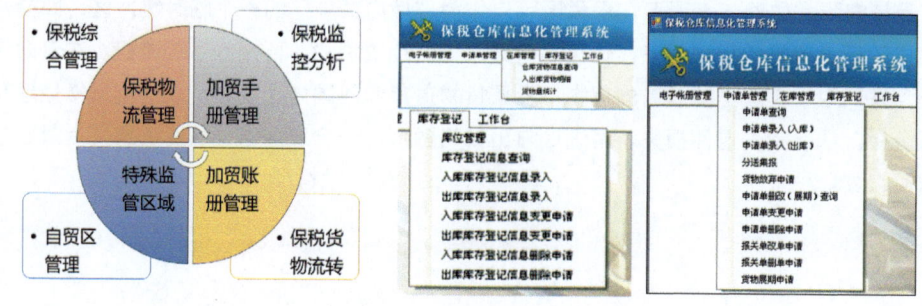

图 5-5　金关工程加工贸易和保税仓储系统构成

保税生产的物流系统，对工厂内部的原材料、半成品、成品及零部件等进行存储和输送，侧重于物流与实时生产的 JIT（Just In Time，准时）对接，加工贸易需要实施料号级管理、归并关系及账册备案，对物料清单（Bill Of Material，BOM）进行管理。如图 5-6 所示，区内生产线边的库存低，把物料从仓库送到生产线，对配货效率及频次要求高。区内企业生产的最终产品，多数是直接出口的。对于出口转内销的产品，如将零部件分批进口，按 A/B/C 不同税号进入保税区，在库里组装为成品 D，必须按 D 税号清关进口。

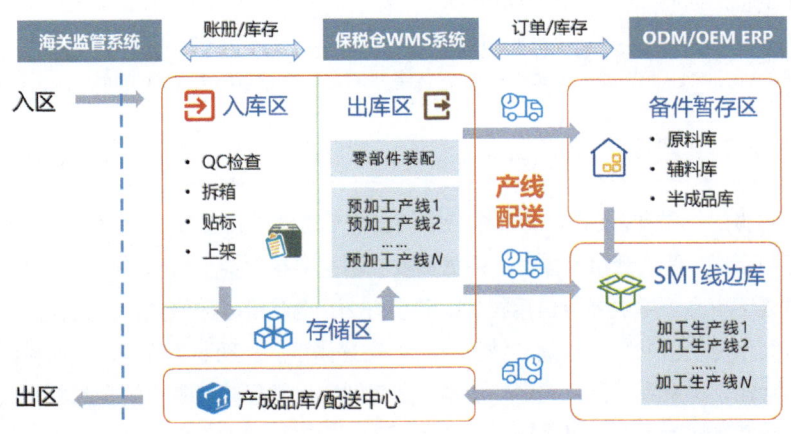

图 5-6　出口加工区内的保税生产物流

无实质性加工的流通性保税物流，如消费型产品的成品进入综合保税区，只检疫不检验，模式灵活，保税仓做进口比海外仓更贴近市场。区内企业之间的货物交易不征增值税和消费税，出区入境销售按进口的有关渠道报关，并按货物实际状态征税，可整进分出或者分进整出，多向流转，为商品流通提供存储、分拣、配送等服务，侧重于连接贸易商和消费者，涉及出口、内销、批发、零售等多种出区方式。跨境保税备货 1210 业务在多个试点城市盘活了当地保税园区的仓储，37 个大中城市的跨境电商试验区遍及全国，在宁波、郑州、广州、重庆等城市有十万平方级的电商保税仓，主要面向跨境电商消费品的进口，居全国保税进口城市的前几位。随着综合保税区全面适用跨境保税进口政策，各城市试点期间的稀缺性、政策先导优势将被拉平。

通常，保税仓库内管理提供货物拍照、清点、贴标签、再包装、分拣、产品组合、放宣传页、加固包装、分级分选、称重包装等电商仓配服务，如表 5-5 所示为国内进口保税仓配收费价格示例。

表 5-5 国内进口保税仓配收费价格示例

仓库租赁费	货架仓库租用	1 元/（天·托盘）
	大仓储盒	0.2 元/（天·个）
	仓储保险	库存金额的 0.2%/年
	恒温仓库	常温价格的 200%
收货（免费卸货）	入库检查费用（全检）	0.1 元/件
	贴条码（可选）	0.2 元/件
订单处理	正常拣货打包发运	平均 0.2 元/件
	订单修改/截单/撤销	平均 0.3 元/件
	退货	2 元/单
运费	+运输保险货值 1‰	平均运价为 5 元/单

大宗物资的保税仓，投行可通过仓储掌握出货节奏并进行套利，如金属期货实物交割、质押、延期交货、隔夜仓租等操作。外贸货权交割主要在码头和机场等口岸保税区进行操作，通过线下中介，解决外贸信用担保。跨境 B2B 电商所碰到的交付、结算及结汇等难题，可以利用保税区的特性搭建"结算仓"的交易体系。如图 5-7 所示，让保税区从"货物集散"功能，扩展到"货权交割"功能。当采购方付款后，保税仓的仓库工作人员就把供货商库存移到买家库存，以银行支付信息作为保税区内货权交割的依据，让保税仓成为进出口供应链监管角色。

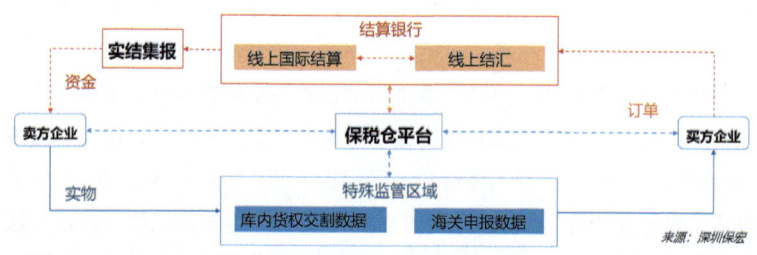

图 5-7 "特殊监管区+跨境电商综服平台+银行跨境结算平台"的跨境 B2B 模式

5.3 退免税及保税出口

有些外贸出口商品的利润来自出口退税，产品以不含税成本进入国际市场，大大增加了产品在国际市场上的竞争力。很多国家都有退免税政策，主要是指在出口环节免征增值税，相应的进项税额抵减内销应纳增值税额，将未抵减完的部分予以退还，按照出口离岸价（FOB）与征退税率差的乘积计算额度。一般纳税人出口退免税，涉及资格认定、单证申报、增值税发票、货单相符、收汇核销等几个关键流程。退税的速度与产品的品类和数量没有关系,而与企业的信用有关。比如高级认证企业历史税务记录良好,退税相对就会快一些。进口也有退税,如欧洲以销售税抵扣进口 VAT。

中小型贸易公司,自营出口退税、合同签订方式、外汇支付途径等要求在实际业务操作中难以执行到位,其通常在接单后将出口订单委托给外贸代理公司办理相关手续,在业务结束后给付代理公司一定的手续费。办理出口手续的外贸公司不对订单交货的质量、价格、收款等负责,也不对国内采购货物的付款、交货、质量等项目负责,仅提供出口申报、结汇、退税等手续服务。跨境电商的小单在报关时手续麻烦且报关费用高,于是就产生了外贸综合服务企业,即具备对外贸易经营者身份,依托互联网服务平台,接受国内外客户委托,代为办理报关报检、物流、退税、收汇、融资、保险、结算、信保等综合业务,以及协助办理融资业务,以国际贸易供应链各环节服务为基础,为中小外贸企业提供标准化、高效透明的外贸代理服务。

跨境出口物流采用邮包、快件等方式走货,数据未纳入海关统计,为了利于规范和监管,海关用9610(即跨境电商的海关监管代码)将跨境直邮的监管独立出来,作为正规出口申报手续。如图5-8所示为入驻综合保税区一般流程,在商家入驻综保区后,企业采用"9610分送集报"模式和"清单核放、汇总申报"方式,先把电商的出口清单、订单及物流等信息推送到跨境电商线上服务平台"单一窗口",按规则备案并如实申报,海关对"清单"进行分批审核,快速放行,之后可委托报关行定期将已核放的清单归并形成报关单,向国家税务局出具证明票据申请退税。针对跨境电商企业出口货物无法取得进货发票的实际情况,如果企业不需要退税,则在跨境电子商务综合试验区无须形成报关单,若需要报关,则可合并相同申报要素项,对包裹大类集中申报,即可享受"免征不退"阳光化通关。有些跨境电商试点口岸,出口物品不用备案,预申报等手续简化,很多货代物流还能以此获取政府补贴。

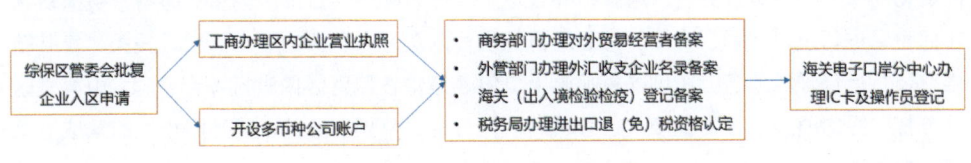

图5-8　入驻综合保税区一般流程

如图5-9所示,退税必须要有增值税发票,如果无发票,则企业的采购环节相当于零成本,如果企业补缴,则要以销售价为基准缴税。在海关的"金税三期"系统上线后,更全面地记录纳税人每一笔涉税交易的流向及价格,"电子底单"让个人收入和企业资产往来更加透明化。如果产品品类较多,就比较适合选择9610出口,即货物分送完了之后再集中申报退税。如果产品单一,那么报关单和发票都比较统一,则可以选择海关监管代码

0110（一般贸易）模式或 1210（入驻保税区）模式。

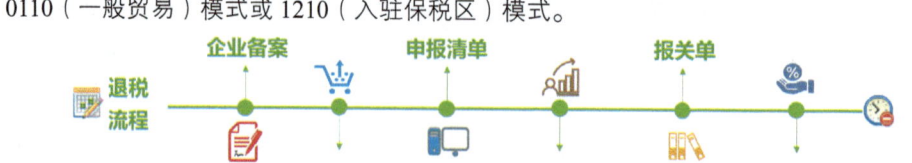

图 5-9　跨境电商相关退税流程示意

"特殊区域出口 1210"模式，整进散出、提前备货，相当于企业把国外的海外仓搬到了国内的保税区里。这种模式可以对跨境电商出口货物实施先出后报、集中申报等操作。这种模式又分为两种类型，一种是在货物入保税港区（二线入区）即办理"入区退税"，即传统外贸业务模式，可以尽早办理出口报关、退税等手续。符合条件的电子商务企业或平台与海关联网，把整批商品按一般贸易报关进入海关特殊监管区，发票及财务流程正规，企业实现退税。对于已入区退税的商品，境外用户网购后，海关凭清单核放，出区离境后，海关定期将已放行清单归并形成出口报关单，电商凭此办理结汇手续。二是暂存入区"保税出口"模式，在货物"二线入区"时先不办理出口手续，用"入区清单"向海关申报，入区后用"电商账册"进行监管。保税仓的商品可以多次先出口，在月底汇总后，再一次性向口岸集报，生成正式报关单，最后提供对应报关单上货物的采购进项票，去税局办理退税。

在实际业务中，跨境电商出口一般会选择第二种类型的模式，即"批次进出、集中申报"，还可根据需要灵活地将货物返回国内转内销，无须办理复进口手续。1210 出口要在 B 型保税物流中心以上级别的关口去申请，搭建与海关数据同步交换的系统平台，实现库内货物的库存、分级、分装、贴商标等管理。也可以延伸转口及区内售后服务，被退货物在保税区进行重新清理、维修、包装后再销售，以及区内配套的进出口代理报关、集装箱堆存及货运代理等业务。还可以将邮政出口包裹集中在监管区内进行综合管理，由原来区外分拣、区内通关，变为直接在监管区内进行分拣、整理、通关，提升同场地的集成监管与作业效率。

5.4　物流地产

很多保税仓隶属于地方企业，流水线和运营场地都是由物流园方投资的。综合保税区企业拥有保税仓、航线和地服、与海关部门的关系以及手中的报关资质和执照等，是稀缺的口岸资源。企业购地自建运营场地的投资大，租赁仓库更灵活，可随行就市、按需调整。物流地产在本质上属于建筑不动产的建设、买卖、租赁，只是其将标的物提供给工厂、物流及货运业，成为所需的营运场地，包括物流园区、仓库、配送中心和分拨中心等项目，如表5-6所示。仓储占地广，但税收和就业贡献能力一般，所以如何在合适的地点从政府拿到工业用地，是仓储地产商的核心能力。租金收入是物流地产主要的收入方式，包括仓库、设备及停车场等租赁的收费，回报稳健。保税仓也是资本追逐的对象，跨境进口商品一旦离开本国，就需要有暂时的仓储、转运、加工场所，这都大大促进了保税物流近几年的发展，但整体上恒温仓、冷库的缺口还很大。

表 5-6 不同类型物流中心设计要点

保管方式	普通仓库、恒温仓库、冷藏库、特种仓库、气调仓库	
使用功能	集货、分货、转运、加工、仓配、储调、综合	
营运范围	自备仓库、口岸中转仓、边境仓、海外仓储、公共云仓、保税仓、监管仓	
设计要点	货物存储仓库	仓配履约中心
	• 以最大存储量做布局设计 • 以存储量和吞吐量计算收益	• 以高效准确处理订单设计布局和流程 • 人均处理订单量为KPI设计和收益计算

以往的物流中心可能以存储为主要目的，货物种类少、数量多，但是现在电商物流强调订单拣货、快进快出，造成新式物流中心或改造旧仓库、旧厂房的需求大量增加。要开发物流园区，需要有政府的公权力介入，以及完整的配套设施。物流地产严重依赖相关产业链的布局，其收益取决于仓储、分拣及配送等综合运营效率。

有些跨境物流园区依然处于亏损性运营或闲置状态，这些园区在成立之初并未考虑产业链的生态，只是简单地进行"圈地运动"。因此，跨境物流园区必须规模化、网络化布局，提供物流中心所需要的周边服务，成为功能完备的物流中心。物流业内有名的嘉民、安博、普洛斯、宝湾、丰树、宇培、易商、平安不动产等巨头广泛布局仓储网络资源。海外地产商更了解各国的交通设施、人口结构、产业特性、法规税制、建筑标准等因素，物流园区应帮助企业做好物流中心规划和物资迁入，最终缩短营运启动时间。如图5-10所示为仓储及物流地产开发链条，可按标准设施开发或按需求定制开发，建造结构、建筑难度相对较低。近郊仓库越发紧俏，仓库都向更远的工业厂区搬迁，电商可在已建成的工业设施中选用合适的进行租赁改造。

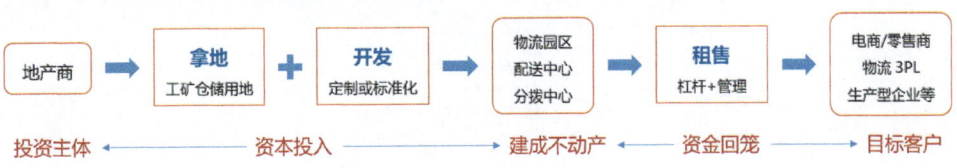

图 5-10 仓储及物流地产开发链条

大城市优质地段高标准物流设施稀缺，以及电商对近距离仓配的强劲需求，使得全球优质地产租金的持续上涨。一线城市优质仓储资源整体市场空置率较低，在全球十大最贵的优质物流地产城市排名中，中国香港以 350 美元/（m^2·年）的租金常年位居榜首，东京、伦敦、新加坡、上海、深圳排名紧随。大城市土地成本高企，"卫星城市"的仓储市场快速兴起，第三方物流占据了高标准仓库净吸纳量的 40%以上。物流地产商以自有资金或借贷购置物业，自建自持，但现金流紧、发展太保守，若纯依靠租金作为收入则约 10 年以上才能收回投资成本，于是就引入了金融杠杆，即地产信托基金（REITs）证券化模式。地产商与外部资金设立合资公司或开发基金进行项目开发，在物业建成后，把产权出售给 REITs 实现资金回笼，同时继续持有部分基金份额（平均 30%）并管理旗下物业，以分享收益和获取管理费收入。若以自有资金 20%～30%的比例投入运营管理的基金池中，就实现了 3～5 倍的杠杆。得益于市场需求增长，物业开发又能以品牌和资源获取地方政府青睐，规模扩张更快。物流地产细分行业，主要分布在物流/快递、制造业及零售业（含电商）这三个行业，目前我国人均仓储面积与美国的 5.5m^2 的仓储面积仍有近 10 倍的差距，现代化仓储物流设施仍很缺乏。

5.5 自由贸易试验区

自由贸易试验区（简称为自贸区），集中了目前国内各类特殊监管区的所有优势政策和功能，是国内开放程度最高、功能最完备、货物跨国境流动障碍最少、享有经济性与便利性最大、与国际惯例最接轨的政策平台。自贸区采用国际标准来确保货物、人力、资本和服务等各方面的自由流通。如图 5-11 所示，在自贸区内注册的各类企业均享有进出口经营权，可以从事保税物流、展示展览、金融服务、科技研发等。例如，自贸区金融试点简化了非贸易项下售付汇，可开设离岸账号等。

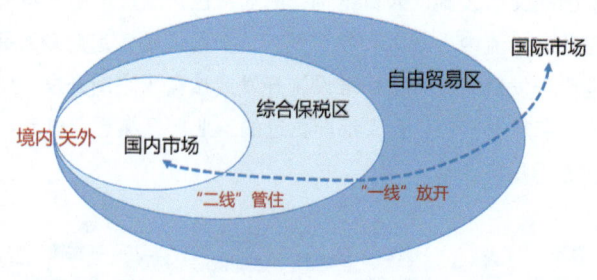

图 5-11 自贸区 FTA 的市场范围

> 注：离岸公司（Offshore Company）与"在岸经营"相区别，在离岸地开设的海外公司，在法律上属于境外公司，享受离岸账户资金调拨自由，外汇资金无须用人民币按中间价购汇，避免汇差损失。与离岸公司进行贸易往来，务必注意防范风险，要对离岸公司的履约能力及商业信誉等背景做调查，若出现外贸诈骗，那么在国内外诉讼都面临法院传票难以送达、寻求法律救济困难等问题。

国内自贸区，是在本国境内设立的实行优惠税收和特殊监管政策的小块特定区域，类似于 WCO 定义的"自由区"，如表 5-7 所示。国内外大多数位于海港、空港、内陆地区的各类自贸区均属于这种"小区"，一般也称作自由贸易园区，把口岸所在的城市的一部分划为自由贸易区，位于综合交通枢纽中心的国际化空海港。

表 5-7 不同维度定义的自贸区

类型	主要功能特点	典型区域
自由贸易港	国际贸易、转口贸易、出口加工、跨境物流及港口等	中国香港、新加坡
物流集散港	区位优势、港口装卸、中转集拼、储运及货物加工转运	洋山港、高雄
加工贸易区	以出口加工为主，辅以贸易、转口、储运及物流等服务	苏州、新郑
保税仓储	保税货物的包装、拣选、贴标、库存及配送等	宁波综保区
免税商业区	专门辟有商业区进行免税商品展示和零售业务	海南免税岛
边境工业区	边境交接处开辟自由加工工业区、贸易及商业园区	珠澳跨境工业园

自由贸易试验区或综合保税区，需要腹地或周边地区有多种产业的支持，考虑了现代国际物流的特点和需求，要高效通关全天候服务。中国进出口的物流超级大舱都位于主要口岸的综合保税区或进出口加工区。城市和城市之间、保税区和保税区之间也存在竞争，很多地方存在"重招商、轻运营"的问题，综合服务能力不强，占地面积大、税收回报低，缺乏金融支持。造成企业注册很多，实际运作很少，存在有价无市现象。建立自贸区的初衷是促进内外贸易一体化，通过搭建中间平台实现两个市场开放联动，落脚点仍然是服务好一个个具体的产业，激发出创新的业务模式，但需要因地制宜。

5.6 海外保税仓

国内保税区是跨境进口物流一个必要选项，海外仓的出口货物以一般贸易直接在当地进口，可以用采购价申报的形式，价格较低。保税海外仓这种模式仍在探索中，优势是支持"整进零出"，节约进口 VAT 及交易税，但仓内操作的并单问题及时效问题仍然无法解决。例如海外仓建立在英国保税区，在货物出仓的时候要按照销售的价格征税，除非销售价格在免征范围以内，否则应如实申报，在申报时的税务和审核流程很麻烦，中国进口的保税仓同样存在这样的问题。集货直邮的可以按照离岸价格征税，在保税仓备货的要按照销售价格完税。无论要设立哪种类型的仓储，都要考虑产品的销售规模、流量、流向、成本收益。在一般情况下，若贸易进口的手续齐全，则无须在保税区建仓。总之，海外保税仓主要适于关税高、清关严、直邮贵、进口难等限制条件的地区。

例如，亚马逊印度站提供保税仓模式，即中国卖家将货物发往印度保税仓，先不缴纳关税，待订单产生后再做清关、缴税并配送给印度买家。该项目由亚马逊印度站与 DHL 合作推出，卖家要与 DHL 签订服务协议，出保税仓的报关费用、分拣费、尾程配送首重费由亚马逊印度站承担。未销售的商品不能出保税区，滞销的可直接退回国。

美国有近 200 个自由贸易区，是自由贸易区数量最多的国家，其经营并不刻意追求出口总量和账户的贸易盈余。制造业和以物流为主的生产性服务业是美国自由贸易区的两大支柱产业，并以加工制造产业为主[①]。在美国有两种自由贸易区，一种是综合性自贸区，主要从事对外贸易，意在方便货物进出、提高货物流转速度和国际贸易效益等；另一种侧重于加工业贸易，以提高产品附加值、扩大出口为目的，仓储和制造是其最主要的功能，以便利条件和优惠政策吸引原料和零部件企业进入区内进行仓储、配送或生产。

---

① 杜江，美国自由贸易区什么样？《中国海关》杂志 2018 年第 2 期

第 6 章

海外仓建设运营

"仓配一体"是全球电商的趋势，跨境出口约 40% 的订单是从海外仓发货的。跨境通、纵腾、有棵树等超级大卖家已实现 80% 以上的订单从海外仓发货，亚马逊上的很多中国卖家使用 FBA。零售供应链规划出于对效率的考虑，把商品放到离消费者最近的地方，让物流以最快的速度响应订单，尽量减少商品在空间上的无效流动。在跨境电商市场中，企业通过在其他国家建立用于电商订单履约及仓配的海外仓库（Overseas Fulfillment），让进出口商品拥有价格和时间优势，减少配送延迟，让买家满意，节约大件重货配送成本，提升产品销售转化率及曝光率，提升店铺表现。海外仓发货不像跨境直邮那样会令各国故设障碍，而是用传统贸易的方式以走货到仓的形式，将销售配送发生在本土，合规化经营，本地化运作，海外仓能够促成境外卖家为当地创税、解决民众就业问题，并为消费者提供本地售后服务。平台之间的招商竞争、流量竞争，对本地发货的流量倾斜，驱动了卖家转向海外仓。另外，为了实现外贸稳定增长和优化升级，在国家政策层面也支持企业建设出口"海外仓"，推动企业发展外贸商业模式的创新。

海外仓是一种对现有跨境物流方案的综合优化与整合，并不是简单地将商品批量存储到境外仓库，能够综合利用国内外的快递、仓库、人力、清关、代理等资源，是跨境物流的集大成者。海外仓还体现了对外贸出口的"支点"作用，是集采购、仓配、退换、供应链等于一体的新型物流中心，已演变成完整的"海外本地售后体系"，帮助卖家拓展销售品类。海外仓的建设主要分布在欧美成熟市场，新兴市场仍在起步探索，在建仓过程中投资、安全、税法等都具有挑战性，规划布局、制度原则与作业方法都是海外仓运营的关键。卖家存在选品、备货、补货、滞销等运营风险，仓库的错发/漏发、客服不及时、库存不准、信息滞后等是卖家的服务痛点，需要强大的海外本土化团队及系统支撑。经过多年发展，海外仓的操作质量不断趋好，除了基础的仓配需求外，卖家对退换货、售后客服、组装维修、贴换标转运等个性化需求增多，仍需要海外仓提高服务能力，将出口专线、进口集货和逆向物流等进行有效整合。

6.1 海外仓"用户画像"

早期形态的海外仓属于少数传统外贸、品牌商和制造工厂的海外驻点，只在欧美本土请几个员工管理仓库，以服务于自身的需求。环球易购、贝法易、纵腾、傲基等卖家是最早的跨境电商出口海外仓的雏形，此后出现了万邑通、出口易、斑马等物流商及更多大卖家自建仓，而 FBA 的开启代表海外仓市场被正式打开。如表 6-1 所示，从 eBay 的数据来看，在其千亿美元的交易额中，约有 22% 的订单来自跨境交易，其中直邮占比是 20%，剩下 80% 是通过海外仓完成的。

近年，开发海外仓成为热点，主要是跨境出口在持续增长及直邮物流进入了瓶颈期，跨境直邮发货入手简单，但其订单量在持续增长，使得直邮不稳的缺陷会愈发突出，于是海外仓便提上日程。海外仓的服务商有平台自营仓、平台认证/公共第三方服务商、卖家自建仓等形式，业务首先流向了具有流量、成本和服务优势的 FBA 手中。在第三方海外仓中有相当一部分是从卖家延伸而来的，还有一部分是从货代、清关及海外华人等起家的。事实上，海外仓是偏重投资的贸易方式，仓储纯粹作为物流服务仍很难快速盈利。大卖家做到一定规模一般都会选择在国外注册公司、商标品牌，自建自营仓储无疑是最可控的。大部分卖家是以快销、速卖为目标的中小卖家，忙于上新品和清库存，无法像管理自己的仓库一样管理海外仓，只能交由第三方海外仓平台进行仓配管理。

表 6-1　eBayCBT 海外仓 2018 问卷调查

尚未使用海外仓的原因及占比	海外仓优势
产品特点不适合海外仓发货：61%	物流费用突破了物品重量、体积、价值的限制
发货在价格上远高于竞争对手：18%	在线查询货物配送状态，包裹全程跟踪
VAT 问题（欧洲）：37%	头程采用外贸物流正式清关进口，减少清关障碍
资金不足：16%	本地发货、配送快，提升购物体验
产品缺少相关认证：9%	降低了破损丢包率，轻松实现退换货

商家是否适合海外仓，首先要看产品情况，再看物流和服务的问题，市场不确定、长期卖不掉的"死货"是最大风险，如表 6-2 所示，有些产品的特点决定了其不适合海外仓发货。低单价、轻小件、长尾产品，可以从国内直发，一旦切换至海外仓，这些产品的利润很容易就会被海外仓配成本吃掉。海外仓选品不会像直邮那样随意，SKU 务必精选、精简，对于资金、货物的垫压，产品采购多了滞销海外将非常棘手。选品的首要原则是产品的市场需求量要大，寻找畅销品，因为即便畅销品被积压仍可清掉，而低转化率的产品一旦被积压则容易变成死库存。

表 6-2　不宜海外仓发货的产品及问题

不宜海外仓发货的产品	可能存在的问题
低值/低价/轻泡小	物流成本高侵蚀收益，低端配送不如直邮
不畅销/长尾杂类/季节性/区域性太强	存储费用高、周转慢、资金占用高，滞销清仓退货困难
太重/过大/异形等超规格	配送成本高、存储空间利用率低，包装条件高、破损多
特定人群/包装/功能特殊	退货率高、认证及检验检测条件高，难以提供售后维保
危险等级高、禁限寄及反倾销等	缺少仓配条件，运输清关、认证条件高，存在法律法规风险

其次，没有物流渠道或国内直邮发货有问题的大、贵、重的产品，要切入产品品类打开销路，海外仓是破冰利器。大件货仓内管理难度小，能减少人工费用，但操作费和物流

费较高。电子、家居家电、户外园艺、汽摩配件、机电仪表、工业品等细分品类，是海外仓最常见的备货种类，能兼顾利润率及转化率，通过高单价、高周转来拉升总收益。如果一个产品从中国发货的利润率是 30%，海外仓发货的利润率是 15%，但平台给有海外仓的用户 3 倍的引流和一些免责条款，海外仓的转化率达到跨境直发 4 倍的话，那么同样时间内获得的总利润就是直邮的 2 倍。

如表 6-3 所示，将物流服务升级至海外仓本地发货，仓配比直邮更快，因此卖家选品和营销也需要跟进升级，发挥海外仓对打新、养店和积累评级的作用。没有一种物流解决方案是完美的，海外仓也不是全能的，要综合考虑到卖家的资金周转，产品的销售周期性，结合其他物流渠道并用。如图 6-1 所示，除了一般仓配外，有些大件还需要送货上门、安装、维修以及逆向物流等专业化延伸服务，才能满足买家购买的诉求。对于商家而言，"仓"的核心仍是服务市场，采购补货、提高周转、避免滞销、旺季备战等供应链管理，物流的核心是执行落地。国内物流企业走出国门，进行跨国运营和管理资产，需要一个相当长的过程。

表 6-3　海外仓全程分段时效

集货送仓*	头程理货	国际货运	收货上架	订单出库	尾程配送
国内 3～5 天	3～5 天	美欧 25～30 天	1～3 天	1～2 天	2～4 天

注*：自发头程可忽略该环节，第三方海外仓与 FBA 整体物流时效略有差异

图 6-1　海外仓运营的基本全程

对于海外仓服务商而言，"仓"是投资，海外仓以电商物流管理和技术来改造和整合国外已有的物流仓储资源，境外要有合法的经营主体、稳定合法的租约，以保障仓库货物安全，还可以整合运营，即将头程拼箱、空运、清关等委托给国际货代，将国外上门服务委托给当地邮政及快递。一方面在市场上，以低价免仓租争抢来的零散客户，尤其是小批量库存客户，他们的退仓成本低，没有服务，难长期绑定客户，仓库则面临着被空置的风险；另一方面仓库运营质量参差不齐，比如存在客服响应速度慢和不专业、旺季货物上架时间长、库存不准、发错货、漏发货、系统不稳定、头程时效慢、货损货差等常见问题。为此，行业普遍利用双向海外仓弥补淡季仓库的浪费，借助海外仓节点的作用，发展配套专线、FBA 中转、贴换标、退货、海外购集货等服务；海外仓前端代理，代销境外海外仓的虚拟分仓、仓中仓；做海外仓滞销库存的分销、营销及清仓处理；通过数据，帮助卖家

降低库存及对资金的占用，提供各项财税上的应对方案。

6.2 建设海外运营中心

海外仓也是一种销售渠道和经营模式，涉及海外的关务、税务、法务、劳务等问题。企业可以从需求稳定性、市场密度等因素考虑合作定制、自建仓、租赁公共仓库、合同制外包等建仓方案。使用海外仓的常见形式有三类，第一类是从物流地产商或 3PL 租赁仓库，企业自己来做仓库整体管理，自己完全掌握管理权、经营权和定价权；第二类是大客户定制仓，承租海外仓服务商的部分库区，自发头程、使用自有尾程运费折扣账号，将管理外包，仓内主要业务交由境外合作方管理，包括人员、设备以及相关的配套资源；第三类是普通卖家使用第三方海外仓或 FBA 等公共服务，包括仓储、配送甚至头程入仓。据统计，目前中国超过 200 家企业在境外设立了 500 多个海外仓。从分布上看，40%的海外仓集中在美国，欧洲、日本及东南亚等国家和地区也占很大一部分比例，中东、南美、非洲等地的海外仓非常稀缺。目前全球的海外仓单仓的平均面积是 $5000m^2$，总订单处理能力是 733 万单/天，其中美国占一半，单仓日均 3~5 万单已很常见[①]。

如表 6-4 所示为仓储建设的项目化实施步骤，因为一次性建仓投入大，所以建海外仓的时机与企业自身实力和定位相关。很多电商卖家或跨境物流商在拿到融资后，很大一部分资金用来建海外仓。自建海外仓能满足企业的定制需求或延伸服务，但在建仓和经营过程中挑战重重。经营海外仓的企业，还要注册一家本地仓储或物流服务企业；使用海外仓的商家还需要一个进口贸易商身份，这两种情况都涉及跨国投资，需要对当地市场投资环境及税法等方面有深入了解。"仓"是一个重资产投入，要对自己所能承受的风险上限进行谨慎评估。

表 6-4 仓储建设的项目化实施步骤

1	项目启动	仓库总体方案规划，团队组建，商务、工程排期、系统及方案评估选择
2	概要蓝图	库内分区、分组，布置通道、立柱、货架、灯线、消防等设施设备要求
3	系统需求	根据不同的搬运设备要求、数据分析、需求分析，存多少、怎么存
4	详细设计	作业场地、组织岗位，人员和设备管理规程，库内 SOP 业务流程指导书等
5	项目执行	采购、安装施工、系统调试、试运营及验收，同步市场营销、运营准备

[①] 易仓科技，第三届海外仓两会——跨境电商调研报告，2019.4.2

6.2.1 选址与经营

电商激增的需求让仓库空置率下降,很多国家仓库价格稳步上涨,若寻址买地自建仓库,则不仅能拥有仓库的产权,还能享受土地增值的收益,但跨境电商行业少有企业有如此财力和抗风险能力。如表6-5所示是海外仓的租仓选址对外部环境的因素考察,也可参考FBA仓库。选择较发达城市的机场和港口附近的郊区,交通设施便利,配套服务齐全,有较大的辐射范围,是消费者聚集的地方,也方便制定头程方案。仓库靠近市区可以节省配送成本,但租金更高。决定货物流方向的是订单流,欧洲海外仓在往捷克、波兰、匈牙利等成本较低的东欧国家发展,在荷兰、比利时等国建立边境仓,主要为了有效规避税务和政策风险。例如,澳大利亚的经济人口主要集中在东部和东南沿海,主要订单占比为NSW 悉尼占 35.2%、VIC 墨尔本占 24.1%、QLD 布里斯班占 20%,在这些地区设仓即可覆盖三大主要经济区。

表6-5 海外仓选址外部环境考察因素

基础条件	气候、地质等自然环境,交通出行、空陆港运输及水电网等公共设施
经营环境	治安、法律、税务、招商政策、人力市场、配送范围及土地升值率等
仓库硬件	面积、层高、场院、承重/立柱、月台/装卸台、消防、采光防雨及利用率等

国内通常按订单量和面积 1:1 的关系来评估租仓面积,即 1000 单约要 1000m^2 的仓库面积,但大多数电商其实低于这样的配比。实际对仓库面积产生影响的因素有很多,如订单类型、货物尺寸、SKU 数量、进出频率、区域划分、货架高度和层高以及拣货方式等。第三方海外仓要考虑扩容性,尽可能选择有一定空置面积的园区,仓库的扩张和搬迁随着企业的发展不可避免,应保证企业对空置仓可优先承租。如果选址地区的仓库保有量低,那么搬仓是一个大麻烦。周边有相同类型的仓配中心也会降低快递商的取件成本,从而易于和快递商签订较低运价。好的工作环境、食宿生活配套是海外仓招聘员工的必要条件,尤其是在仓库满负荷运转时,后勤到位则能保证稳定生产。

租仓库务必要考虑仓库的建筑结构,注意仓库的设计质量,同区域不同结构的平面仓与多层仓的价格相差 30%~50%。多层仓多以厂房为主,费用相对平面仓较低;大面积的平面仓在特大城市较稀缺,单层仓的优点是同层操作可视化,便于协调管理,流水线规划较简单,整体空间利用率低于多层仓。在仓库租金方面,应提前获取市场上仓租价格的大致水平,在租仓时业主需要提供企业信用证明,或由银行做担保,使用仓库押金、水电费押金为仓库开设初期交付的租金,在仓库合同终止后可以退回。仓库消防方面的价格都差不多,在治安方面,价格太便宜的地方可能治安欠佳。在运营杂费方面,欧美的水/电/网费相对便宜。人工成本是海外仓的主要变动成本,在找场地的时候就要考虑进去,有些海外仓的人工支出成本高达总成本的 60%。欧美市场体力劳动者并没有那么多,人力贵、不好招，仓库人力配置不要说弹性，很多是劳力紧缺的状态。很多外国操作工普遍效率低，工作承压低，排斥加班，只能安排分工明确、要求低的直线型工作。质检、客服、审单等这类灵活性工作，最好由可靠的工人做。在业务增长后，不能过多依靠招聘去解决问题，法律及工会对员工的保护相当健全，尽量避免因解聘员工带来的损失和不良影响，应更多考虑使用设备和信息化来提升效率。招聘途径除了网站外，还可以发挥华人社区、同乡会、商会和华人电商圈的力量，招聘当地人做管理员，在沟通和管理上都会占优势，华人仓储经理需要熟悉当地法律法规，有较强的合规意识和安全操作管理能力，以及具备管理人员、熟悉操作流程及较强的语言能力等。

6.2.2 仓库规划设计

好的规划是成功的一半，电商产品频繁的出入库或周转作业，最佳效率是规划的首要考虑。平库造价成本较低，存量大，楼库的建筑结构是多层设计。如图6-2所示，规划是基于需求的设计分解，仓储规划主要包括区域布置、货架选型、货位设定、堆砌及作业流程等，下面详细介绍。

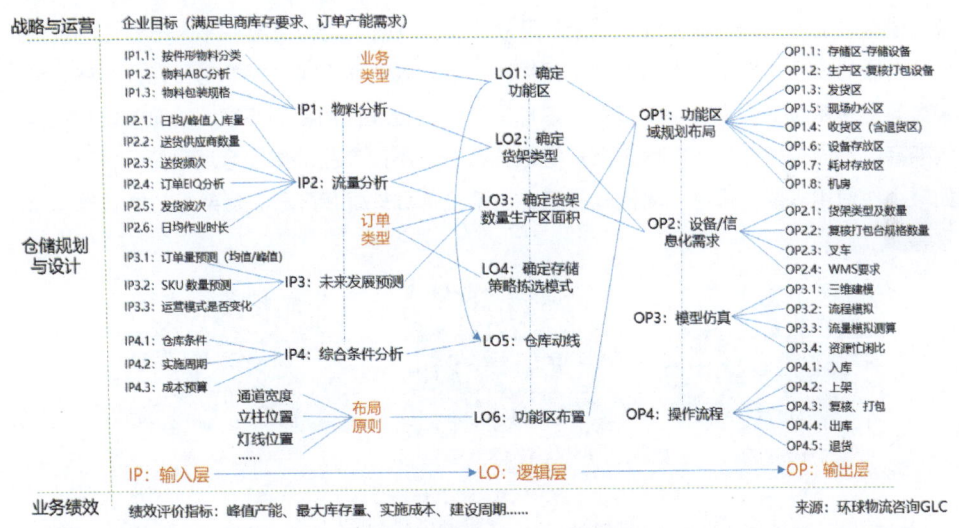

图 6-2 电商仓储规划设计模型参考

（1）设计库内功能区域、操作台、设备类型和数量等设计，包括收货区、储存区、复核打包区、退货处理区、发运交接区及杂物区等，如图6-3所示。平面规划建立在流程规划的基础上，相辅相成，多数仓库至少有 20%~30% 的空间未被合理规划使用。自动化仓与普通仓的流程逻辑完全不同，库区功能划分、流水线设计、补货上行和发货下行等管理也不同。通常，月台在一侧采用 U 形库区，分开两侧的为直线形库区，以提高仓容利用率。

除了尽量减少死角、充分利用货架层高外，区域规划还要配合存拣分离、ABC 分区、大小件分区，以及分类存放、随机存放等存储策略的设计。

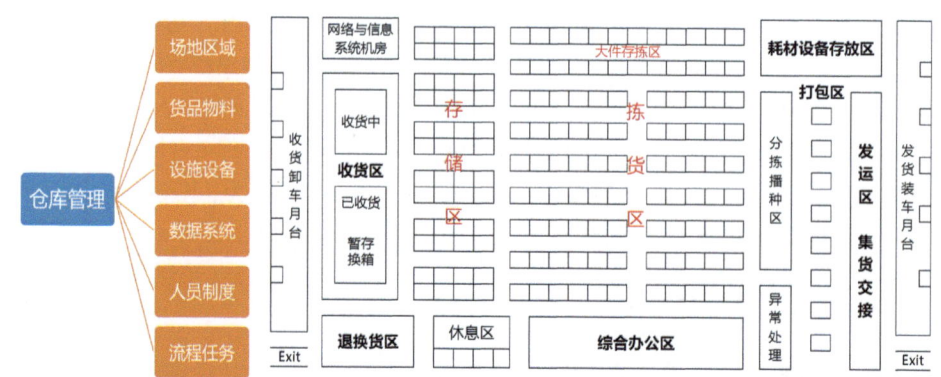

图 6-3 进出直线型库区的典型布局

（2）按照设备工艺要求确定作业方式，如单元货格、货到人、AS/RS 等形式。如图 6-4 所示，根据货物的库存、仓库的吞吐量、订单的特性，来选择托盘、货架、搬运及辅助设备。根据机械形式和设备参数、数量、尺寸、安放位置、运行范围等库内布置，尽量使用简单合适的设备，采用标准的设备零部件和系统，以便易于操作、扩充和升级，充分考虑人员安全和系统安全。在存储货物和零拣货位时应合理使用不同高度、承重规格的货架，货架高度、通道数量对拣货效率有一定影响，针对不同产品的体积合理设置、调整储位。如轻小件使用多层储位盒、阁楼式货架，在系统中维护好货区号、货架号、层次号、储位号等。

图 6-4 常见库内货架及拣货方式

（3）在流程环节上，为了便于快存快取货物，应围绕跟单模式而设计，保持直线作业，避免逆向迂回和交叉运输；强调统一的物流出口和入口，便于监控和管理，如图 6-5 所示。

自动化系统可以提高工作效率并提高空间存储利用率,自动化仓库比较考验仓库的综合规划能力,可对仓库人员的工作能力进行仿真计算,确定存取模式、工艺流程及货架类型。把最黄金的货位留给最繁忙的 SKU。在设计物流中心时,应尽量避免跨楼层的物料搬运,垂直运输常成为仓库系统中的瓶颈。

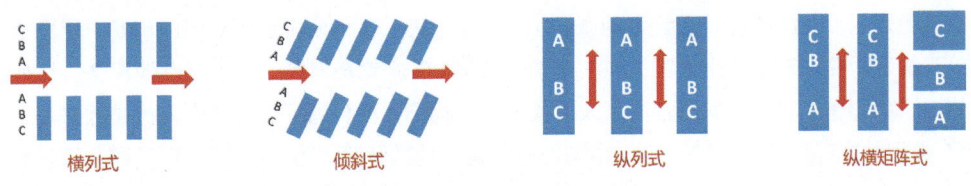

图 6-5　常见库内货架布局

规划最终是为了后续仓储管理的"空间结构、时间组织、过程连续"达到最优,消除无效搬运、减少商品流动环节,提高作业效能和仓容利用率。实际运营和生产计划是相互寻找的过程,按托盘、周转箱、物料不同层级单位做流量分析,不断分析优化货位位置;规划也要适当考虑余量,如在旺季订单激增时的极端场景,考虑最大负荷的余量。国外购买货架、传送带、拣货车等都比国内贵,还不包运输与施工费用,可以从国内采购过去。

6.2.3　美国仓

美国是最大、最成熟的境外市场,日均收发包裹量超过 5000 万个。美国最后一公里投递的费用,已经超过其跨境包裹总运费的 50%,消费者越来越倾向于更快的网购体验,美国次日同城投递的包裹量占到投递总量的 15%,仓库离人口聚集区越近越有优势[1]。仓库是一个非常有投资价值的领域,美国商用仓库的需求旺盛,高盛、黑石等投资机构都在加码这一领域。美国三大工业带分别位于美国的东北部、南部和西部,这三个地区的人口密度分布、仓储设施布局也类似,港口和交通枢纽处的仓库存量多。很多自建仓或第三方会选择在洛杉矶做第一个仓,扎堆在美国西部,因为美国西部城市的人工成本和仓租成本适中,当地华人多,航班多、有港口,运输方便,头程时效快。美国加利福尼亚离中国最近,海运大概 3 周就到了,但从纽约走航运到达中国要多十几天时间,成本也要高很多,同时,在美国西部招聘员工比在美国东部招聘员工相对容易很多。

在中国,两层以上的仓库司空见惯,而美国地广人稀,不用考虑节省用地,单层仓库造价低廉,"库房+办公"平摊就一层。FBA 仓对库房进行了分层改造(Mezzanine)使面积翻倍。但随着美国城市用地趋紧,地产商也开始建造多层仓库。通常,租库房的要押两三个月的租金,合同可签一年或者两年,商业地产的房东负责物业的保险、税和维修等费

---

[1] Forrest 观跨境,亚马逊的包装变革:美国的多层仓和最后一公里投递,雨果网,2018.1.29

用，但如果这些都由租客来承担，则在美国被称为三重净租赁物业（NNN Lease）。第三方海外仓跟 FBA 看起来是竞争关系，实际上是一种互补关系，FBA 头程中转、退换货、换标是很多海外仓的重要业务。

想要雇佣美国本土劳工，则要面临烦琐复杂的法律法规，有些海外仓从成本控制、文化沟通考虑，从国内往美国仓定期派送工作人员。美国本土公司仓库经理的年薪中位数是 8 万美元，要求其对仓配管理、SOP 实施、WMS/ERP 比较熟悉，且兼顾其他业务，比如进口（中国）集货等。美国仓库工人有最低工资标准，加利福尼亚州仓库人员最低时薪是 15 美元，德克萨斯州是 12 美元，中东部一些偏远地区时薪约为 10 美元，运营和客服人员另论。美国东部的很多第三方仓库都在 FBA 仓附近的州，特拉华、纽约、新泽西这 3 个州是首选，因为这 3 个州仓库集群、华人聚集、交通发达、生活便利，但这里工人的薪资要比在宾夕法尼亚州 PA 的高 1.5 倍以上。东南方向，如南卡罗来纳州 SC，该州的 Charleston 港是一个不错的战略要点，特别是巴拿马运河口，其吞吐量和周边软硬件配套都很好；南部德克萨斯是一个选点，休斯顿是美国南部的经济中心。往西及内地走，如在肯塔基与俄亥俄交汇的边境城市 Cincinnati 和 Louisvelle 附近，该区域聚集多达 10 个 FBA 仓，还有几大快递集散。

从实际运营数据看，美国东部地区订单占了近 35%，美国西部地区的订单占到 38%，南部地区订单约占到 27%。美国东部与西部相距较远，美国西部仓库使用 USPS Ground® 服务到达美国东北部要 5~8 天时间，如果 SKU 重量差异大，如家具类的沙发、桌椅、储物柜、割草机等重件、大货不适合跨多区派送，因为它们的互寄配送时效和成本难控制。在单一市场内，如果有足够的规模可以支撑分仓，则可以标配美国东部、西部两个仓，覆盖最优的派送范围，并互为备份方案。在年终时美国东海岸经常有暴风雪，库房及运输容易瘫痪，此时可以将订单分配，从西部来发货，虽然配送时间稍微长一点，但业务不会被中断。如果在美国有东、南、西三个区位的分仓，那么除了偏远地区以外，其他地区基本在 3 天内就可以实现 97% 的投递。但 SKU 越多，单一市场内多仓同时发货，库存的仓间动态分配越难。

组建公司，要掌握企业税制及公司类型，在欧美发达市场关于公司的法律与关于商业的法律具有相通性，且监管成熟。美国公司的类型，决定其报税及做账方式。在联邦制国家，各州的税收都不同，如果公司设在免税州，则其必须在该州运作，如果在其他州运作则要按照所在州的税法规定来缴纳税金，比如收入利得税、销售税、财产税、工资税等。公司所有跟业务有关的开支都可以用来抵扣收入，如仓租、海运、配送等有关物流费用。也有类似营业执照（Business License）"年审/年检"的程序，以表明公司的正常运转。公司可以连续报亏 3 年，但若之后继续亏损，税务则会认为公司是非赢利的，不属于商业行为，那么开支不可以抵税，但收入要缴税。

6.3 如何开启海外仓

在使用海外仓时，若经营不善则很容易掉进资金流的陷阱，因为用仓意味着将有大量的海外库存占用资金，一旦备货入仓，资金将难以退回。因此，海外仓备什么货、备多少货、什么时候备货、怎么送备货等，都有讲究。对于刚起步做海外仓的中小卖家而言，试用海外仓是很重要的一步，如果没有十足把握，就不要一次性把所有产品投入到海外仓上，防止资金链出问题。很多平台都有对海外发货的时效要求，在产品销售旺季到来前，推荐卖家初步挑选销量不错的若干单品，以空运头程发几百件货到海外仓，利用免仓期进行试销，趟一遍从交货到出库的全流程。之后，分析产品销售走势，再后续补货，小批量、多频次空运补货，若出单量不错，则可加大空运补货频次或海运补货。海外仓存货风险高，要选规格相对标准、出货稳定的货品。选用 FBA 还是第三方海外仓，要根据卖家店铺所在的平台及品类情况而定。在签订海外仓服务（租赁）合同后，头程备货要将出口货物报关单、申报清单、装箱单、发票、品牌申报声明书等资料备齐，在货物入仓后及时关注其销售与库存情况。除了旺季外，平日备货不宜太过频繁，参考正常销售曲线到库存预警的时间，防止产品销量突增而导致缺货。

6.3.1 第三方海外仓

第三方海外仓即海外公共电商物流中心，即以独立物流服务商的形式建立专为跨境电商提供本地化仓配服务的海外仓企业，也有一些是大卖家所开放的物流服务，如纵腾旗下谷仓、执御中东海外仓等。海外仓这波商机，在某种程度上也受益于 FBA 的溢出效应，其承接了很多入不了 FBA 仓的需求。第三方海外仓的选品范围比 FBA 仓更广，其选品范围不限定售卖平台。第三方海外仓离海外仓之王 FBA 还差距甚远，FBA 虽然不提供头程运输且收费更高，但在履单、库存及配送等核心服务方面都领先。目前，市面上海外仓供应商有很多，卖家可以选择租用固定面积或储位。海外仓服务的核心是帮助跨境电商企业做其必须要在海外当地做、但自己又做不了的事，把一切卖家在海外因距离问题而产生的风险顾虑作为服务的重中之重，要确保实时高效地与电商企业的沟通。目前大多数海外仓还处于持续投入的阶段，从租建仓、买设备、建系统、招人到管理磨合，都是先把仓库填满再说，但所有海外仓都存在装不满或季节性空置，以及旺季爆仓的"冰火两难"的问题。海外仓的规模化效应还未显现，在短期内会陷入价格战。

商家在寻找第三方海外仓之前，首先要明确自身的需求，即自身需要做的货物量，要达到的物流目标，要结合服务商资源能力、运营标准，大致判断该海外仓是否符合自身的需求,因为换仓不像直邮那么容易。其次,要有合理的报价,避免隐性收费,商家要计算自己的物流成本,在库存、周转率和买家体验之间取一个平衡,实现利润的最大化,如表 6-6 所示。商家自营建仓,若日出货量不足 1000 单,则自建成本可能会高出预期,而且一旦投资就没那么容易抽身。在美国,1000m^2 的小型仓库,年运营费用要上百万美元。租用第三方的"仓中仓"是一个在起步阶段的参考,前期租仓投入不能太高,要能够较为灵活地调整经营规模,具备基本的业务系统支持。而做第三方公共仓,起步规模不宜低于 3000m^2,日处理量在 5000 单左右,才能达到基本的盈亏平衡。有些海外仓在运营及安全规范等方面都做得不错,但国内的市场能力偏弱,很难为卖家所知晓,为了更方便地从国内卖家那里揽货,可以选择在国内跨境电商的重点城市招募一些货代作为代理。

表 6-6　第三方海外仓服务有关配套

头程	商品运至海外仓,或委托承运商将发货,这段国际货运可采取海运、空运或者快递送仓
履单	按照卖家指令对货物进行存储、分拣、包装、配送等操作,同步单号
中转仓	具备一体化操作,源头入仓把握风险,避免在海外产生额外费用
系统	IT 系统成熟,卖家在线远程管理海外库存,完成整个流程,对接主渠道,信息实时更新
团队	本地税务、法律、客服团队,熟悉电商运营、当地潜规则,本地团队负责仓内管理和操作
费用	合理仓储费用及账期、明确的计算方式,减少压货资金压力
规模	单仓规模、仓库分布架构多个海外仓,形成网络化的布局
客户	共用仓储平台要对客户及品类进行选择,有税务或安全法律连带风险

6.3.2　头程方案与中转仓

头程即备货到仓这一段流程,头程的运输主要是快递、空运及海运,清关合规是头程的顽疾,如表 6-7 所示为海外仓头程运输方式对比。网络让商品畅销的窗口期越来越短,快递具有覆盖面更广,派送准时、发货便捷的优点。"海运+派送到门"的模式具有通关快捷、船期稳定、舱位充足的优点,整箱货物从卖家指定仓库装货,海运至目的国码头,整箱申报,在清关放行后,将整箱或拆箱卡车派送至海外仓,运费低,但资金周转周期被拉长。

表 6-7　海外仓头程运输方式对比

头程	资金压力	采购成本	库存健康	速度	舱位	运费	应季销售
空运	✓	✗	✓	✓	✗	✗	✓
海运	✗	✓	✗	✗	✓	✓	✗

运费和仓租的成本"不在这头就在那头"。海运按货物体积收费，适合体积大的重货，到港后拖车送仓是按重量计算的，产品必须按要求打托盘，购买货运保险，计材积重。对于中小型或是刚入行的卖家而言，在店铺未来销量没把握、资金储备不充裕的情况下，"空运+派送到门"更高效快捷，可以成为发货首选方式，这种方式可以提高货物库存周转率并防止断货。在空运允许装载的范围内，空运单件计费有限重，超限额货物难以清关，超重货物要提前向代理报备，保障时效的前提是运力保障。如表6-8所示为空运、海运头程运输的不同计费方式，从表中可以看出，按照体积重量换算，海运最低计费重量是空运的10多倍。空运一票多件货物的总计费重量，是每一件包裹的计费重量之和。空运快捷、海运经济，应在不影响销售计划的前提下，找到两种运输方式的最优平衡点。

表6-8 空运、海运头程运输的不同计费方式

	示例	实重	体积重	计费重量	该票货总计费重量
空运	第一件货	15.1kg	8.1kg	15.5kg	15.5+20.5+21.0=57kg
	第二件货	10.1kg	20.1kg	20.5kg	
	第三件货	20.6kg	16.6kg	21.0kg	
	体积	英国价格（元）	德国价格（元）	法国价格（元）	西班牙价格（元）	意大利价格（元）
海运	2.1~5m³	1900	1950	2000	2100	2200
	5.1~10m³	1700	1750	1800	1900	2000
	>10m³	1550	1600	1650	1750	1850

注：某国际货运代理商欧洲海运包税价格表2019.6（时效为40~45天）。

提供入仓头程服务的物流商，要能整合当地清关行、拖车行、快递商等渠道，做好国内头程货发出后的衔接。提供头程货物预审的国内中转仓/集货仓,会设在便利的空港附近，中小型电商企业普遍对货物的把控能力不强，虽然前置审单、验货及包装流程不是必须的，但如果电商企业在货物出境前对于其质量和标准处于盲点，就会增加清关、仓库收货、计费等后续工作的难度。例如简单的条码或箱唛贴错，会导致货物入仓有误，而增加收货清点的工作量，且后面的库内管理和发错货也不可避免。因此物流商配合境外代理，重点检查货品安全、包装标准、票件重等，拍照采集并确认内箱产品、品牌授权、相关认证，并加固包装，预审、预报数据，及时与卖家沟通反馈，避免将不合格的商品误发海外，如表6-9所示为货代海外仓头程服务宣传示例。FBA仓就曾几次受火灾影响，亚马逊加大了对卖家入仓产品的多重审核，对于非普通货物的入仓机制做进一步管控。若查验货物无误，那么卖家在如期准备发运前，要在海外仓系统里创建ASN到货通知，预报仓库准备收货，然后将头程货发出。

表 6-9　货代海外仓头程服务宣传示例

产品限制	带电、易燃、粉末等产品需单票确认，包装要求纸箱加托盘
提货范围	香港、珠三角、长三角、厦门、天津等，其他地方自送货
正常时效	空运 5～9 天、海运 30～40 天不等，不同派送地址略有区别
仓库服务	包装加固、更换外包装、拣货、贴标、打托、转运、暂存、拍照等
派送范围	美加日英及欧盟全境等 FBA 仓，派送渠道快递派送、卡车派送

良好的包装能够保护货物不受损，减少包装质量带来的收货争议，同时也是一项重要的增值服务。包装形态多种多样，比如有内包装、单件、箱、托盘等多级包装，以及最外层的运输包装。良好的包装材料与打包技巧，能够使货物妥善配载和运输，进一步提高货物装卸效率。纸箱、胶纸、包裹袋、拉丝膜等常用物料价格都在上涨，电商利润走低。在跨国运输中避免使用太大、容易变形或不牢固、表面有印刷物的箱子。多件物品尽量逐件分开放置，准备充足的缓冲材料，若去往湿热的地区，那么在装运时需采取防水包装、塑封标签等措施。旺季，在 FBA 仓中转备货时，包装规范更要符合平台标准，以提高海外仓收货效率，减少货物折损和二次包装、贴标。

6.4　电商仓储管理

仓储管理是"人、财、物、信息"的综合运筹管理。仓库并不是独立的，它是物流各环节的中转站，是各个链条的关键接洽点。供应端和销售端的需求决定了仓库的作业方式，仓库最终的输出体现了仓库的服务能力，包括现场、出入库、库存等作业与管理环节。传统仓库注重存放，而电商仓库注重拣取，目标是保障拣选发运效率及最佳订单履行。电商仓储作业复杂繁重，规范化管理和标准化作业必须依托系统全程对仓库内的每个作业环节进行系统化管理，在系统的规划指引下进行，保证人员操作的效率和可执行性。电商仓库管理的三大目标如表 6-10 所示，基于数据从质量、成本、效率三个核心方面对电商仓库进行评价分析：市场及运营的专业化程度，目的港清关税务的正规化，分清海外仓主体企业与客户各自申报及税务责任；针对爆仓、错发、漏发、库存不平、发货延误等现象，不断加大对软硬件设施的投入和管理优化，提升仓库 Service Metrics 或 KPI 绩效；针对旺季时人员短缺、存储空间不足，淡季时人员、仓库、设备闲置的问题，应不断寻求最优市场策略，通过扩大规模降低单位操作成本，经营好企业的资产；将所有库存和作业环节的数据可视化，使客户实时掌握自己商品的动态。

表 6-10　电商仓库管理的三大目标

质量	保证在库商品的质量、订单履行的质量，没有质量的数量是无效的，确保作业安全
效率	提高仓库设施和设备的利用率，调动生产人员的积极性、劳动生产率，提高库存周转率
成本	力争以最少的人财物消耗，及时准确地完成最大的储存容量和最多的出入库任务

6.4.1　现场管理

现场管理体现了"细节决定成败"，根据现场状况统一调度管理生产，保证生产连续稳定。制造业对产品质控有严格要求，对生产的要求远高于对成品物流的要求，可以将车间 JIT 看板引入仓库作业，"工厂化" 5S 管理水平就代表了一个物流中心的精神面貌、管理水平。日常要反复宣传贯彻"作业管理规范"，秉承日清日结的原则。利用"目视化管理"，使用形象直观的各种视觉感知信息来组织现场活动，规范活动秩序并做好安全提示，如颜色、数字、线条、标识、声音等，形成标示性、警示性、保护性、禁止性的界限定位。

仓库是人员、物资集中的密闭场所，来回行驶的设备也比较多，所以安全第一，应防患于未然。仓库的安全管理包括治安保卫、劳动作业及消防安全。要对库房进行年检并且购买保险，确保库房具备安全生产和作业的条件。库房内要安装无死角视频监控，它既是安全工具（实时记录全库状态，保护员工的合法权益），也是对管理的简化（作业环节通过视频全程记录，保证每一环节可追溯，可检查操作规范）。操作台设计要符合人体工程学设计，提供防护鞋服、自动化设备降噪、净化室内空气及使用环保材料等，进入库区的人员，应穿戴齐全劳动防护用品，如安全帽、鞋套、反光背心等，操作特种设备人员要持证上岗。仓库内 WMS 管理与国内客户系统跨境交互，要采取技术措施确保客户信息安全。

在人员组织上，首先应落实组织人员结构，再落实精神层面的要求，然后才落实行动。没有合理的组织结构，流程就无法合理运转，指令就无法有效传达。仓库是封闭式现场管理，可能隶属于供应链部门或物流部，但仓库的高效运转来源于多方面的配合。图 6-5 所示为库内各环节工作量分布，初步测算工种及操作岗的人数，比如收货员、叉车工、拣货员、盘点员、搬运工，匹配职能支撑人员，如系统、账务、客服、主管、文员等。中小仓库通常是一人多岗、一岗多能，对人员要掌握的必要的知识、技能和工作方法，经常进行示范性培训，纠正不当操作。避免对熟练员工的依赖度太高，应简化操作流程，也要避免因某一作业岗位工作量偏大而影响整体效率。班组管理是生产管理的关键，负责劳务分工、流程规范和生产任务执行，比如人员调配、排班、勤务、盘点/理货计划、物料及机器保养等。应对劳动进行绩效管理，避免出工不出力，按有效工时或计件计算，多劳多得，提高劳动生产效率。

标准化作业，柔性化管理。可"责任田式分区"、分货架到责任人，设定运营考核 KPI

及日常监控机制，如将发货错误率设置为低于 0.02‰，将库存准确率、商品破损率控制在 0.01‰ 以内。因为时差，海外仓系统可以一次性根据整仓任务量和人员岗位进行作业分配，提前规划好仓库每天的生产计划，以便仓库能够有条不紊地处理完所有订单。事中的控制：通过电子看板实时展现工作人员的工作状态，合理制定各组人员的班次、人数及比例搭配，保证订单生产均衡；设计多重防错措施，实现无间隙、无停顿的流水线作业。图 6-6 所示为常规库内操作流程，如果国内电商流水订单处理及时，那么平均出库速度约为 30 分钟/单，平均一件的拣货时间为 15 秒，发运完成限时为 3 小时。在服务水平方面，对客户问题及投诉进行及时处理，事后分析原因，做跟踪改善、经验总结。

图 6-6　电商仓配管理一般正向流程及工作量分布

6.4.2　入库理货流程

如前文所述，如果货物缺乏国内头程审查，则可能会影响货物入库或者使货物上架慢，以至于耽误销售和发货。收货代表库内流程的起始，是仓库运营的起点，要从源头上确保库存准确。如果货品包装不规范、条码错误、分批到仓或 SKU 混装，则会造成货物数量差异、质检不过。SKU 可引申为产品统一编号，每个 SKU 编码有精确的商品含义，当商品的品牌、型号、等级、货主、生产日期、价格、供应商等属性与其他商品存在不同时，可称为一个"单品"。即便商品的实物属性相同，对其进行保存、管理、销售、服务有不同的方式，也需要被定义为不同的 SKU，影响拣选方法和存储策略。SKU 编码要考虑扩展性、容错性，有些要兼容批次属性。库存的计量，也可以以件、盒、托盘等为单位。大批量货物需做入库预约，便于仓库安排停车、月台、设备及人力等。物流中心常见的开放式装卸平台 Ramps 在仓库以外，无法为装卸工人提供足够的保护，封闭式/穿墙式装卸平台 Docks 在仓库建筑物内，可使作业免受天气影响。入库作业的组织，尽量将卸货、分类、加注标志、验货等理货作业集中在一个区域，避免倒装、倒流、容器更换。

在入仓前，创建 ASN 预到货通知，可支持补货单、调拨单、退货单等多种货物入库类型。上架延误经常是由补货、备货疏漏预告或 SKU 标识造成的。基于预告及箱单等闭环管理，规范入仓收货，确保系统数据从源头上与实物一致。针对计划入库的商品，若库容未满，则通常由系统来自动审单、自动分配任务。当货物到达时，先由接收组负责将来货清点，并进行随箱单据和外包装的检查，核对卖家所贴的 SKU 条码，逐件扫描确认，当发现损坏的外包装时，应拍照留存；自有仓的 PO 单若有问题，则应按管理程序立即通知质检 IQA 或采购部门，如表 6-11 所示。海外仓的质检只是检查货物的包装外观，并准确记录收货异常，将不符合收货标准的货物堆至暂存区，由客服及时反馈给卖家，必要时，收集每一个 SKU 实际规格属性等基础数据，便于后续对物料进行分析。

表 6-11　海外仓收货异常及处理方式

类型	收货常见异常	仓库及卖家措施
标签	条码与 ASN 不一致、无标签或模糊损毁	拍照反馈，汇总差异，修改 ASN、贴换标
数量	到货无预告，或来货超量、短少或未有到货	系统补录 ASN，或按实收入库
内件	SKU 规格、重量跟实际差距较大，或品名不符	拍照反馈，修改 SKU 属性后再收货上架
质量	外箱或内件损毁、受潮	拍照记录，将次品放入坏货区

货物上架可按 SKU 属性/批次、规格限制、同批次/同货主相邻、货主固定货位、自由货位存储、分区/分类存储等规则，为货物寻找合适储位。对于非首次入仓的产品，可以根据货物的历史出库频率、数量，对其库位进行优化调整。为了提高仓库容积，"一位多品"商品混放是最理想的，仓储系统 WMS 普遍支持随机存储，但为了便于拣选和避免混淆，海外仓通常按"一品多位、一位一品"或固定承租储位摆放货物。例如很多卖家的商品相同或差异微小，应尽量避免在相邻货位放置相似商品。

原箱批量收货直接上架最简单，多品混装一个大包装、鞋服混码箱，则需要打印出清单进行人工核对，收货耗时耗力，易出错。对于手机 IMEI 串号、服装唯一码等按 ID 管理的货品，要逐件扫 ID 核对。有些卖家因为准备不足或物流原因会分批到货，导致仓库将货物批次混淆。在确认收货后，进入上架流程，并归档交接单、装箱清单、收货记录单等资料备查。系统按预定的存储策略生成上架指令，对任务进行分派（人员和物流设备），若拣货位数量为 0，则商品在入库后应优先上架拣货位并将存货量补足到最大。上架分逐件扫描上架和"商品→容器→储位"批量上架，手持设备 RF 指导上架和确认上架，或打印单据手工上架并回输上架结果。FBA 中转及退返货物无须上架或开箱清点，可以直接转运（Cross Docking）。完成库内上架的货物，即体现为可售卖、可拣选的库存。

6.4.3　履单拣货

传统的仓内拣货的耗时占处理所有订单时间的 40%~50%，而拣货行走占拣货时间的 50%，人工拣货费时、费力最多的就是行走，这也是拣货效率的瓶颈所在。人工拣货应熟悉拣货流程，在相配套系统的支持下了解货物库存的大致位置，并自己合理安排拣货路径，单人日均极限拣货量在 1500 件左右，如图 6-7 所示。但自动化及机器人等新技术取代了传统的人工拣货方式。拣货都要经过选取、运送、集中的过程：在传统的"人到货"的拣货方式下，人动物静，由拣货员带着拣选容器按照拣货清单或在系统的指引下到达待拣货物的储位处进行拣选；而在"货到人"的拣选系统里，人静物动，由 AGV（Automated Guided Vehicle）货架或自动分拣系统将待拣货物送至拣选作业台，再由人工或自动的方式拣出待拣货品，人在拣选工位无须行走，日拣货量达 3000 件以上，并且改善了工作场所安全状况。

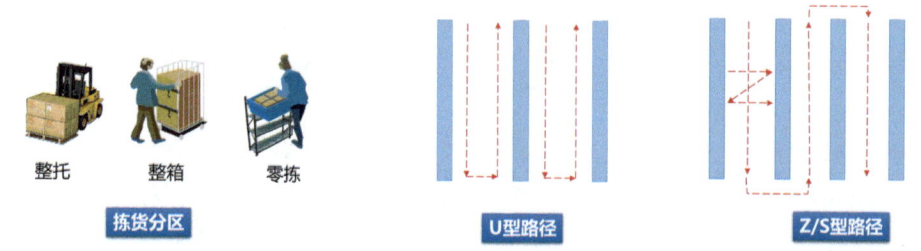

图 6-7　传统仓库拣货方式示意

"波次（Wave）"管理也被称为配货作业，通过规则分类订单，筛选"拣货单（Picking List）"。波次创建的好坏关乎拣货效率，如图 6-8 所示，每个波次包含多个"订单（Order）"，每个订单可能有多"订单行（Order Line）"，即 SKU 数，可以生成一张或多张拣货单，即波次单。波次在本质上是基于一些规则对订单池的组合优化，系统自动完成波次安排，产生拣货指令发送至 PDA（掌上电脑），拣货员一键领取分发任务。

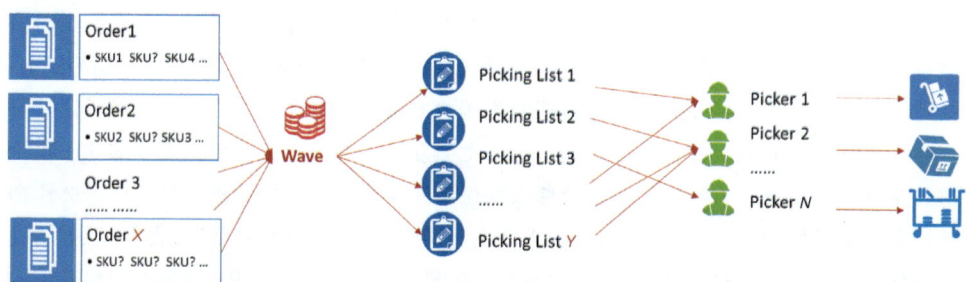

图 6-8　"订单-波次-拣货单-拣货员"的逻辑示意

如表 6-12 所示，创建总拣波次有一些通用原则：减少行走、减少搬运、减少寻找、避免重复。常见方法：系统根据货物的 ABC 分类优先进行拣货排序，自营仓 A 类产品集中在 10%~20%，将整箱存储、大件、零拣等分区，PCB 分析整箱整托出库；针对 SKU 设置不同的波次策略，决定哪些订单可以放在同一波次；EIQE 分析，利用订单条目、商品规格、商品数量和配送渠道来进行仓配出货特征的分析；将前置打单和后置打单的订单分开波次；播种（按批拣货）法的效率总体高于摘果（按单拣货）法，能将摘果法转化为播种法的一定要尽力转；将产品重合率高的订单合并拣货，零散订单可以边拣边分；大型仓库分波次拣选，叠加分区拣货。跨境订单通常订单行较少，大多是单品单件，拣货单可 50~100 单/张。

表 6-12　波次拣货优化若干原则

合单	多品订单按照相似度汇总拣货,将零散 SKU 订单合并,提高每个储位一次拣货量
分单	将不同货主的订单分开,将单品和多品订单分开波次拣货,尽量边拣边分,不走回头路
分区	大仓库分区域、分储位作业,将同货主的货物存在临近储位,拣选密度高,缩小走动范围
分工	一次汇总拣选,二次分拣,根据订单复杂度播种与复核岗,对于特殊订单独立处理
排序	按订单优先权作业,不同快递商或物流产品归类先后顺序,对于爆款单品订单前置打单
搬运	拣选中的移动搬运,利用流水线、周转箱、拣货车及助力牵引车等加快输送、移位
线路	系统指引最优拣货路径或 Pick to light 提示,拣选货位密集、SKU 多,减少在途时间

海外仓常见拣货方法如下,在同一波次内也可以将多种方法混用。

（1）"摘果"式按单拣货。订单对应拣货单,拣货员直接按照拣货单拣货,通常适用于大件、重件、异形件、整箱、SKU 少、紧急订单等情况。在接力式摘果拣选中,周转箱沿着拣货流水线移动,取货放入周转箱,最后输送至包装台。

（2）边拣边分（"摘果"式）。适用于商品重合度不高的大量零散订单,轻小件、每单 SKU 少,单品非爆款订单,可借助于拣货推车,一车可以有 10~20 个拣货篮,篮位和订单相匹配,拣货员依次拿取相应的产品放入所对应的拣货篮中。拣满篮后送至复核台,打包人员直接按单进行复核和打包,无须二次分拣。

（3）"播种"式先拣后分。先合并订单,然后拣货,笼车在打包台进行二次分拣、复核,将每个订单所需商品的寻找范围缩小到一个批次。适合中小规模仓库,适用于平均订单行少、产品重合率高、货品单价高、日出货量不高,复核人员对商品比较熟悉,能够快速定位产品的情况。合单拣货一次订单量不宜太大,否则需要较大的二次分拣的台面,人工复核容易出错,具体合并数量取决于产品规格和拣货车容量。

（4）汇总分播（"播种"式）。使用"拣货车+周转箱"的方式进行拣货,将周转箱与订单 SKU 关联,依次拣取商品放入指定周转箱。一个波次拣完,将周转箱运至分播货架,扫描周转箱条码、货品条码,将货品放入各个订单对应的分播货位。二次分拣也是对第一次拣货的数量进行复核的过程,适合 B、C 类拣选 SKU 不多、单量中等、对拣货准确性要求高,以及热销品、重合率高的订单场景。

（5）单品作业。单品订单常见于电商促销,大量客户都只订购单一货品,与其他类型的订单进行分离,将单品累加,合并拣货,直接在存储区拣货,再复核送至打包台;扫描产品条码,将订单直接进行逐个打印及包装。如果是前置打印标签,则针对不同快递加入不同波次,将运单号关联订单,并打上订单数量,复核时扫描运单,按系统提示完成包装。订单量大的 A 类货也适用这类批量拣货方法。

（6）分区拣货。分区拣货适合单体大仓库,按库内分区指定固定的拣货人员,由于拣货人员长期在同一个固定区域内拣货，对货物更了解，容易找到相应的货位。把拣货集合单拆分为多个小拣货集合单，每张小拣货集合单对应一个拣货区域。在不同类别的存储区域的尽头设置传输带 Pick-to-belt，将已拣货品的周转箱输送、合流到一个集合单周转箱里，再将集合周转箱传送到分播或打包工作台。

> 示例：播种墙可以是具有很多单元格的推车或带电子指示灯的鸽笼式货架，比较典型的是"RF 拣货+ PTL 电子分播墙"，货位采用灯光提示，每个拣选小车放 4~8 个周转箱，每个箱子可容 5~10 个订单的商品。拣完后进行二次分播，播种墙上的对应篮位指示灯亮，显示需要放入几件商品，放入正确的商品后，灭灯（Put-to-light），然后再播种其他商品。对于量大的 A 类货，可以分货换箱，通过输送线自动滑到拣货区；大仓库跨区进行接力式拣选，先合拣、再合流，最后集中分播。

要结合本仓库的场地、销量、品类、人员、设备等进行综合考虑所采用的拣选方式。海外仓可集中针对隔夜订单整体分析、分类再处理，如果批次过大，则二次分拣工作量就会大；批次过小，需要的走动频率就会增加。所以在实际的工作中，需要不断地摸索，逐渐在 WMS 里固化，以效率优先、实用为主。

在拣货路径方面，先将订单排序，再将库位排序。在分配拣货任务时，基于货位信息，根据几何顺序对应货位号排序，比较所有可能的拣货路径，从穿越式、回转路径、中点分割等路径中选择最短路径策略。如果没有引导车，就要依靠经验处理，比如若仓库两端通道畅通，则通常顺位拣选，大多走 S 形路线或者从中间通道往两侧去拿产品，走 Z 形路线拣选；若仓库一端靠墙则采用 U 形拣选路线。还有一些无纸化拣选技术：通过 RF 移动设备扫描 SKU、UPC 码、批号或序列号等进行拣货；智能拣选车配置显示屏，显示各周转箱拣选数量、货位信息，系统推荐路径；将电子标签、灯光拣选应用在重力滑移货架的作业面，将声控拣选技术应用在箱盒货物、冷库进行拣选。对于拣货缺货处理，系统自动根据波次需求量与拣货位现存量，触发生成补货单，发送补货指令到补货员的 RF 移动设备上。

6.4.4 打包出库

打包工作约占整理仓库总工作量的 20%，对货架单元格或周转箱里面的货物进行打包，还能起到播种后的二次复核作用。在包装时，可以通过外印宣传、捎带促销或返利传单，借机向顾客推销。包装是一个系统工程，不当的包装会使成本上升、运输破损、产品失效，甚至导致严重的客户投诉。垂直市场的海外仓，SKU 不多，可以简单地固定几种规格箱子与 SKU 做关联，系统自动推荐对应订单的箱型和填充包数量，实现对耗材的库存管理，如"三维装箱"最优打包算法，从数量、重量、体积，对商品的摆放位置进行综合计算。

包装方式有手工包装、半自动包装和自动包装：手工包装柔性大、效率低；自动包装效率高，商品全自动进行植入、称重、包裹封装、打印贴单、检核及分拨等，但在包装时必须采用标准包装箱及固定品类。为了迎合全球消费低碳环保的理念，快递包装的材料与形式，关系到收货体验和品牌亲和力，兼顾对产品的保护，应尽可能地使包装合理，使用环保工艺和可再生或可回收材料。

如表 6-13 所示，在工作台复核、包装、打印、贴单、称重这几个先后动作中，最耗时的是包装。很多电商企业在大促前，都会将热销爆品提前打包。为了预包装、节省运费，需要控制包裹体积，此时可选择拆单，将包裹通过传送带或笼车、分拣线分配至各个发货道口或集货位，码放在出货区待揽收。在产品出库时若发生异常，例如出现单货不符、串发/错发、产品有问题、内包装破损等情况，则可将产品放到异常区域由人工处理，有时需要返工拆开一个批次的包裹进行复核。

表 6-13　打包台主要操作流程

复核	扫描确保拣货 SKU 数量和订单一致，对于单件订单，可以把分货和复合一起做，复查质量
打印	每个包裹对应一个"装箱清单 Packing List"或"发票单 Invoice"，以及"运单 Shipping Label"
称重	将箱子放在电子秤上，扫描快递单，称重自动记入系统中。称重也有复核的功效
包装	装箱、封袋，将出货单、货品、赠品及宣传材料放在包装箱/袋内，将面单贴在外箱/袋上

最后的环节是发运，在快递商来取货时，仓库最好已预报发货数据，可以按货箱、笼车、托盘或包袋等批量交接，每个容器附上发货清单（Shipping List），运回分拣中心后再复核。也可以在现场逐件扫描复核，快递员在到达仓库后使用 PDA 扫描面单进行揽收，核对包裹交接清单（Handover Manifest），避免漏发、错发。这是对发货错误进行校验的最后一道关卡，也是拦截订单的最后节点。由于大多数网购订单是在下午及晚上产生的，海外仓库内截单较少，所以，通常在产生"截单指令"后，系统随时拦截需要取消、修改、误拣、误包、贴错运单、重复二次发货等的订单。大型仓配中心，在货物出库时应用包裹自动分拣线，可以自动剔除、分拨不同承运商的包裹。在收货完成确认无误后，仓库方在交接清单上签字，装车出库，装车时使用自动伸缩机或叉车工具。最后在系统中记录出库完成，给客户提供快递单号，让客户掌握后续配送进度。货物在发运后，就离开了仓库管理的范畴，进入运输环节。

6.4.5　库存与补货

"僵在物流、死于库存"，库存是维持企业经营活动的必要的成本，跟仓储管理是不同的概念，虽然两者之间有交集，但在组织管理上没有从属关系，是供应链部门管辖之内的。

在资产负债表中,库存/存货(Inventory)是被记在流动资产项里的,若库存增加,则现金就会减少,切忌盲目铺货。如图 6-9 所示,库存与资金、客户、销售、供应商、采购、物流等活动密切相关,在电商运营中多级库存部署的方式已不可取,仓库管理系统(WMS)和店铺系统(ERP)及电商平台的商家后台的库存要建立同步机制。库存太多或太少都不是最优的,库存管理有如下几个要点。

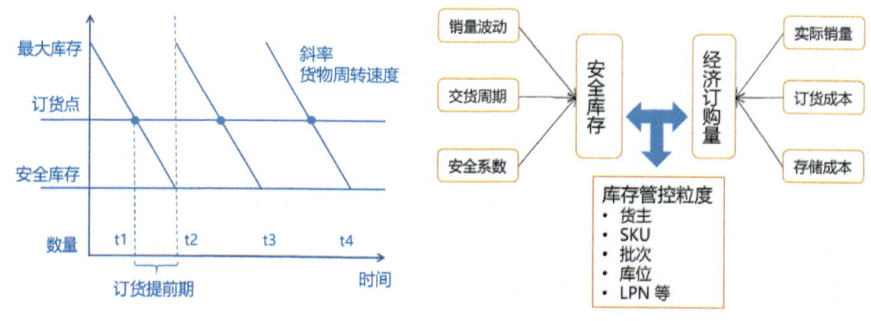

图 6-9　库存备货的一般方法

(1)确保库存安全。理论上,当产品库存量不足时卖家无法申请出库,海外仓要确保过程和结果都是准确的,所以店铺超卖的责任不在海外仓。卖家应补充库存,设定安全库存,预防超卖风险,如当产品库存降为 0 时,实施库存同步机制,由 ERP 触发货物从店铺后台下架,或自动将产品所在地(Item Location)改为直邮地点,防止缺货纠纷影响店铺账号的表现。畅销品备货应考虑在途延误情况,通常在一批畅销品入仓后即为下次备货做准备。

> 从库存绩效看产品市场竞争力有两个重要可量化指标,具体公式如下。
> - 库存周转率=(库存量÷出库量)×100%(金额或数量),其倒数即"周转天数",用来衡量一个时期内存货能周转几次,能反映商品的畅销度,数值越大、周转越快,但周转快不代表库存少;
> - 商品动销率=(发生出库 SKU 数÷库存 SKU 总数)×100%,反映货品种类的销售活跃度,数值越小反映滞销种类越多,但数值大不代表销量高,大于 100% 可能意味着缺货、停销、品类流失。

(2)提高库存绩效。利用 ABC 分类法及帕累托原理,将"关键少数"找出来重点管理,如表 6-14 所示。动销率高的 A 类畅销品是最适合海外仓的,要严控 C 类产品的备货。先进先出的原则(First In First Out,FIFO)适用于容易过时、市场价格普遍处于下降趋势的商品,期末存货余额按最后的进价计算,使期末的存货估值接近于市场价格,更客观地反映经营状况。严格的 FIFO 作业需要进行批次管理,如果 SKU 没贴批次号,则不同批次货无法混放。通常,先到期的先出库 FEFO 或先生产的先出库 FPFO 更合理,需要 ASN

预报或在货物入库时采集相关日期。

（3）降低库存，控制库存从某种意义上来说就是控制经营活动现金流。应借助专业软件，实现全部库存的可视化，否则在不同环节、不同平台、不同仓库的库存将难以统一管理。在实际下达采购订单前，要综合海外仓库存、头程在途、国内仓存量、采购在途、销售计划、促销及淡旺季等因素来分析。

表 6-14　不同类型库存 ABC 分类

	SKU 占比	库存占比	采购	存放	常用拣货法	库存检查
A	10%	70%	批量集采	最易于搬运处	单品作业、先拣后分	日盘日报
B	20%	20%	计划订货	次佳位置	汇总分播、分区接力	循环盘点
C	70%	10%	小批量	相对偏远固定区	边拣边分、按单拣货	异动盘点

（4）保证库存的准确性，盘点（Inventory Count）是仓库重要的日常工作，包括产品的存放数量、位置及质量等的准确性，也是仓库质量管理的要点。由于仓库条件、商品特性、进出频繁及人为操作等因素，导致仓库在每次盘点时都盈亏不定。收货、发货两个环节的准确性最重要。在作业停止时，仓库 WMS 每日定时（据仓库所在时区而定）生成库存比对报告，和店铺 ERP 进行库存比对，把两边的库存比对差异生成报告，或自动生成盘点任务，在仓库盘点后对库存进行调整。将盘点结果同步给商家 ERP 和店铺后台，更新店铺上架产品的数量。

在日常电商企业的仓配活动中，订单集中于部分活跃的 SKU，事后可以只对这些有变动的 SKU 进行异动盘存、整理整顿；或针对 ABC 类产品不同重点的 SKU 设定不同周期、比例的盘点计划，即循环盘点，如每周 10%的轮番抽盘，按月/季定期进行整ించੀ全盘，使用入库动态盘点、货主重点盘点、单品盘点、定期全盘等不同盘点方法，及时发现异常。为了确保退仓时的余货准确，必须对退仓货主的库存进行全盘，以便如实退仓交接。系统要支持记录动态库存，重现历史时段库存情况，方便财务结算审查。

如表 6-15 所示，系统自动对比实际库存数据与盘点结果，如果账物不符，且差异显著，则往往需要进行复盘，并采取补救措施，以避免影响客户订单。若存货数量、质量差异不大，则可通过调账、补货、赔偿等形式获得货主的谅解，避免日久产生纠纷。在企业内部则要及时检讨问题，计算损益。日常定期理货十分必要，对在库商品进行清理、整理，做好商品的摆放、相邻货位商品的区分，以及对超期件和异常件的清理等工作，这可以极大地降低盘点时的工作量。对工具、物料、赠品、推广宣传品及各类残损品等也要进行集中堆放，单独建账。

表 6-15 海外仓盘点结果及处理方式

结果	可能原因	补救措施
盘盈	出库时货品少发	核实订单并查找出库单及发运记录，漏发的及时补发货
	入库时多收了货	查找入库单及卖家头程预报，调平"账外库存"
	退货未上架记录	查找退货包裹，检查质量上架并补登退货记录
	存放位置差异	上架出错、误拿或补货没有记录，调整货品位置及储位库存
盘亏	出库超发或未记账	核实订单并查找出库单，补登或协商卖家调账调平
	货品坏损未记账	查找坏货区，冻结或补移除记录，反馈货主补货
	出库拣选错发	发运区找回包裹换货，或补发，反馈卖家发货异常
	原因不明/掉落/偷盗	比对安检监控，查找丢失漏洞，协商货主调账调平

传统库内补货，则从存储区下架货物，上架至拣货储位，通常按照产品出仓的不同频率在系统中设定拣货位的补货点和补货量，由系统自动产生补货下架、上架指令和对补货任务的管理。也可以按时间段为零拣区补量，如当天拣货完成后的集中补货；当拣货中的储位不够时，可随时动态补货。采用"货到人"的方式移动货架，很多中小型的海外仓拣存储位是一体的，就不涉及这种"移库存"的操作了。

鉴于 FBA 存储成本高、退货清理难，且旺季头程运输成本高涨、无法一次性入库等问题，很多卖家在使用 FBA 作为销售仓的同时，将第三方海外仓作为二级补货仓。海外仓在收货之后拆箱、暂存或整箱直接发给 FBA。另外，Amazon 上除了有卖家开店外，还有 Vendor Express（简称为 VE）供应商项目，卖家将产品卖给亚马逊，产品展示为亚马逊自营，由亚马逊全权负责产品的广告推广、销售、客服、仓储、运输和订单处理等。该项目要求 Vendor 注册美国公司并有本地仓库，因此 VE 项目中产品的中转及代发货、退换货也是海外仓的刚需服务。

6.4.6 增值服务

海外仓的基础业务正在升级，客户对增值服务的需求越来越多，如表 6-16 所示为常见的海外仓增值服务。如果定制化的操作不能标准化，那么物流企业要想把物流增值服务作为核心，将会以牺牲效率、空间或其他资源为代价。当包裹有问题时，卖家与买家进行主动沟通可以降低退换货概率和退货成本，未经协商的退货则不可控。卖家为了提升客户体验，有时也会选择"退货到付"，即让海外仓垫付运费。

表 6-16 海外仓常见的增值服务

退换货	制定一套产品质检、加工处理、上架销售等的服务标准是一个难点，辅助专业维修
本土售后	本土客服，为不同的卖家输送有专业素养、懂产品、能和消费者之间顺畅沟通的客服
商务税务	VAT 注册/申报、税务代理、公司注册、法律合规咨询等，本地采购及员工招聘
包装贴标	需将产品标签更换为 FBA 商品码、外贴箱唛、退换货，SKU 贴标 2~5 元/件
FBA 中转	把放在第三方海外仓的货品转发到 FBA 仓，海外仓接力派（虚拟海外仓）
VE/VC 中转	亚马逊 VE 中转代发、尾程派送（VC 代发、FBA 补仓）等，清点装箱封箱

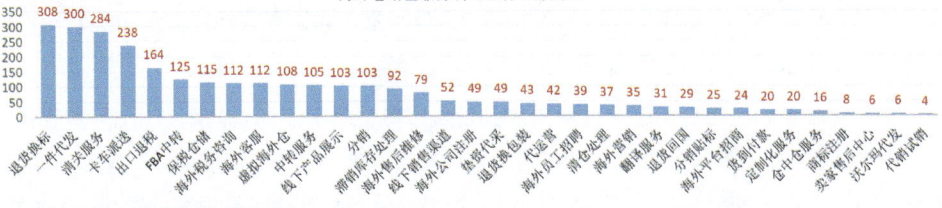

海外仓增值服务调查34种业务类型

来源：易仓科技对353个海外仓服务竞争指数的市场调研

海外仓经常会接到不明退货包裹，即包裹及内件上没有可识别的信息，一般的处理方式就是登记暂存或公告待领。如果卖家没有提前告知仓库地址，或由买家自行退货，这样被退回仓库的包裹很容易变成"无主货"或"无着邮件"。因此，卖家要和买家协商好，不管是何种退货都要提前预报，把要退回的运单号、数量、内件等都填写完整。很多海外仓为了吸引卖家并与卖家合作，开始免仓租并提供廉价的退换货服务，使得很多卖家将滞销产品或者退货发来，很快这些低效库存就让海外仓变成了杂货大堆场。因此，海外仓在接收本仓之外的退货时要慎重，有些海外仓就只接收来自 FBA 的退货，不接收买家的自行退货。

换包装、贴标是海外仓另一个广泛的需求。FBA 货物是欧美海关重点查验的对象，为了避免因 FBA 收货地址引起额外查验，可以在境外中转后再贴 FBA 标签。通常，货物未贴 FBA 标，由第三方海外仓配合收货，在出库时选择 FBA 订单，按要求更换 SKU、贴标后再打包出库送 FBA 仓，以满足小批量调拨到不同账号下的贴标。此外，有些 FBA 头程货因标签不合规、外箱破损等问题造成 FBA 拒收，此时可在海外仓进行二次贴标、重新包装，二次派送仓。而需求最大的是 FBA 退仓、店铺转移，在因审查造成产品下架、账号关停或产品滞销的时候，都会有大量"僵尸"库存，这些库存不但无法进行销售，还要缴纳高额的仓租费用，为了尽快止损，要立即把积压货物清出。

> 说明：根据欧盟远程销售的规定，消费者网购商品拥有14天内无条件全款退货的权力，并将物品退到指定地点。通常，买家应承担退货所产生的运费，卖家可以在平台"退货政策（Return Policy）"的相关设置中设置运费的承担方。第三方海外仓为退货提供几周不等的免仓期寄存，无人认领的情况，最多帮客户保留30天，若超期还没有预报，则直接销毁货物。

贵重大货可退到第三方仓库做集中检查。卖家在Amazon后台申请移除订单，由于给海外仓的预报数据来源于平台，因此通常卖家不会有意虚报，但货物可能会被分批退出，平台退货数量与FBA库内实物也未必一致，仓库要到所有退货集齐再做后续操作。来货会附带装箱清单，但仓库只能以实际收到的数量为准，如果实收货物数量和卖家预报的有差异，则卖家可以找平台客服开异常（Case）索赔。

本土化服务解决售后问题是跨境电商的发展趋势，基于海外仓的本地物流+售后已成为出口电商标配，各种小众需求、非常规业务，渐入主流市场。任何业务，一旦形成规模，就必须有一个可靠的流程。但对海外仓来说，把增值服务标准化仍是很大的挑战，退换货、贴换标等需求不稳定，产品杂、到货时间不定，要么突发紧急状况，要么货物长期堆积，库内空间不好规划，难以控制频次、排班和操作效率。

通常，仓库要为退货预留出20%~25%的专门空间，配备专职人员处理退货，当退货较多时，操作流程需要更加细分，如筛选、测试、清理、换条码、包装、合分箱等。有些货品被退回来，在被简单整理翻新后可重新上架，例如顾客买错尺码的鞋履，并无质量瑕疵，可以再售。遇到滞销、侵权、残次品或质量难界定的退货，需要定制处理方案，查验检测货物更为复杂。可以和卖家高效互动，远程提供高清照片、视频让卖家判断产品是否可用，在系统中添加备注，防止不良货品上架销售造成二次损失。有条件的，可提供简易的电子类产品测试服务，如能否正常开关机、通电、亮灯等，减少弃件。当零部件损坏时，国外维修成本可能超过货物本身价值，环球易购就在西班牙自建了自主维修服务平台。

很多增值服务要依赖于配送商，诸如代收货款、到付运费、签单返还、预约投递、改址再投、自提等配送个性化服务。电商退货标签（Return Label）有两种，一种是由平台提供的未预付标签，需要由买家来出邮费；另一种是由卖家免费提供的，这种需要于海外仓购买，类似于收件人集中到付月结。Amazon及Walmart的电商自营，都提供在线打印免费退货标签。买家个人退货交寄方式，可以是邮箱、自提柜或门店。商业的上门取退件一般有最低退货量的协议要求，如表6-17所示，USPS批量退货服务要求不低于10000件/年。

表 6-17 美国邮政退货服务

服务内容	承运产品	计费方式
包裹退回服务（Parcel Return Service）	Priority Mail（优先）	
退回服务（USPS Return Services）	First-Class Mail（一类）	按件及计费区逐件计价
商业退货服务（MRS）	Ground（陆运）	统一单价（flat rate）
批量包裹退回（BPRS）	Standard Mail（标准）	按件平均计价（按月调整）
全网退货（Return Service-Full Network）	Parcel Select（电商）	

6.4.7 计费与纠纷

仓储服务费，一种是按工作量进行收取，出、入、存、退等都按件计费；另一种是按资源使用合同收取，按面积、储位、人员、设备、耗材等计费。海外仓运营的成本包括固定成本、库房租金、设备折旧；可变成本包括薪资、耗材、水电网费、运费等。如图 6-10 所示，海外仓在定价模式上，排除头程可能由卖家自送，费用大致可以分为仓储费、操作费和派送费等几部分。不少海外仓公司都延续传统货代业务员的销售方式，以折扣作为卖点，对不同体量的卖家价格不一样，在不同时间又会推出一些优惠活动。随着行业竞争越来越公开化，市场报价从早期的混乱，到现在越来越趋于一致，即盈利点主要基于提升仓库吞吐规模，挣劳动产出而非差价。涉及代发头程的，货物从中国到海外仓的运输、提货、仓储及清关等费用结构更为复杂，组成涉及不同产品、不同路向、不同渠道的价格矩阵。

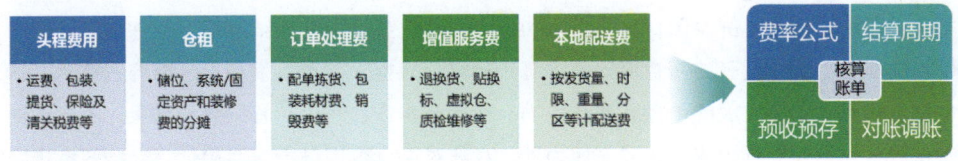

图 6-10 海外仓运营计费设置

在合作初期大部分第三方海外仓都可以免 1~3 个月仓租费；操作费按包裹 3~5 元/件，随一定重量递增；占比较大的部分是派送费，快递折扣取决于海外仓整体出货量，为了吸引卖家，海外仓通常按实价报，很少再掺差价；仓内增值服务按工作量不同另行计算。

多个国家、多个账号会涉及多个 FBA 和第三方海外仓，费用项多。海外仓要主动为每个货主出具定期的出/入库量及投递情况报告，让卖家自己掌握库存及算清每一笔费用构成，才能避免纠纷。例如根据商品滞仓天数去计算滞仓费，如果库存数量有差异，围绕滞仓费就会产生各种纠纷。仓储成本的控制，不要追求面积，要使流程优化，使销量最大化、库存最小化，充分去挖掘技术设备的潜力，提高储存密度和仓容利用率；要选择合理的人员组织形式，尽量减少非生产人工费用的支出；要采取出租、借用、出售等多种经营方式提高资产设备的利用率及资金占用；订单上量才能获得更好的配送价。

多数海外仓为了避免坏账，采用储值预付费发货的模式，充分利用上下游账期差。财务人员，负责当地税务、渠道费用的对账、付款及对进销异常的处理，与国内外对接好费用流程，输出财务报表，分析资金周转。只有把客户沉淀在系统上，清晰地管理客户的售后、账单和账期，即使业务员流动，客户也不容易流失。

6.4.8　退仓及尾货清仓

电商的一切都求"快"会让海外仓处于被动地位——快速入仓，以便尽快销售；快速发货，以便客户尽早收货回款；卖得不好，利用海外仓免租期快速退仓，以便尽快寻找其他物流渠道。仓内来不及对库存进行细致的管理和反馈，导致在退仓的时候有纠纷，影响存储费或滞仓费核算。这种纠纷会耗费双方业务和结算人员大量的精力去举证、判责，严重的会影响到双方的合作。限于地域、时差、沟通、虚实等因素，双方在合作前，一定要签订详细的服务协议，在合同里约束好双方贸易合规流程、"权责利"及定价赔偿方式，附上操作流程。长期无订单的欠费客户，要联系客户充值，并确认是否退仓和清理库存。

在商家退仓前要将商品从店铺下架，首先进行系统封库，以免退仓单生成后店铺还有订单流入，对仓库的退仓工作造成干扰。其次，仓库必须对要退仓的商品进行盘点，并在系统中进行同步更新，及时通报给商家。商家确认退仓数量，按照盘点的结果生成准确的退仓单。退仓和结算的依据，就是仓库 WMS 和店铺 ERP 两边的进销存数据，即使有库存差异，也能找到具体的原因，确保商家和仓库、供应商在退仓和结算环节责任清晰。对于差异数据的追偿，所有的库存变动必须基于记录，包括入库单、发货单、库存调整单、退仓单，都可以找到对应的单据和系统数据。在实际操作过程中，基于盘点结果，不会因对退仓数量有争议而延迟退仓，以交接为界，双方对退仓数据进行签字确认，交给商家指定的接货物流商。

滞销库存向来难以处理。据不完全统计，平均每个海外仓卖家有十万元的滞销库存，有的甚至达到几百万元，其中约 70%的库存选择折价销售，19%的库存会被销毁，11%的库存会被退回或以其他方式处理。若将这些滞销库存处理得当也能得到不菲收益，处理不好则会成为要花钱处理的废品。对于多数尾货，卖家可以进行大幅广告促销或站外折价清仓，如发布在 Overstock、Tophatter 等批发拍卖平台，拍卖也卖不出去的则可以托海外仓捐给一些公益组织，还能因此获取一些当地的荣誉，无法再次销售的产品只能被销毁。在欧美弃货，需要由正规机构去清理，销毁也是要付费的。鉴于库存风险不可控，有些海外仓瞄准境外分销代发货，节约运营及仓储成本，代运营+技术输出，允许卖家销售无须囤货。

6.4.9 移仓搬库

仓库搬迁是非常规性活动，也许几年才遇到，但却是一种非常系统化的复杂项目。因业务规模变动，仓库变得拥塞或闲置，随之而来的就是移仓搬库或开分仓。与 IT 系统中的"双机热备"机制类似，迁移要平滑过渡，也要减少发货停滞，而不是停掉再转移。海外仓的回本周期长，通常租仓签合同的期限是 3～5 年，如果合同期限较长，在价格上就可能会便宜，但在期限上一定要慎重。因为，如果合同没到期，仓库不够用，考虑搬迁或退租，房东又要求必须按照合同把租约履行完毕，则中途违约损失就会比较大。而一起步就租个大仓库，必须得顶得住前期由于货量和订单不足而导致的成本开支过高问题。所以，海外仓选址规划就更加重要了，对发展战略要有基本判断，一开始租几千平方米的仓库，发展快的可能一年之后就满仓了，如果仓库附近库源丰富，则可直接开分仓，以减少搬迁的耗费，毕竟频繁换仓成本高。

在大规模搬库过程中，布局、流程及设备可能都会有变化，库位命名、系统设置等都按新建仓来实施。然后再出具一整套缜密的搬仓计划，让前端客户在转换环节能够无感知切换，减少纠纷。在搬迁期间要维持出/入库不中断，旧仓继续发货，产品迅速运往新仓库，新到的货入新仓库。根据老库到新库运输距离，安排运输车型车次，制定分批下架商品清单，库存下架、商品打包、装载容器、货位拆装，人员分组各履其事。第一批库存移仓完成后进行库内整理、测试订单处理，将少部分订单下拨到新仓库，测试几天没有问题后，新库开始全面发货，老库停止接单，将老仓库余下的零拣货物移运到新仓库，这样发货和移仓行为两不误。但如果新老仓库距离太远、库存零散，则中断订单作业三两天也不可避免。注意搬迁中的人员伤害、货物损失、运输故障等，做好安全防范，针对搬迁中断的异常做好预案。

6.4.10 云仓系统

在数字时代，没有系统支撑的规模化作业是不可想象的。Gartner 把 WMS 定义为"帮助管理仓储或配送中心日常运营的应用程序"，但如今的电商仓储配送是一个有点、有线、有面的服务链路，不是一个孤立系统，成千上万的 SKU，雪花一般的订单，推单、库存、配送、绩效、结算、监控等业务交叉整合，打破传统物流各个功能性系统的边界，关联了供应链执行当中所涉及的用户界面、数据模型及业务逻辑。海外仓是多种服务及多环节运营的，需要一个功能全面的专业系统或多个业务子系统来支撑。

软件的区别本质上是业务模式的差异，系统要满足特定的行业或业务环境。海外仓有很多独特的系统功能需求，支持跨境进出口、中转、代理、抓单、地址与配送渠道匹配，灵活配置多语言、计量单位与计费统计等。如图 6-11 所示，海外仓至少需要面向客户的

OMS、面向渠道的 TMS 及库内部作业的 WMS，更多的附加服务或延伸操作可能还需要其他系统或与其他系统接口。OMS 主要解决 SKU 审核、ASN 预报、充值计费、下单发货、库存监控等面向客户的管理和操作，可以跟客户内部外贸 ERP、客服 CRM 进行 API 接口集成。TMS 更多的是对头程运输、尾程配送、清关过程、物流计费等渠道口径的集成，很多衍生于货代、快递和小包等代理系统。WMS 负责库内过程管理与执行控制，集成自动化设备、劳动力绩效、场院管理、简易加工、计费等，跟客户系统及电商平台等形成互动。如果要管理多国仓储，轮件系统必须实现"云化"架构，以便达到多仓、共享、互联的目的。

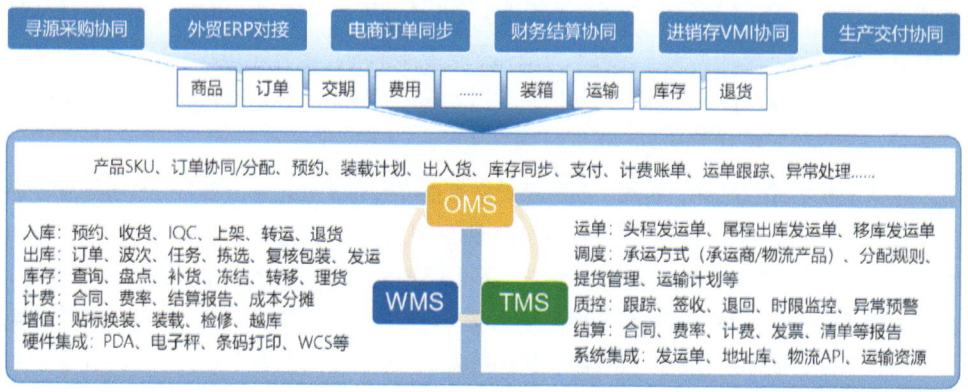

图 6-11　海外仓系统功能示意

WMS 核心功能有广泛适用性，通过不断积累行业方案从个性化逐步走向标准化，通过规则配置和行业模板来实现不同行业、不同货主、不同仓库类型、不同产品的差异化需求，在不修改底层代码的前提下使整个系统看上去像是为客户量身定制的。很多仓库并不需要复杂的 WMS 功能，SaaS 软件可以多用户共同在线租用，让 WMS 具有功能和计算资源可配置性，托管式的服务解决了系统、设备、部署和人才等问题，可定期升级。但是否完全舍弃 WMS 本地化部署还存在争议，WMS 与其他管理软件不太一样，既要通过对货品、订单及操作数据进行分析计算，还要将一些物理性操作实时地集成到软件中，物理设备需要系统的高响应、高并发，而采用云仓系统，有些问题无疑会被显著放大。因此，云仓免安装、轻实施的低成本方案广泛被中小仓库接受，业务量小、需求简单；如图 6-12 所示是海外仓系统在跨境互联网中的部署，大仓库往往还要将手持终端、测量称重、自动控制等硬件接口集成应用部署在库内。如图 6-13 所示是系统集成产品功能范围，WCS 是仓库控制系统，是介于 WMS 和 PLC 之间的一层管理控制系统，接受 WMS 系统的指令，并将其发送给 PLC，从而驱动作业线产生相应机械动作。

WMS 软件有几类，Oracle 和 SAP 等是典型的大型商业套件，WMS 是 ERP 中的一个组件；JDA、MA 及 Infor 等，是传统零售及 3PL 等领域独立专业软件。这两类商业软件费用高、缺乏灵活性，功能很难变通，在跨境物流领域罕有使用的。国内软件开发带有浓厚的互联网气息，求快、求新、求变，电商及新兴中小企业众多，自开发的跨境物流软件不胜其数，与常见外贸 ERP、物流商、平台都对接成熟。海外仓远程实施，要提前充分收集信息，避免实施过程反复，配备本地 IT 要做好后期运维。

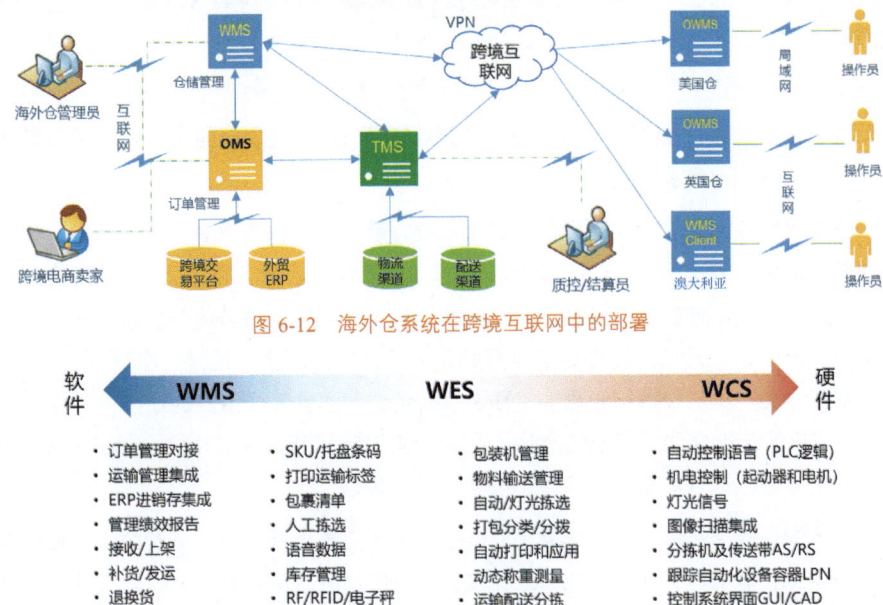

图 6-12　海外仓系统在跨境互联网中的部署

图 6-13　系统集成产品功能范围

6.5　海外仓发展趋势

在跨境物流业的生态结构中，电商（源）、运输商（流）、邮政/配送（汇）是基础层，货代、专线、小包及代理属于中间层，海外仓的门槛更高，国际快递属于塔尖。全球化布局的主流海外仓储服务商，需要大资金和具备较强的融资能力。早期传统货代在涉足跨境物流时，以直邮为主线，海外仓集中在少数自营的大卖家，直到 FBA 全球开放，带动了整个海外仓市场。货代、专线、快递商及国企中邮、中外运等纷纷拓展海外物流中心，构建一个联动的多渠道跨境物流体系，让"跨境电商"升级为真正意义上的"境外电商"。

如表 6-18 所示，飞鸟、斑马等海外仓服务商的单仓订单处理能力已达每天几万件。万邑通是最早的电商海外仓，依托中国 eBay 卖家，在美国东、南、西部有三个海外仓，"多仓并用发货，智能推荐下单"，平衡了时效与成本，旗下还有代理小包易递宝直邮服务。

顺丰海外仓成为 Wish 认证的欧洲海外仓，东欧仓位于爱沙尼亚的塔林，为海外保税仓，入仓时无须缴纳 VAT 和关税，覆盖欧洲。

表 6-18　海外仓服务商列举

美国	万邑通　易可达　明特　京华达　MBB　美仓互联　天马　邮差小马　易达云　谷仓
欧洲	飞鸟　君辉　海洋　宏益　飞高　奥格瑞玛　飞鹰　大圣盒子　斑马　中欧通　唯客路
俄罗斯	IML　捷网　天府盛　顺丰　丝路城　速十　俄速通　中邮
日本	海豚　OKS　昊宏　海拓通　易通达　大森林　坤鑫　飞高　义达　易客满　中外运

商流决定着物流，物流制约着商流。从跨境电商 B2C 发展趋势来看，成熟市场海外仓配一体比直邮将更重要。

一方面是精益运营。行业无序状态趋于理性，除了需要大量资金、前端开发、设立本地企业等"市场门槛"，清关法务、客服、结算、时效等"运营门槛"以外，海外仓的"科技门槛"也已显现，更加注重技术工具对效率的支持，实现资源与服务的系统化整合。在竞争同质化的今天，无论是海外仓还是直邮，无论是"大而全"还是"小而专"，市场最后拼的都是服务、团队和精细管理，流程要执行到位，学会管理用户的期望精益物流效率至上，为客户筛选更合理的落地配产品；谨慎管理库存，清理滞销货物，提高产品周转率。总之，成本管理、运营质量管控应往精细化的方向发展。

另一方面是服务拓展。从传统意义上的仓配发展为多功能的海外运营中心，破解跨境电商海外本土化诉求，实现全球化的业务整合，更好地融入境外流通体系。打造"出口贴近消费市场、进口贴近采购市场"物流运作枢纽。由于每个国家的政策法规、税务、交通等环境因素不同，从递送全球到服务全球转变更加困难。依托海外仓与国内保税仓联动，为跨境电商、外贸进出口商和海淘用户，提供双向本土化客服、质检维修、滞销品处理、备货 VMI、质押融资等供应链延伸服务。"不做第一、就做唯一"，对于垂直类或只做大件的海外仓，不需要过多考虑不同品类的差异，可以减少小件库内处理的烦琐，在细分领域提供更专业的特色服务。加快开辟新兴外贸市场，使跨境电商与海外仓互为支撑，并警惕贸易壁垒。

第 7 章

电商平台物流

在跨境市场中平台坐庄，海关裁判。由于物流商看重的是业务量，因此中小企业的发货人常常因没有足够的货量而对大物流商缺乏控制力，也就不能得到好的产品价格和服务。与电商平台合作是所有跨境物流商不可抗拒的事情，其中四大跨境平台（亚马逊、eBay、Wish、速卖通）就占据80%的出口包裹。物流商对电商平台的"站队"普遍非常谨慎，但上游平台掌握了大量的数据和订单，周边服务商其实是没有太多话语权的。电商平台对物流的"平台霸权"本质上来源于流量。物流企业害怕失去直接面对消费者的机会，削弱自由支配网络的能力。而电商物流又是低价规模市场，很难获得垄断超额利润，因而即使面"对店大欺客"的情况也无力回绝。电商平台秉承用户体验至上的理念，对物流时限数据悉数收纳，再分析用户投诉情况，就知道哪条物流线路不行，哪个承运商不行。

网络时代的电商平台引领了商业组织朝平台化方向发展，平台是组织者不应成为从中取利的庄家，整个电商+物流行业上下游融合的趋势愈发明显，如表 7-1 所示，亚马逊成立了自己的航空货运及海运代理平台，菜鸟国际开通了常规跨境电商货运包机并在境外进行了一系列物流基础设施大投资，京东物流也对外开放共享了，更多跨境电商平台集成了物流服务。卖家虽然仍可以选择不同的物流渠道在线下发货绕过平台，但主流平台都是使用推荐的物流产品来确认订单交付的，甚至强制入仓并以平台流量倾斜为交换条件，这让卖家感到十分为难。商家与产品的品牌化，也在提高对物流渠道质量的要求，力求全年不压舱、不爆仓。另一种平台化物流公司，具有社会化物流、车货匹配、运力交易、货运滴滴等共享经济模式，看上去行业门槛低，但实际上很复杂，如果没有积淀，就无法完整地建立生态。

表 7-1　跨境电商平台的物流战略

亚马逊	自营仓 FBA、航运 NVOCC、国际货代 AGL、运输 FTS、航空等，配送升级
eBay	直邮主打自营专线 SpeedPak 和商业预报关，海外仓 eGD 承诺时效服务
速卖通-菜鸟国际	建设跨境物流骨干网，包机/专线+eHub 清关转运+海外仓+落地配
Wish、Joom、Shopee 等	整合所有渠道线上发货并考核时效，直接订舱，集货+专线+落地配+线上结算

7.1　平台治理和平台化模式

电商平台的政策调整直接关乎物流渠道端的演变。在刚起步阶段，电商平台的主要精力放在招商和引流上，物流环节都是由第三方货代来完成的。跨境物流市场过去的高利润就来自于市场增量、信息不对称，以及整体资源的供需失衡。随着各电商平台的壮大成熟，几乎所有的平台都想去优化和深度整合物流运营，因此跨境物流市场进入收紧阶段，毕竟任由卖家自己发货，在物流环节出现问题时，平台很难保证所有卖家都能自行、快速解决问题。于是，电商平台先只面向平台客户进行线上发货，并提供几种标准化物流服务方案，将原本属于线下的发货搬到了线上，加强了对整个物流环节的可控性。进一步，大型电商平台开始构建跨境物流体系，使订单通过自己的物流渠道来完成，虽然产品与服务相对单一，但电商平台已经开始与各国的邮政、海关、税务等部门进行深入合作，并逐步将服务共享。平台经济是聚合的网络化商业组织，在权益保护、公平竞争、合理税收等方面，"平台治理"机制比"政府治理"机制更高效，另外其规模及边际效应优于传统的点对点或链条式的"单边市场"效率[1]。

电商物流基于平台交易的刚性拉动，不可回避的问题是，电商平台主导的信息透明，买方付出的信息检索成本转嫁给了卖方。物流失去了直接面对客户的机会，变成了电商平台的物流供应商。而且，电商平台可以站在生态链顶端俯视行业全景，价格、时限、流量及运作节点等数据都掌握到了电商平台手中。电商平台通过数据的智能分析优化布局物流渠道的过程，就是重塑和改变物流格局"诸神异位"的过程，开始为客户筛选物流选择，如图 7-1 所示，图中的每条线路引入几家有特定优势的物流服务商参与竞争，优胜劣汰，而物流商只能唯首是瞻。当然，随着新兴市场、细分市场的跨境电商平台的涌现，大卖自建站、线下零售参战，跨境电商平台的流量仍相对分散，针对细分市场的线路，留给平台去大量整合的优质物流产品也不是特别多。

图 7-1　跨境物流商入驻电商平台的在线发货

另一类纯独立物流平台，整合各类跨境物流商的产品与服务，并通过线上 SaaS 云平台整合资源，对接各类跨境平台、电商和物流商系统，为中小跨境客户提供渠道比价、下单、支付、保险、追踪、结算等一站式的全流程在线物流服务，如表 7-2 所示为跨境物流

---

[1] 阿里研究院、德勤研究，平台经济协同治理三大议题，2017.10

包裹在线发货对比。但现实是物流的部分非核心环节仍然很分散，大量中小型货代靠掌握零散货主市场，在给大物流商和承运商打工。成为平台化的企业是自己直接动手干还是定标准让别人来干，"做重 vs.做轻"不是标准，而是要选取相对标准化的业务场景，上接货主、下接渠道，实质上这部分平台都输出了类似于 3PL 的功能价值，通过"数据"将各种各样的资源、解决方案整合起来，实现集约化。

表 7-2　跨境物流包裹在线发货对比

	独立 SaaS 平台线下发货	电商平台线上发货
对象	各大平台及线下跨境卖家	该平台入驻卖家的本平台订单
范围	提货/到仓/检查/门到门等，可定制化	门到门/仓到门，标准化、无议价
产品	快递/小包/专线/头程等，不限第三方	平台定义时效分类，精简产品分层
运力	灵活组织各环节资源商	具有端到端方案的品牌物流

曾经那些进入线上物流的外行，急于求成，希望通过去中间化和一个 App 程序颠覆物流行业，或靠刷流量博取投资，但由于没有提供原有中间层级所能提供的服务保障，连而不接，最终都销声匿迹。事实上，要切入跨境物流线下交易过程，仍然需要构建线下服务的连接体系，如运营、客服及数据团队。自建网络容易走向烧钱黑洞，因为平台也不是单纯的服务代理或信息中介，而是有的侧重于为渠道商提供技术支持；有的主要利用线下货代渠道，另外跨境空运/海运都存在着大量定制化的服务；有的整合货量向航司或境外代理统一谈价格，其包裹类业务标准化程度高，与第三方公司合作提货、理货、报关等操作。

7.2　eBay 平台物流的进化

　　eBay 行事较为稳健或迟缓，发展略显平淡，增幅不显著，但其开放性、多样性、包容性较好。在 eBay 上的每个商业卖家的产品都能平均出口到 68 个国家和地区，中国卖家主要使用 5 种物流方式，包括邮政小包、国际快递、专线物流、海外仓、国内快递的跨国落地配。早期 eBay 多由卖家自己完成订单配送，物流考察政策相对灵活，如使用可跟踪服务，承诺在订单处理时间之内（Handling time）必须获得有效的承运商揽收扫描（A-Scan），否则视为非合规交易；交运并上传对应的 Carrier 包裹追踪单号，便于同步抓取轨迹和物品到达信息（D-Scan），防止虚假发货。

　　eBay 开创了最早的跨境电商物流在线发货 ASP 平台，与中国邮政、美国邮政三方合作，中国邮政提供 e 邮宝航空运送、全程追踪，卖家设置物流模板选择默认发货渠道，产生订单后直接在线打印运单，邮政上门揽收或卖家发货到集货仓，美国邮政接驳送货到买家，系统对接、分配专属号段、物流状态实时更新。

> 要求≥90%的、物品单价>5美元（含运费）的由中国售往美国的交易，发直邮货：
> - 在承诺的订单处理时间之内获得"与 eBay 平台对接"的揽件扫描信息；
> - 特快型 Expedited Shipping，FedEx、DHL、UPS 等国际商业快递及 EMS 类服务；
> - 标准型 Standard Shipping，全程可追踪且时效性满足要求的包裹服务或更高级别的快递服务，如 e 邮宝、IB 中美快线、香港邮政 eExpress、邮政航空挂包、DHL 电商 Packet Plus 等；
> - 经济型 Economy Shipping，至少含有揽收信息且时效性满足要求，无跟踪服务不可使用。

图 7-2　eBay 直邮物流考察指标

电商平台都在不遗余力地拉拢消费者，以物流服务影响用户的购买选择，助力流量之争。为此，电商平台间物流品质化提升的竞赛加剧，加之邮政渠道在旺季不稳定、终端费涨价等原因，2018 年 eBay 牵手中信产业基金成立橙联公司，亲自上阵打造自营跨境物流体系 SpeedPAK® 服务，实现对直邮运输派送通道的自主管控。前端揽收和集货通过风达或代理商，进口用商业清关，新物流系统 eDIS 与 eBay 平台无缝对接，下单、查询、结算一体化，价格对标 e 邮宝。为了推广自家服务，其考核要求英国、美国、德国等路向直邮达到 90% 的使用率，全程质量受 eBay 平台保护，而用其他直邮类产品造成的不良交易将不受保护，如表 7-3 所示为 eBay 海外仓服务标准管理政策细则 2019，强制将 EUB 及其他同类经济产品迁移至 SpeedPAK。

表 7-3　eBay 海外仓服务标准管理政策细则 2019

2019.06	承诺时限（订单处理+配送）	及时发货率	物流不良交易率
美国	付款后 6 个工作日，≥80%	付款后 1 个工作日内，≥80%	<2.0%
英国	付款后 5 个工作日，≥80%	付款后 2 个工作日内，≥80%	<2.0%
澳大利亚	付款后 8 个工作日，≥80%	付款后 2 个工作日内，≥80%	<2.0%

为了对标亚马逊的本地配送时效，eBay 也在英国、美国、澳大利亚等国推出了"限时送达" eGD（eBay Guaranteed Delivery）承诺服务，把商品按次日送达、隔日送达进行分类，方便消费者按照送货时限来浏览和筛选商品，增加卖家刊登的曝光率。根据卖家实际能承诺的送达天数提供 30 天退货服务，商品刊登将成为 eGD 展示，买家在浏览物品时可以选择是否只浏览 eGD 类刊登，并且可以知道所购产品确切的送达日期。但要做到这个时限，只能用海外仓所在州或附近能 4 个工作日内妥投的州加入承诺范围。早在 2009 年，eBay 就开始由合作伙伴提供海外仓服务，除了 Winit 之外 eBay 也在跟谷仓、天坤、斑马等其他仓储公司，以及澳洲邮政 Fulfilio、美国必能宝合作，代其为卖家提供海外本地仓配服务。英国消费者通过 eBay 购物，可以选择"Click & Collect"线上下单线下取货，卖家会把包裹发到消费者附近的物流服务公司 Doddle 网点（店内取货），并用短消息提醒消费者去取货。

7.3　京东物流的自营与开放

电商自建物流能存活下来的凤毛麟角，因为体量和投入都是坎，但京东物流属于国内电商自建自营体系的滥觞。在京东企业精神中有很强的自控性，物流大多数的收入来自于为自身电商平台提供采购、仓储、物流等供应链服务。据公开披露，2016 年京东在开启 FBP（Fulfilment by POP）之前，自营配送的物流履约费用率为 8.1%，而同期自营产品毛利率仅为 7.2%，这意味着产品毛利尚不足以覆盖物流成本。第三方业务规模的扩大为京东物流开放提供了基础，并能利用冗余产能降低边际成本。2018 年京东物流从京东独立出来并向社会全面开放，这推动了京东物流由成本中心向利润中心的转变，也预示着京东走出电商物流范围，向综合物流转型，如表 7-4 所示为京东物流四大服务领域。京东物流的稳定的时效和高质量的末端服务，为合作伙伴提供包括仓储、运输、配送、客服、售后的正逆向一体化物流解决方案，同时联合京东商城共享线上、线下渠道资源，联手京东金融推出供应链金融和保险产品。

目前，京东物流拥有中小件、冷链、大件、零担、跨境、众包六大实物网，多数都是资产自持，但是国内快递市场处于红海竞争，要保持高质量寄递的市场定位，仍需巨大的业务导入才能实现盈利。亚马逊会员付费的主要动因是免费两日送达的物流服务，而国内是全国包邮的市场环境，因此京东推行 PLUS 付费会员也面临挑战。

表 7-4　京东物流四大服务领域（官网介绍）

供应链	仓储、运输、配送、维修、退货、客服、售后，订单履约全渠道多平台，行业解决方案
快递快运	门到门时效产品 1~3 日达及代收、保价、返单等增值服务，零担、速运到仓及整车服务
跨境物流	跨境直邮仓及直邮线路、保税备货、国际供应链，出口东南亚建立本地运营网络
云+科技	物流科技、云服务、开放平台，商家大数据，仓储规划设计、智能补货、滞销处理等

京东快递在航空件方面主要和民航合作，末端增值服务优势突出，需要大力建设其揽件能力。京东云仓，除了自营大型自动化仓配中心外，第三方社会化仓储资源也可以与京东合作，京东输出库内操作系统，并与商城运营联动。无独有偶，亚马逊 Onsite 及菜鸟云仓都是类似的思路，即以系统支配资源。

京东的整体供应链服务如图 7-3 所示，是传统的快递企业完全不具备的，也是其最大优势。多数电商在备货方面都有强烈的融资需求，但零售仓单融资存在一些难点：一方面出质方的存货周转率要求高，不同于整进整出的批量存货质押，比如奶粉、纸尿裤、鞋、化妆品等消费类商品随时进出，对既定生成的仓单要求具有更频繁的解付、置换、再质押等操作，且必须采用数字化流程。另一方面，质押物有质保期或者过季风险，若借款未及时归还，为避免发生违约，还需要一个强有力的处置变现体系，以确保产品在可售期内处理完毕，否则仓单面临掉价，无法弥补融资本金风险。京东的销售和仓储都是自营可控的，数据可共享给金融机构，因此京东在供应链金融方面具有独特优势，具备质押货物变现的能力。

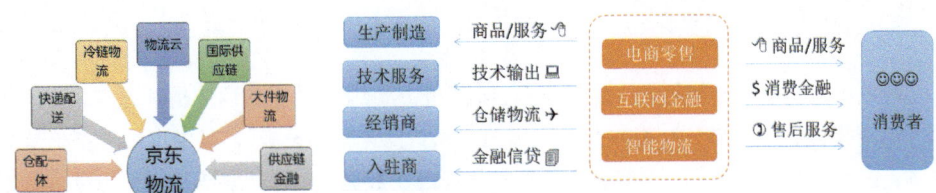

图 7-3 京东物流的开发平台战略

京东也有互联网公司的特质，即注重技术驱动协同网络，包括智慧化平台、数字化运营、智能化作业、物流云、物流科技等。如图 7-4 所示，以核心运营系统支撑高效交付来满足消费者个性化、多元化场景消费的需求，成为体验升级、智慧运营、操作无人化等特征的新一代物流的引领者。

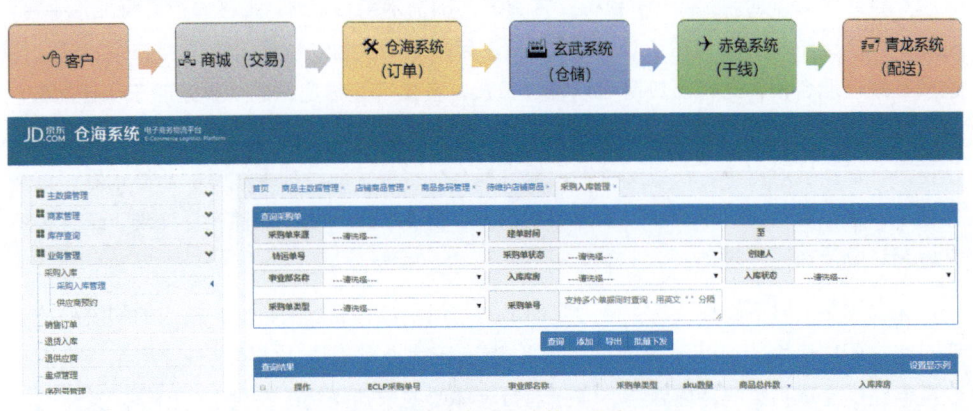

图 7-4 京东物流几大核心系统

京东积极开展了跨境电商进口方面的仓储物流布局，在北美和欧洲等地设立了多个海外仓，京东旗下的海囤全球在国内的杭州、广州、郑州、廊坊和上海等地拥有保税仓，在法国开设了采购中心。京东出口起步较晚，当前重点在东南亚，在泰国、印度尼西亚、越南等建立自营海外仓，与当地物流合作提供末端配送；国际运输开通了中国至雅加达、曼谷、泗水、林查班等地的出口专线，包括从集货、验货、报关/清关、国际运输、货品追踪、库存管理、售后服务等一站式 JD SEA Gateway 跨境物流方案。国内联手 eBay 跨境直购，京东物流提供进口清关及配送等服务；顾客在印度尼西亚下单后，京东向 Walmart 采购，由京东物流国际供应链空运至当地派送，与印度尼西亚本地仓备货模式形成互补。按规划，京东物流网络将覆盖整个东南亚，此外，京东还在俄罗斯、韩国、意大利、波兰等市场均以直邮的方式运作，在俄罗斯路线将会部署海外仓。

7.4 阿里物流国际化布局

阿里巴巴（以下简称阿里）是极具平台化战略的企业，全球化运作是其方向之一。物流、电商零售、金融与云计算并列为阿里的四大"商业基础设施"，其中电商业务仍是其主体，占收入来源的 80%，但其全方位的扩张已经使数据的维度足够丰富，生态链大数据将成为新的资源优势。阿里最早在跨境 B2B 板块，通过收购一达通将整个出口退税、供应链金融等方面做了整合，为中小出口企业提供了综合外贸服务的便利。市面上很多报关行接到的出口报关单，抬头都是一达通，随后又以"一拍档"将整个物流环节做了开放式整合，吸引货代、报关行、中港运输、空海运、财税等第三方服务商整编进来，让很多中小货代感觉是在为平台打工。

在国际运力方面，阿里也希望将广大贸易商的需求集合起来，让各大物流商加入平台。例如，阿里进军集装箱海运市场"舱位宝"，与马士基航运、以星、达飞、长荣等船公司达成在线订舱合作，这样出口商可以绕过货代，直接在线预定船期，直达船东保证舱位。由阿里联合中海共同打造 eShipping 海运综合服务平台，支持在线订舱、在线接收舱位确认信息、在线核对提单、在线支付等，提供拖车、报关等海运配套服务。总体来看，这些方面以价格取量的优势不明显，服务限制较多，很多客户问题不能被灵活处理，三方关系又容易让物流商陷入被动。

菜鸟网络（以下简称菜鸟）是阿里嫡出的物流平台，冠以大数据为核心的物流科技公司，也是国内最大的 4PL（第四方物流），其有五大业务板块：端到端快递网络、供应链仓配网络、全球买卖的跨境网络、增强消费者体验的末端网络、农村电商网络。菜鸟网络对物流的话语权，本质来源于阿里系统的电商流量，所以自成平台聚合物流全产业链上的优势资源。其中仓储、货代、快递、邮政，甚至铁路、公路、航空等社会资源，利用数据、标准和系统驱动网络资源的高效协作；倾向于垄断消费者的接触渠道，让物流商之间相互制衡。菜鸟提出"三网"融合，其中天网是开放数据网络及云供应链协同平台，是以大数据为能源、以云计算为引擎的智慧物流信息网，开放共享给平台上的商家；地网是深度介入渠道布局，园区、枢纽、运力、城配、网点/驿站以及菜鸟联盟生态，以节点形式布局的实体物理网络，让天网的数据能力落地；人网是社会化物流末端网络和基于消费者真实生活中各种场景下的便民服务[①]。

菜鸟网络 E.T.物流实验室致力于引入最前沿的科技帮助提升物流效率，推出了电子面单、路由分拨、四级地址库、机器人仓、裹裹收寄、鹰眼异常监控、智能云客服等产品平台。在"双 11"期间菜鸟在智能仓配领域补贴"赋能"商家及物流商：提前实现库存前置，提供几千条线路的单量预测，在线精准货量预警，及时调拨人力、车辆以规避物流拥堵，使用电子围栏提高分拣、投递准确率，同时联合蚂蚁金服面向物流商开放支付、金融、信用等一系列的功能。

菜鸟通过打造"全球 72 小时达"物流网络，面向阿里国际、天猫国际、淘宝全球购、速卖通、天猫海外等阿里国际生态提供出入境物流服务，在全球范围内匹配消费者和供应商，从物流协调管理的服务中获益。阿里跨境 B2C 速卖通平台在全球拓展迅速，与收购的 Lazada/Daraz、天猫海外形成互补，例如天猫俄罗斯站商品是从当地合作商的仓库中发货的，而速卖通多是直邮的。菜鸟通过与全球上百个跨境物流商合作，推出了无忧物流、超级经济、特货专线、海外仓等跨境物流方案，搭建了一张具有全球配送能力的跨境物流网。速卖通已深入绑定菜鸟"无忧物流"，如表 7-5 及表 7-6 所示，货物承诺运达时间由平台背书，因物流原因导致的纠纷退款由平台承担，而物流商考核不达标将被迫下线。

表 7-5　速卖通 2018 旺季物流考核改进方案

物流等级	物流线路	时效	考核不达标
优先类	Aliexpress 无忧物流-优先	不延	未收到货纠纷率大于 15%卖家会员，限制使用：燕文航空经济小包、顺友航空经济小包、马来西亚挂号小包、越南邮政、新西兰邮政等航空小包。下线蒙古邮政渠道产品、俄速通线下发货，扣除蒙古邮政的国内运营方深圳亚欧快运公司缴纳的所有保证金
	中俄快递-SPSR	延 10 天	
标准类	中国邮政挂号小包	不延	
	中外运-西邮标准小包	延 10 天	
经济类	顺丰国际经济小包	无承诺	
	4PX 新邮经济小包	无承诺	

表 7-6　菜鸟无忧物流服务标准举例

产品	路向	挂号费	配送费	妥投时效	物流纠纷平台退款
无忧物流-简易	白罗斯	1.5 元/件	126 元/kg	25～30 天，≤60 天	标准上限 35 元/票
无忧物流-自提	俄罗斯	16.7 元/件	47.6 元/kg	15～20 天，≤35 天	赔付上限 1200 元/票

资料来源：global.cainiao.com，AliExpress PUDO Shipping，2019.5

如表 7-7 所示为菜鸟跨境物流网络布局策略，菜鸟通过与多国邮政、商业快递及本地仓配等企业数据对接，获取在各邮政所在国家和地区的网点资源、配送能力、仓储设施和

---

① 友盟，菜鸟物流，大数据打造互联网+物流——菜鸟物流大数据应用分析，2016.8.5

便捷的邮政清关服务；聚焦东南亚、俄罗斯、欧洲等跨境物流市场，补贴俄罗斯邮政为速卖通专属打造简易小包、邮件预清关服务；由中国出口专线与多家航空公司签署常规包机协议，实现集运、清关、分拣及落地配一条龙处理；建设大量海外仓库和跨境连结枢纽 eHub，与马来西亚建设 eWTP、投资中国香港机场转运中心，在西班牙、法国等地设立多个海外仓，引入中国商家提前备货，提升整个欧洲定日送达比例；通过在马德里、洛杉矶、法兰克福等地设立全球订单履约中心，在多个跨境试点城市设立保税仓超过 100 万平方米，在进口海外段，商家可以在货源地交给菜鸟，由菜鸟提供海外仓储和从仓到港的运输、清关，并交给合作伙伴配送，提供物流全链路溯源。菜鸟的云仓主要是输出系统与自动化，交给 3PL（第三方物流）来运营管理，天猫国际的保税进口商户必须入菜鸟体系。

表 7-7 菜鸟跨境物流网络战略

全球仓储	干线运输	全球配送	全球通关
全球履约海外仓 GFC	定期洲际电商货运包机	境外落地配派送网络	对接海关电子化申报
保税仓及冷库	直接合作航司及快递商	菜鸟驿站、境外自提	eWTP 数字自由贸易区
自动化机器人仓群	旁系 4PX、新加坡邮政等	对接境外邮政渠道	超级物流枢纽 eHub

7.5 Wish 创新物流

Wish 长期以平邮低价小包为主渠道，其物流问题一直被其高速发展的势态所掩盖。但如今 Wish 卖家数量已经非常庞大，近年来 Wish 为摆脱低价产品、低端物流的低门槛形象，其转型相当剧烈，流量获取、品质管控、品类架构、物流优化等新政策频出。自 2019 年其企业由线下转线上后，WishPost 即"Wish 邮"是 Wish 平台唯一认可的直邮线上发货平台，就是将认可的物流服务商产品整合到 WishPost 物流系统中，通过官方直接对接，商户不再需要到物流商或货代的系统进行操作，相应的物流渠道商将为商户们提供包裹揽收及承运服务，可以在线物流下单、在线费用结算、跟踪物流状态，保证订单的物流轨迹被完整地抓取，进而有效降低由物流引起的退款率。事实上，最初的 WishPost 是由 Wish 和中国邮政共同推出的 Wish 专属在线跨境直邮产品，其为商户提供集货仓的专线小包服务，享受邮政各项优惠措施和资源支持。

很多跨境平台的发展都离不开邮政的早期培育，因为在电商平台刚开始招商阶段，大部分卖家都是做中国直发的，而直发成本最低的当属邮政小包。但由于平邮无法为外国邮政带来收益，所以国外邮局常常消极处理这类包裹，都是优先派送其他类型包裹，因此大部分平邮小包没有境外跟踪信息，妥投率和派送时效都很低，造成的收货纠纷也非常多。通常，电商平台订单押款一般要 15～30 天，如果发平邮，回款期就会更久。为了升级线上发货，Wish 通过动态的比较淘汰机制，为商户筛选出更优质的物流服务商及产品，以便更好地提升物流质量，避免商户违反物流配送政策，如表 7-8 所示为 Wish 对部分直邮物流商的绩效考评。

表 7-8 Wish 对部分直邮物流商的绩效考评

物流商	占比	平均确认发货完成时间	妥投率	平均到货时间	平均预计到货时间	预计 95%的到货时间	90 天物流原因退款率
WishPost	42.32%	3.2 天	34.16%	31.0 天	41.5 天	111.3 天	9.64%
ePacket	21.48%	3.8 天	93.10%	26.7 天	26.5 天	44.0 天	1.78%
SFExpress	14.19%	3.1 天	38.19%	37.1 天	34.9 天	83.2 天	17.00%
SF Intl	5.59%	3.6 天	0.13%	48.3 天	49.0 天	137.7 天	25.72%
ChinaAirPost	4.87%	4.6 天	79.92%	33.3 天	35.3 天	78.8 天	3.80%
YunExpress	4.71%	1.0 天	0.03%	27.1 天	-	-	21.35%
EMS (China)	2.11%	3.4 天	56.08%	26.4 天	37.4 天	97.3 天	10.51%
Yanwen	1.77%	3.4 天	0.38%	33.3 天	50.9 天	135.7 天	15.17%
4PX	0.86%	2.3 天	16.86%	26.9 天	46.8 天	122.3 天	11.63%
FlytExpress	0.79%	3.7 天	0.11%	28.7 天	-	-	13.04%
DHL-GlobalMail	0.68%	3.3 天	0.74%	32.9 天	31.4 天	77.9 天	19.41%
SFCService	0.21%	2.0 天	16.44%	26.1 天	29.8 天	32.4 天	12.33%
Chukou1	0.11%	3.6 天	65.37%	29.0 天	23.4 天	23.7 天	5.45%

来源：https://merchant.Wish.com/，2018 年 3 月物流商绩效指标

Wish 提供测试运行考核，要成为被其认可的物流服务商，就要实现在首公里及时发货、物流跟踪、30 天内妥投等达标要求。Wish 为鼓励商家在线发货，其对欧美路向使用指定物流渠道提前 20%订单放款、妥投率免责等优待政策，而未在 WishPost 上集成列出的物流渠道，商户的线下发货将不受政策免责。流程上类似于 eDIS，注册 WishPost 账号并绑定商户 ID，选择物流渠道创建订单后，完善包裹报关等信息，商户在订单打包后再通知物流商进行揽收，并可以在平台或物流商官网查询跟踪。在物流费结算方面，一种是发货人线下与物流商现结或月结，平台只提供在线发货工具；另一种是预付制，卖家必须要先充钱到 WishPost 账户并且保证资金充足，由平台再与物流商结算。预付款发货相当于卖家的部分资金压在物流上，WishPost 会有一定的统签优惠。

EPC（Export Process Center）是 Wish 创新的一项出口处理中心合并订单服务，将同一买家跨店铺购买的商品进行合并发货并派送。如图 7-5 所示，Wish 发现当同一用户购买了来自不同卖家店铺的产品时，就先由各个卖家寄送至 Wish 上海 EPC 处理中心进行打包处理，再使用更高等级的物流产品寄送给用户。据 Wish 官方测算，使用 EPC 服务可以加

速放款,且合并后的物流费用均比市面上的同等渠道减少 2.47 元,这在降低成本的同时,包裹妥投率、退款率明显优于普通直邮物流。在提速方面,Wish 还推出了"Wish 达""安速派"等"集货仓+口岸直飞"的物流产品。

图 7-5 Wish 集货 EPC 合并订单服务

> 案例:Wish 邮云途中德专线,德国路向妥投类产品,全程时效 6~10 个工作日,综合妥投率高于 95%,包裹全程可跟踪,支持带电产品,2019 年基础资费为 58 元/kg,操作费为 15 元/件,限重 30kg 内,无首重。上门一件免费起揽范围:广州、深圳、杭州、义乌。

Wish 对使用海外仓的卖家提供流量扶持、回款加速、返佣等鼓励政策,规定如果商户承诺在 5 个工作日之内交付包裹给用户,其店铺将获得额外的流量。Wish 的海外仓有 WE(Wish Express)和 FBW(Fulfilment By Wish)两类。WE 是以单个产品配送单个国家的限时派送方案,要求订单必须在 5 日内履行,按时到达率为 95%,通常只能由海外仓来实现这种交付承诺。因为物流标准苛刻,所以 Wish 会为 WE 倾斜高达 10 倍的流量,其中 WE 约贡献了平台 20% 的流量。例如巴西路向的 WE 订单必须在 10 个工作日内由物流商确认妥投,否则此订单将无法回款;如果商户在考核期间按时到达率小于 90%,则失去 WE 资格。通过 WE 仓库工具,商户可以管理产品库存,选择仓库进行发货。平台提供的"地址校验"功能可以验证订单的偏远配送地址,订单妥投时限可延长。

FBW 是 Wish 平台提供的升级版欧美仓配服务,订单执行和物流完全由 FBW 认证的海外仓进行处理。卖家入驻由 Wish 官方认证的 FBW 海外仓,享有各种流量支持和商户账户放款时间扣减等政策倾斜,物流丢失/破损/延误造成的用户退款由 Wish 平台 100% 赔付。FBW 的核心 SOP 指标是在 24 小时上架、24 小时出库、7~10 个工作日完成妥投,仓储及物流费用从商家后台余额中扣减。入驻产品通常是普货,不接收带电、液体、粉状等特殊货品,在货物入仓之前提供样品,后台提交产品信息进行审核,并且需要提供可直接运输的包装,以及每个 SKU 都需要贴条码、外箱条码、装箱清单、自送到仓等。作为跨境 O2O 的创新,FBS(Fulfillment By Store)是 FBW 的延伸,FBS 允许产品在线下实体店铺中销售,产品不仅存储于 FBW 仓库中,也可存储于与 Wish 合作的自提实体店铺中。

7.6 亚马逊全球物流战略

亚马逊（Amazon，简称为 AZ）同时把 IT、物流和零售几个完全不同的行业做到了极致。"亚马逊式客户体验"的商业模式以客户为中心，即以低价、商品丰富及购买便捷这三个用户体验为核心，亚马逊的平台治理向来森严，严打税务欺诈、侵权、刷单跟卖等非诚信的劣迹操作。其不断扩大的物流网络正在加速重塑商业和社区，给零售业以颠覆式的挑战。令人称道的亚马逊 Prime 会员，其用户年费其实不能负担全部物流成本，但服务的黏性让销售规模变大的时候，很多成本就可以摊薄了。在亚马逊的财报中，物流成本是一个超级黑洞，成本增速一直快于物流收入，但每个订单的物流成本一直在下降。亚马逊平台有高达 4 亿种产品，公开的国内电商履单成本为 10%~15%，第三方卖家 GMV 已超过自营商品，卖家发到亚马逊物流服务的库存量单位要占到 90% 以上。

亚马逊在跨境电商领域中，支撑海外购的是一套无缝衔接的跨境进口物流体系，其借助强力的资源整合和全程溯源，快速实现跨国订单的智能发货、高效清关和配送；支撑全球开店，具有遍及市场的亚马逊物流服务跨境云仓、运输网络及系统能力，以及 14 大国际站点 125 个运营中心，为各国卖家提供高质量的履单服务。巨大的业务量赋予了亚马逊很强的议价能力及其对低成本的无限渴求。亚马逊每年配送六七亿件包裹，其在自建快递物流网络中强化海陆航运物流，不仅是补己之短，而且是在最大化整合资源。亚马逊的全球物流实力已经让其他电商平台望其项背，端到端的综合物流服务体系初见端倪。

7.6.1 网络布局

任何平台都没有绝对的自营物流体系，亚马逊整合供应链变成综合物流商的过程是分段推进的，优质第三方物流服务商会成为亚马逊 SPN（Service Provider Network）认证的社会物流资源。海外购是亚马逊全球首个提供跨境 Prime 商品订单全年无限次免费配送的会员服务，其跨境订单从美亚直邮中国，大中城市可在 5~9 个工作日送达，根据包裹目的地直发到附近的口岸，对接海关和快速处理通道，清关后进入最近的亚马逊口岸运营中心，这优化了整个跨境物流体验，解决了转运和代购中常发生的货品保真、物流时效、丢包、售后等情况。目前，亚马逊正逐步加强控制仓储、空运、配送、航运及首尾一公里的物流服务，具体如下。

1. 仓配履单。

仓储、配送是物流商最大的成本，在这个劳动力密集的领域中，容易出现人力冗余的问题。类似于 AWS 云计算，亚马逊创造性地把内部的资源和服务转化成面向外部的生意。如图 7-6 所示，在亚马逊物流服务开放产品化之后，仓库向第三方卖家提供仓配一体化服务，能够让亚马逊更有效地利用自己多余的物流能力，以仓租+物流费+抽取佣金等方式获得收益，进一步增强其与快递商的议价能力。例如，日本亚马逊 3/4 的配送由 Yamato 完成，运价仅有市场价格的一半左右。

图 7-6　亚马逊全球物流 SHIP.AMAZON.CN 海运服务

2. 干线空运。

亚马逊为了应对高速增长的航空货运需求，减少其对 UPS 和 FedEx 等传统货运巨头的依赖，已租借几十架全货机建立自主空运网，以 Amazon Prime Air 品牌货机做干线空运，并在肯塔基州建立首个航空货运中心，毗邻全球最大的空运转运中心——UPS 世界港，以及 FedEx 最大的包裹分检中心，增长势头不可抵挡。

3. 配送网络。

宅配的利润要低于向企业顾客送货，因为通常企业的每次配送订单都包含多个包裹。但为了掌握更多的末端控制权，除了租赁飞机外，亚马逊还提供 FTS 整车货运，以及 FBA 之外的 Seller Flex 自主配送服务，向区域物流合作伙伴提供货车、制服、技术和货量，招募配送合作伙伴 Delivery Service Partners，而且创业者可以租赁 20~40 辆印有 Amazon Prime 标识的货车来运送。亚马逊提供的跨境出口在线发货叫购买配送服务"Buy Shipping"，由第三方物流上门取件，平台统一结算。

4. 即时配送+线下门店。

新零售的发展趋势是走向 Phygital "物理数字化"，实体店转变为数字化商店。不止于线上，亚马逊要成为在线"Walmart+FedEx"的结合体，让自己的网点触手可及，美国 60% 的人口生活在距离亚马逊仓库不到 25km 的地方。亚马逊在"极速达"方面布局很早，在主要城市提供当日递 Prime Now 服务，线下便利店 Amazon Go 无人超市，推出 Amazon Fresh 生鲜配送与 Whole Foods 超市的服务组合。

5. 全球货运物流。

亚马逊继成为无船承运商后，其全球物流的订舱平台 AGL 上线，卖家可以在网上下单、确认提单、跟踪进度、结算账单，实现全球航运、仓储、包装和货运交付等一站式跨境物流方案，控制从中国货源地到分拣中心或港口的首公里运输。目前 AGL 专注于卖家的头程需求，集货后运到目的国的 FBA，启运港散货入仓、免费锁仓、优先预约入库，高效准点，提升现金流。锁仓，就是把同一批 FBA 发货计划的货物集中锁定运往指定的 FC 运营中心，而避免同一批货物被系统拆分配送到多个 FC，省去分仓产生的额外成本。平台是规则的制定者，传统货代与 FBA 头程在运输上几乎无差异，但如果亚马逊强推头程物流并将其与 FBA 捆绑起来，出现聚量降价，那么竞争优势高下立见。

7.6.2　FBA 仓配体系

FBA 是卖家将产品批量发货到亚马逊仓库，由亚马逊负责仓储、拣货、包装、配送、客服及退货等相关仓配售后一条龙服务，与之对应的是商家自主物流。FBA 模式与菜鸟云仓有些相似，自营的程度更接近京东，关务税务 FBA 头程需要卖家自行解决。FBA 作为收货的仓库，不提供任何清关资质协助，货物到达目的港要有进口人进行申报。FBA 对选品的尺寸、重量、类别有一定限制，偏向于体积小、利润高、质量好的产品，FBA 的费用是根据所销售商品的规格确定的。卖家用了 FBA 之后，产品会出现 Prime 标识，意味着 Prime 会员享受包邮，从而成为潜在客户，产品的搜索权重也会被加大，提高出单率。亚马逊全球 Prime 会员已超过 1 亿，而 FBA 仓也有 200 多个，而且每年还在增加。FBA 给跨境物流带来极其庞大的头程运输需求，也给海外仓选址和运营提供了参考。随着 Amazon Business 业务在全球铺开，传统 B2B 跨境货运及海外仓需求将会进一步提升。无论是从日发货量、SKU 种类，还是从客户数量上，FBA 都远超一般海外仓，因此其库内管理难度极大。从市场反馈来看，FBA 的质量口碑也堪称完美，错发、漏发、库存等问题很少，其中精益管理、智能系统是 FBA 的两个核心。

亚马逊的物流中心有四级：FC，RFC，RSC，RDC。"物流选项"在亚马逊前台推荐算法中占有重要地位，FBA 资源有限，难以满足卖家更多库存需求，因此卖家自发货（SFP，Seller-Fulfilled Prime）成为另一个选择，服务水准只要达到与 FBA 要求相同的指标，如本地物流配送、准时送达率≥92%、有效追踪率≥94%等，店铺一样可以获得 Prime 及"2Day Shipping"两日达的标识。

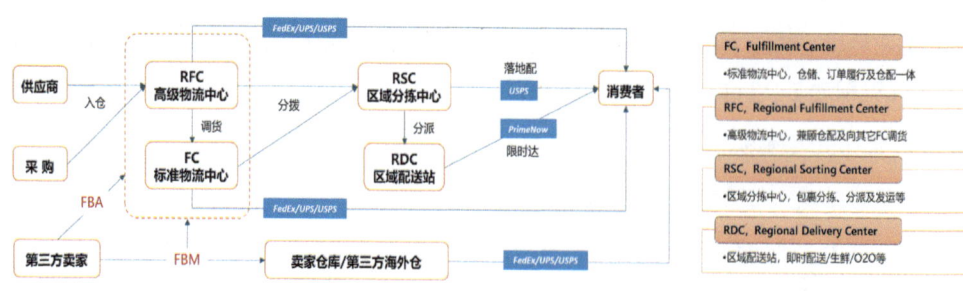

图 7-7 亚马逊美国物流仓配体系结构

FBA 在北美地区的费率会高出自发货约 30%～50%，但时效性高、更稳定。一方面亚马逊物流运营是业内的标杆，有很多的优点；另一方面 FBA 也有很多缺陷，其长期受到库存费用及退货不灵活等问题的困扰，卖家只能通过第三方海外仓的特殊定制服务来解决，趋利避害，如图 7-8 所示。

图 7-8 亚马逊 FBA 的优缺点

FBA 精益管理体系：一是严格实施 5S 及 4M（人机料法）日常点检制度，基于质量与安全，以均衡生产和标准化作为两大支撑。FBA 标准作业 SOP 包括 11 项准则，不间断、不迂回、不倒流、不等待、不出废品，及时消除浪费环节，且贯穿整个物流服务过程。二是高效生产管控，核心是创建简单的、可重复的、可视化的快速响应"安灯"（Andon）可视化流程，即库房一旦发现问题，工作人员必须亮灯，库内处置标准是问题组必须在 10 秒钟内进行响应，30 分钟内处理完毕，否则生产线就会自动停止。当处理完成时，"安灯"

便恢复到正常状态。三是流程优化和持续改善 Kaizen 机制，通过各层级反映上来的需要改善的问题，亚马逊管理者会选取焦点问题作为改善课题，在客户卓越运营系统 ACES 建立项目实施计划，根据一定的评价指标对这个计划进行诊断。亚马逊在 PDCA 方法论的基础上提出了具有自己特色的 CIC 持续改善循环方法，每个员工都要有主人翁精神，在工作中随时发现问题，找到问题的根本。四是以科技驱动创新，亚马逊不断应用先进物流装备及智能化系统。

SFP（卖家自发货）相对灵活，但无法使用 FBA 的配送折扣，亚马逊在此基础上提出 Onsite 云仓项目，核心逻辑就是把卖家仓库变成 FBA 仓库，虚拟扩张，实现 FBA 仓容量和 SKU 量的延伸增长。如表 7-9 所示为几种海外仓服务模式对比，Onsite 允许卖家将 FBA 仓库软件和物流系统运用到自己的仓库中，卖家能够使用亚马逊的物流账户获得运费优惠，这可以降低将近 85% 的运费。亚马逊 Onsite 兼顾了 FBA 及 SFP 的优点，在运作成熟后，开放给更多卖家加入运营，将会带动第三方海外仓强劲的增长。

表 7-9 几种海外仓服务模式对比

项目	现行 FBA	亚马逊 Onsite	自营海外仓	第三方海外仓
分仓	需要（或花钱锁仓）	不需要	自定义	通常不需要
库容	有定额（新账号）	无	无	通常无，或视合约定
送仓费	有，$0.6-$1/lb	无	纳入物流成本	有，含在头程费用
仓储费	有，月租及超期仓租	纳入物流成本	纳入物流成本	根据合约执行
处理费	有，$1.6~$4.18+	纳入物流成本	纳入物流成本	根据合约执行
配送费	无	有，使用 Amazon 提供的运输折扣	自付，卖家直接与配送商议价	有，使用仓储服务商提供的运输折扣
退货费	无，若干品类除外	无，若干品类除外	卖家承担	根据合约执行
下架费	有，$0.5/item 产品	无	无	通常无，或视合约定
客服	Amazon 负责	Amazon 负责	卖家负责	卖家负责、仓库配合
补货	旺季入仓预约排队	随时可控	随时可控	1~2 周，空海加派
标签	贴 FBA 标签	贴 FBA 标签	配送商运单标签	配送商运单标签
系统	Amazon 订单管理	Amazon 仓管 WMS	卖家 ERP+WMS	外贸 ERP+第三方 WMS

7.6.3　FBA 发货须知

FBA 为电商仓配提供一套可借鉴的管理规范。在操作细节上，FBA 对商品的限制、备货准备等要求苛刻，并会对预处理不当或不合规操作加收额外费用，若出现拒收、上架延迟、弃置或退回等入仓问题，甚至会停止接收。具体的管理规范如下。

(1）基础管理的标准化。FBA 的各项收费都是按商品的品类、尺寸、重量进行分类收取的，带电危险品会另计费用，为此 FBA 定义了产品规格段，并会在入库时进行 SKU 测录。如表 7-10 所示为 FBA 对商品规格的基础设置。

表 7-10　FBA 对商品规格的基础设置

Product Size Tier	Weight	Longest Side	Median Side	Shortest Side	Length + Girth
Small Standard-Size	12 oz	15 inches	12 inches	0.75 inch	N/A
Large Standard-Size	20 lb	18 inches	14 inches	8 inches	N/A
Small Oversize	70 lb	60 inches	30 inches	N/A	130 inches
Medium Oversize	150 lb	108 inches	N/A	N/A	130 inches
Large Oversize	150 lb	108 inches	N/A	N/A	165 inches
Special Oversize	> 150 lb	> 108 inches	N/A	N/A	> 165 inches

（2）包装要点。要使用符合 FBA 要求的材料及填充物，尤其注意纸箱或卡板上标注唛头及标签，如箱盖完整的六面硬质包装箱，每个箱子、托盘四侧均贴一个标签，防止运输过程脱落；非小包裹货件都要用标准规格的托盘装载，货物超过半个托体积都需要打托，并用拉伸膜裹装；如图 7-9 所示，单箱重不超过 50lb（欧洲限 15kg/箱），否则必须在箱上张贴 "Team Lift"，超过 100lb 的必须贴 "Mech Lift" 并打托；成套出售的商品在配送容器或包装上注明 "Suite" 套装标签，混装打托的商品要标识 "Mixed SKU" 于外箱等。如果不提供商品的包装箱信息或贴标不妥，FBA 会加收人工处理费。少部分 FC 具备流水卸货设备才可以不打托，整箱派送通常要打托。

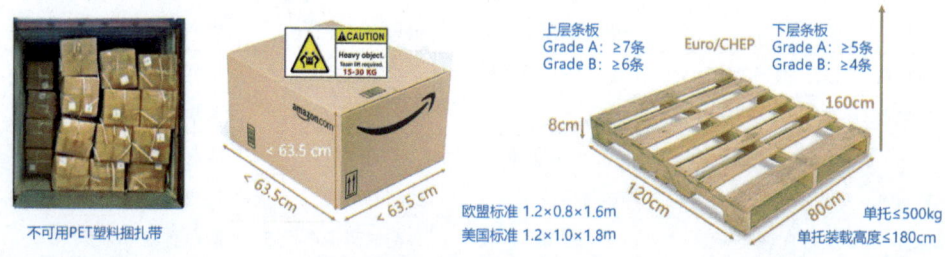

图 7-9　FBA 包装及装车规范示例

（3）送仓环节。使用国际快递直接寄往 FBA 仓的手续最简单，其中 UPS 是 FBA 头程运送的一大主力，具有无须提货、无须预约、直送美国 FBA 仓的优势。空运加派送，要使用熟悉 FBA 流程的国际货代，拥有清关、卡车资源，最好能提供再包装、整理报关资料、代贴标签等服务。汽运零担或整车提货送往 FBA 仓，如果出现没有预约、送货提前或延误，车辆或托盘装载不规范、卸车不安全或无法在垛用机械卸货，以及货物破损、送货文件不全等问题，都可能会造成货物被仓库拒收问题，而且要务必将装箱单、存出仓委托书、品牌申明书、送货须知、报关单证等随附资料备齐。货件在到达 FBA 仓后，通常会在 14 个工作日内完成上架，如果接收数量与卖家发货数量不符，入库单会显示为"Receiving"状态，直至全部接收完毕变为"Closed"，如表 7-11 所示。

表 7-11　FBA 库存几种状态

Inbound（入库中）	商品在途尚未入仓，计划入仓数量；已收货，等待上架
Fulfillable（可售卖）	货物已经上架，并且可以销售，完好库存
Reserved（预留）	为未付款订单预留，或 FBA 转仓调拨，FBA 正在常规处理
Unfulfillable（无效）	有损坏、包装破损或者标签不符合入库或入库有损坏

补货通常视未来预计销量而定，并充分考虑在途、在库及退货的库存分布，如表 7-12 所示，如果可用库存量<预计销量，通常就可以安排 FBA 补货。

表 7-12　FBA 库存补货计算方式

历史销售量（件）	未来预计销量（件）	头程在途（件）	库存余量（件）	可用库存（件）	是否补货（件）	可补货量（件）
270	168	70	100	170	No	（170>168）0
270	168	70	85	155	Yes	270-155= 115
1000	666	500	200	700	No	（700>666）0
666 *	1000	500	200	700	Yes	1000-700= 300
9	6	3	2	5	Yes	9-5=4

注*：以过去 90 天该 SKU 平均销量来预测未来两个月的销量，促销或旺季可能上浮，允许补货

欧洲跨国 FBA 配送有两种模式，一是欧洲统一配送网络（EFN），适合新手或销售市场集中的卖家。货物只发到一个站点的 FBA 仓，共享库存、集中发货，头程只在一个国家清关，减少 VAT 方面的限制，但这样退税就少了，而且如果超过了远程销售额还得注册其他国 VAT。二是泛欧计划（Pan-Euro），卖家在欧洲多国拓展业务，且在英国、德国、法国、意大利、西班牙五站都有 VAT，库存送到一个 FBA 仓后，系统自动分配到欧洲的其他站点所属 FBA，无论产品从哪个仓发货，卖家只承担本地配送费，配送费相对优惠，卖家无须承担欧洲跨境物流费。

7.6.4　费用与库存绩效

FBA 的初衷是作为本地仓储主要服务本土商户，但当用于跨境电商时，由于商品售价过低，FBA 的使用费可能会侵蚀掉利润。FBA 的整体物流成本要高于第三方海外仓，FBA 吸引了 Prime 用户，但对于非会员，可能会承担更高的运费，因此可能会造成这类买家流失。例如，按 FBA 当前的收费标准，一个 40 英尺的柜子在英国 FBA 的仓储费要 2000 多

英镑/月，而当地 1000m² 的仓库的房租加上税费用在 3500～4000 英镑/月，而这个面积可以装 16 个柜左右，如表 7-13 所示是使用 FBA 的若干费用成本项。

表 7-13 使用 FBA 的若干费用成本项

① 头程费用		核算单个产品的头程入仓费用（不含杂费），按照 SKU 数量简单平摊计算。例如：产品 A 共 50 个，产品 B 共 40 个，一箱发货运费 900 元，单个 SKU 平摊：900÷90=10 元。如果单个产品重量差异较大，毛重 A：B=2：1，则单个 A 产品的头程费用为 900×2/3÷50=12 元，B 则为 7.5 元
② 订单处理费	Fulfillment Fee 含仓配退及客服，Pick + Pack + Ship + Handle + Customer Service + Returns	
③ 月度存储费	Inventory Storage Fee 次月的 7～15 日收取上个月存储费，因商品规格和月份而异	
④ 长期存储费	Long-Term Storage Fee 适用于储存 FBA 仓 1 年及以上的商品，加收存储费并限制补货	
⑤ 移除订单费	Removal Order Fee 处理积压库存进行移除或弃置不可售库存	

产品因规格等级在全年中有所变化，FBA 存储费 9～12 月的旺季费会单列。小尺寸的产品需要更复杂和高成本的货架、储位及操作，如表 7-14 所示，小件产品的费用单价按体积计算比大件贵，但总存储费用可能低于大规格产品。

表 7-14 FBA 库内操作费 2019 版示例

	Size 规格重量	Fulfillment fees Per unit 每件操作费	Product Examples 示例
标准规格	Small (≤10 oz.)	$2.41	
	Small (10~16 oz.)	$2.48	
	Large (≤1 lb.)	$3.28	T-shirt unit weight: 0.35 lb.
	Large (1 lb.~2 lb.)	$4.76	Dimensions: 8.5" x 4.8" x 1"
	Large (>3 lb.)	$5.26+ $0.38/lb above first 3 lb.	Outbound shipping weight: 1 lb.
超规格	Small Oversize	$8.26+ $0.38/lb above first 2 lb.	Fulfillment fee (per-unit total)
	Medium Oversize	$9.79+ $0.39/lb above first 2 lb.	Year-round Rates: $3.28+$0.40
	Large Oversize	$75.78+ $0.79/lb above first 90 lb.	+$0.40 per unit for clothing items
	Special Oversize	$137.32+ $0.91/lb. above first 90 lb.	

虽然仓库租金不菲，但 FBA 仓库空间一直紧俏，于是就给卖家设立库存限制或单品总量上限，而存储量的限制又不利于商家集中采购和批量头程运输。商户可通过"卖家中心"仓储监控器（Storage Monitor）提供库存健康（Inventory Health）报告，以便知道哪些产品滞销或流转太慢。如图 7-10 所示，"库存绩效指标"不达标（IPI＜400）会被限制

仓储使用量，如果库存超过 FBA 限制数量，卖家将无法再创建新的入库计划，并对超出上限的日均库存量加收超量费，而绩效好的卖家可获得无限仓储使用权限。通过"Inventory Age"库龄报告，可查看仓库中商品的存放时间。

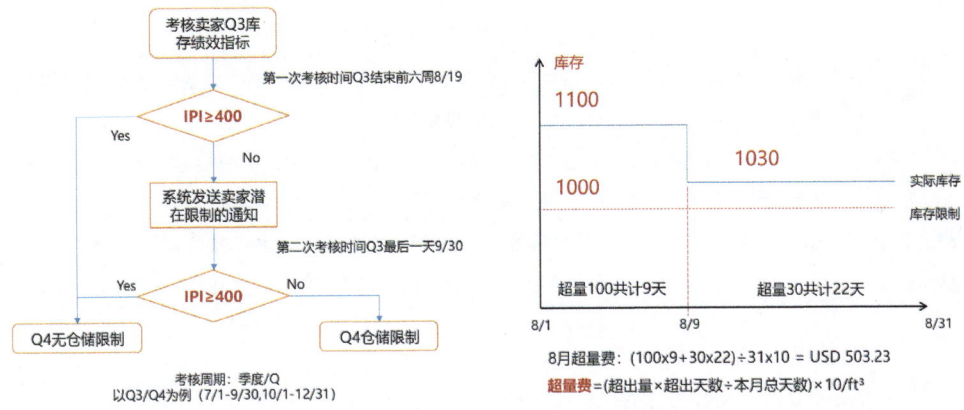

图 7-10 亚马逊 FBA 库存绩效与超量费计算举例

如表 7-15 所示，有长时间滞留 FBA 的库存，如超过 1 年的货物会涉及长期仓储费，每月 FBA 会进行一次清仓活动，长期仓储费以货物体积或件数收取。这对海外仓管理都是很好的借鉴。为避免货物产生长期仓储费，大件物品必须优先处理，在库存清点日之前提出移除请求，或设置超期自动下架。卖家要及时做成本分析，决定是支付仓储费，还是付费将物品从仓库中移除。清仓可以使用亚马逊重定价工具，以匹配平台最低价，尽快甩卖出去。如果产品降价无效，卖家就可以要求退回产品至指定海外仓，或付费请 FBA 销毁（Dispose）处理。

表 7-15 亚马逊月度仓储费及长期仓储费等收费项

商品规格	存储费（淡季）	存储费（旺季）	退仓移除费	销毁费
Standard-size	$0.69/（ft^3·month）	$2.40/（ft^3·month）	$0.50/item	$0.15/item
Oversize	$0.48/（ft^3·month）	$1.20/（ft^3·month）	$0.60/item	$0.30/item

超 1 年长期仓储费 = 应收商品数量×SKU 体积×$6.90/（ft^3·month）（或$0.15/（件·month），两者取其大）

资料来源：https://services.amazon.com/fulfillment-by-amazon/pricing.html，2019.4

FBA 退货流程简单，倾向于偏袒消费者，退货率普遍比相同产品的 FBM 高。对于一般的品类，FBA 免费将产品退回并把该订单之前收取卖家的平台使用费的 80%退给卖家，但是 FBA 也会对鞋、服装等类目加收退货运费。通常 FBA 仓对退回的产品不会再进行检测鉴定，就算退货没有质量问题，但已被拆开过包装的商品在被退回到 FBA 后就会显示为"Unfulfillable"状态。这类不可售商品也会产生仓储费，需要卖家创建移除库存的订单

"Removal Order"尽快退出。如表 7-16 所示,FBA 也提供一些重新贴标或拆封再包装的增值服务,但通常借助第三方海外仓来处理。FBA 也支持非亚马逊平台的销售配送,即多渠道仓配,如 Shopify/Magento/3Dcart 等工具,需要收取不同的费用。

表 7-16　FBA 提供的若干增值服务

库存配置	Inventory Placement Service 将所有符合条件的货件发送到同一个 FC,货件抵达后再由亚马逊自动拆分配送至不同 FC,就近发运,按件收取费用
多渠道配送	Multi-Channel Fulfillment 通过 FBA 给所在国家的其他平台的订单提供配送服务,不同的配送方式和时效,对应标准、加急(隔日达)、优先(次日达)等收费标准
S&L 轻小件	FBA Small & Light 不受订单金额限制,卖家可发价格低于 10 美元的轻小产品,费用更低
重新包装	FBA Repackaging 提供付费的重新包装一些品类的退货,包装破损但属于新品状况

7.7　其他平台物流

物流商与电商平台捆绑在一起,可以保障一个稳定和持续增长的货源。反之,销售平台与物流的信息联通,自建物流或控制物流服务环节,整合仓储、配送及清关等不同领域的成熟物流资源并开放给平台商户,不仅可以对服务质量进行有效管控,还可能成为可盈利的运营方案。Amazon 的物流行动极大地加速了美国包裹寄递市场的进化,"免费两日递"服务正在美国电商中普及开来,Walmart 已要求卖家必须本地入仓配送。平台主控在线发货、国际邮件终端费 USPS 自主定价,在倒逼整个中国跨境电商出口加速物流时效的升级。如表 7-17 所示为美国三家电商的旺季物流策略,Target 将自己的线上与线下彻底打通,50%的在线订单是系统自动匹配从最近的门面店进行配送的,如此 2000 家门面店等同于小型社区仓库。从这些门面店就近配送在线订单,可以将隔天投递服务成本缩减到最小。由此,跨境直邮 15 天的投递时效必然败给本地海外仓。

表 7-17　美国三家电商的旺季物流策略

Retailer	Holiday Season Free 2-Day Shipping(促销季免费两日达)
Amazon	交了$119 年费的 Prime 会员购物金额不限,非会员最低消费满$25(部分城市次日达)
Walmart	交$49 年费的 ShippingPass 会员,无最低消费额,免费退货网上或店内,非会员单笔满$35
Target	无须成为会员,也没有最低金额要求,但只限于 11.01—12.22 期间

资料来源:Target Undercuts Amazon with Free Two-Day Shipping, The WSJ, 2018.10.23

如表 7-18 所示,Joom 平台发货,分为信任的物流渠道和绩效合格的物流渠道两类,类似于 WishPost,官方物流渠道 Joom Logistics 只支持线上发货,卖家在 Joom 平台上获取面单和追踪号码后,打印面单贴在包裹上,然后交给均辉、云途等。由于 Joom 平台以低价产品居多，所以 SRM 简易挂号（平包+）和 RM 挂号邮件是该平台主流，售价≥5 美元的产品必须使用挂号发货，支持全程追踪。

表 7-18　跨境电商平台 Joom 运费模版示例

地区	品类	佣金	价格	平台/卖家运费	用户付款	实际运费	运费差价	卖家收入*
俄罗斯（目标国）	普货	15%	$20	平台运费：$3	$23	$6	$3	$20×85%-$3
阿联酋（目标国）	手机	5%	$90	平台运费：$4	$94	$4.02	$0.02	$90×95%
巴基斯坦（未覆盖）	玩具	15%	$30	卖家运费：$5	$35	—	—	$35×0.85%

注*：差额过大、卖家承担，可接受范围内的平台承担，假设卖家将统一运费设为$5

Lazada 在马来西亚、新加坡及菲律宾提供 Fulfillment by Lazada，设立中国口岸中转仓，四个分拣中心分别位于深圳、义乌、香港及首尔，统一多个国家的首公里快递面单。Shopee 自建物流 SLS 提供包裹寄送到深圳及华东转运仓，每天中国区出单量达数十万件，按不同路向使用 LWE、CK1、YTO 等认证直邮承运商，在印度尼西亚、泰国等多地建立了官方海外仓及 COD 退货处理。乐天通过运营全国性的物流网络，Rakuten Super Logistics 为企业提供电商订单配送的服务及软件，SmartSuite 物流套件含 SmartShip、SmartFill 和 SmartStock 运营程序，计算最优的发货及库存管理。如表 7-19 所示，法国电商 Cdiscount Fulfilment 提供欧洲仓配方案，三个月以内仓租实惠，Cdiscount Transport 可以为不同平台的卖家提供集成打单工具及运输折扣。

表 7-19　法国电商平台 Cdiscount 物流仓配服务

	Type	Description	Rate/m³.mon.		Weight*	Rate/order
存储费	Express	< 2 weeks	0 €	配送费	0 to 249 gr	2,10 €
	Standard	2 weeks < X ≤ 3 mon.	10 €		500 to 999 gr	3,05 €
	Sensible	3 mon. < X ≤ 6 mon.	30 €		2 to 2,99 kg	3,90 €
	Risk	6 mon. < X ≤ 1 year	90 €		……	……
	Obsolete	> 1 year	180 €		External order/Outsized	+ 2,00 €

注*：For small products (<30kg or longest axis <2M) and all rate excludes VAT, Cdiscount Fulfilment[①]

由上述可见，各大跨境电商平台的物流策略大同小异，亚马逊无疑是国际电子商务市场的领导者和样板。尽管电商平台的起点不同，但它们的物流战略趋于折衷，走社会化协同物流路线的菜鸟网络逐步扩大自建仓储，自建自营的京东将快递网络全面对外开放。跨境电商的开放属性决定了电商平台乐于集成物流资源，又可以凭借技术和流量上的优势从

---

① https://marketplace.cdiscount.com/en/cdiscount-fulfilment-eng，2019.05.31

中获益。比如，平台专为跨境电商卖家提供预付款保理服务，基于在平台上的过往交易记录，卖家即可获得无抵押、无担保的短期保理融资。究其原因，是电商与物流的共生关系，营销、运营、成本与技术等方面相互影响。较大的平台的物流生态体系的愿景是借助科技赋能，迈向超级物流平台。也正是在电商平台力量的强扭之下，跨境物流及快递的行业拐点正在加速到来，市场将会呈现更立体的服务分层。

英雄所见略同，所为大不同！

第 8 章

物流科技赋能

企业经营有两个杠杆：财务和科技。首先，产业向"资产+技术"双重密集升级，科技已成为物流企业的立身之本，应对规模、效率、成本之争，科技有无限潜能。竞争是全方位的，利润微薄与成本高企，市场、渠道、运营、网络等每个环节都需要被不断优化，而竞争的新标尺是科技能力。其次，科技改变了社会的消费方式，让市场效率加速，带动了生产与流通的改变，让物流的形态更加多样化。作业流程和服务体验的数字化升级，都是为了更高效、低成本地递送包裹，更好地服务消费者。同时，由于新科技的成熟周期缩短，物流作为跨信息学、数学、经济学与工程学等学科的研究中介，具有丰富的实践场景，是寻找新商业模式的重要通道。突破性技术创新"黑科技"的平民化应用，把最好的技术整合到业务场景中，将业务管理化繁为简。

智慧物流是工业 4.0 的重要组成部分，如图 8-1 所示，物流科技呈现的方式将更加多元化，形成了以信息技术为纽带、以其他专业技术为支撑的现代物流装备技术一体化应用。基于自动化、物联网、AI、云服务、VR/AR、生物识别、大数据等物流智慧化的前沿技术手段，很少有物流企业能够在全球物流链中做到全覆盖，跨境物流更需要基于系统整合的协作。快递及跨境包裹都在经历重资产化，低价驱动的规模与效率迎来爬坡期，科技投入是企业提升绩效的不二选择。物流系统以软件为主导，集成自动化装备并向平台化、API中心化、智能化、绿色物流的方向发展，在提升内部运营的基础上要有更灵活地打造产品的能力。

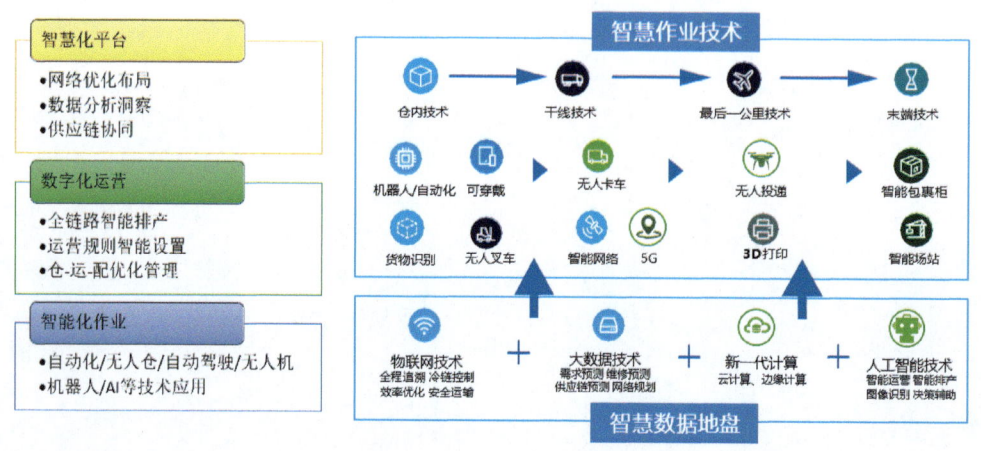

图 8-1　智慧物流的应用框架与关键技术①

---

① 德勤咨询. 新物流：下一站赢家？物流行业商业模式转型趋势初探，2019.6

8.1 科技是第一生产力

技术创新重新定义需求，Made-in-Internet 创造出新的商业模式，"创新、创意、创造"全面觉醒[①]。人力的能效比存在"天花板"，科技可以不断提高效率，而且会改变商业在跨市场、流程和职能上创造价值的方式。电商的数字化能力远远领先于物流，产品开发、营销、供应链、财务、客服等流程，多已实现了全业务链的自动化或半自动化管理。"软件定义物流"，是以数字化镜像实体 Digital Twins 把货物及物流设施、设备等实物资源单元化、标准化、可连接化，如表 8-1 所示，以软件对硬件、实物资源进行虚拟化管理。从 IT 承载降本增效、提升客户体验到采用先进技术引领业务转型、创新业务；从"业务数据化"到"数据业务化"，让数据产出商业价值，前沿创新企业数字化转型已开始从"互联网+"向"AI 智能+"升级。

表 8-1 从不同角度看物流技术应用

虚	物流规划	选址设计、库存部署、网络规划、客户解决方案、系统方案、预测优化及仿真等
实	物流运营	仓配操作、资源调度、装载配货、提货/理货/交接、投递/退货、监控客服等
软	物流系统	产品设计与需求管理、软件工程、系统 SaaS 化服务、算法组件化、分析/模拟
硬	物流装备	自动化设备、智能终端、搬运输送、货架、拣选、包装称重，运载工具与容器

（1）运营自动化。一是替代人工劳动，操作流程："人工→机械化→半自动化→自动化→智能化"，如图 8-2 所示，呈现可视、可控、可量化的状态，达到状态感知、实时计算、精准执行的目的；二是内部管理流程，以数据为驱动的财务、人力、采购、项目工程及运维等自动化，自动审查，简化单证、文件和开票等操作，提升内部服务效率。

（2）客户体验数字化。所有商品和服务被连接上互联网，物流也在全面线上化。从营销到售后，客户都来自线上，线上渠道已经成为服务客户的第一触点，因此，涉及用户体验的举措要立即着手。同样，物流要立足于对产品与渠道的维护，优化面向合作方的前端呈现，提供报价、预订、对账和监控分析、在线客服等便利，让各个环节可视化、可触及。

（3）组织形态边界消弭。新技术使一些企业扁平化、去冗增效，流程运行加速，形成"团队+技术+运营"模式，DevOps 敏捷应对市场和客户需求；很多大型网络组织转向开放平台，整合资源让生态圈扩张协同；未来的市场主导者对众包、共创、试错、迭代、微型化、单元化等数字时代工作文化有天然的亲近感，并在追求自我实现、工作与生活的平衡

[①] 阿里研究院. 新网商、新时代——网商报告 2017 之五大预测，2017.7.12

上表现出较强的群体特征[1]。

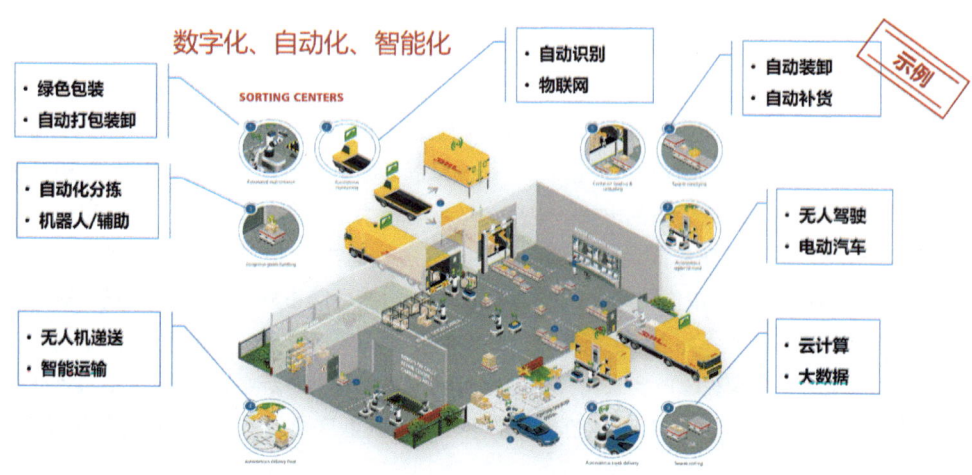

图 8-2　前沿物流技术在 DHL 中的应用

（4）技术改变商业逻辑。上下游产业的电商化、社交化、平台化及政府的电子化监管，为满足网络模式下高频、快速、多品类商品的柔性化供给和驱动物流传统运作体系裂化出更多的组合和创新。如图 8-3 所示的技术既是工具，也是管理、经营：从"渠道为王"转向"在线运营"；自动化解放了人力，也释放了管理；云计算解放了技术底层维护，让 IT 聚焦业务应用与数据；商业洞察与决策将直接基于大数据的事实，而不是假设、推断，等等。

图 8-3　物流技术的环节与整合应用

科技驱动战略不是口号，科技投入是非常重要的商业决策。大企业的问题不在于买得起"迈凯伦"，而是需要培养"舒马赫"，因为能够开创式领导科技团队的人更重要。需求变化之快、变化之多样，太多的系统脱离正轨、超出预算或一再延期，让业务部门对技术部门信心不足。大多数项目失败并不是因为技术不可获得，而是因为科技人才、技术文化

---

[1] 阮芳，蔡菁容，张亦惠等. 迈向 2035：四亿数字经济就业的未来. 波士顿咨询公司，2017.01

和管理体系出现问题。IT 开发和项目管理人员对终端用户（员工/顾客）的了解和沟通不够，甚至缺少"产品经理"的角色来完善设计和优化需求，使各方难以产生共鸣。而小企业则在于市场等不起，需求快速演进、敏捷迭代，没有技术支撑的流程或服务几乎寸步难行。技术能力的匮乏从根本上说是人和投入的问题，是战略的问题。公司在投资新技术时往往犹豫是自主研发还是购买，但这不是非此即彼的选择，而是要决定和清楚培养内部哪些技能，并为之调整"组织+绩效"。

8.2 物流企业数字化升级

智慧物流、数据驱动，网络背后支撑的是系统，物流背后支撑的是数据流。要想实现物流数字化，必须打通线下接触，使前后端一体化，盘活整个物流链，织一张信息网络。一方面是实现企业自身的数字化。数字化涵盖了对传统信息化的再升级，从数据治理、技术应用及机制等方面升级为"数字孪生（Digital Twins）"、数字化营销、数字化运营及数字化管理。科技的重要性已深入大部分物流企业，但由于管理跟不上、技术变化快，决策者或许误以为错过了某种"法力无边"的科技神器。其实条件尚不成熟，宁可潜心做好产品打造和体系建设，也不要盲目押注新技术、新概念，应该更多地反观自己内部的数字化进程，在时限计划尚不可控、运营与服务尚不闭环的情况下，谈大数据、智能化都是蜻蜓点水，给业务锦上添花容易，雪中送炭则很难。要实现企业的数字化，组织、应用、业务、管理都要重构、迭代。

另一方面，新业态进入快速增长轨道。如今，技术不再只集中于传统的软件商手中，既充分理解业务结构又熟练掌握技术体系的是各类互联网及电商企业，如图 8-4 所示，它们有最新和最多的数据、最前沿的开源软件及算法。以物流服务电商化、数据化服务为特征的车货匹配、运力共享、仓储交易、订舱平台及 SaaS 物流平台等新模式，减少了层级，降低了供需交易成本，并把服务分解成可以更好地交付的单一解决方案。例如，公共订舱平台把筛选的供应商和客户呈现在平台上，深度介入核心交易、交付环节，为客户委托提供一系列的规范性服务保障及异常处理。这种开放式体系，已经撼动了行业的一贯规则，托运人、承运人、代理人、收货人被数字化技术重新连接，业务流程更加透明可视，传统的价值角色被重新定位。新经济的竞争必备科技加持，科技也为内部创业提供了路径和基于基础产品支撑的新应用、新模式，以及新技术快速落地匹配的业务场景。

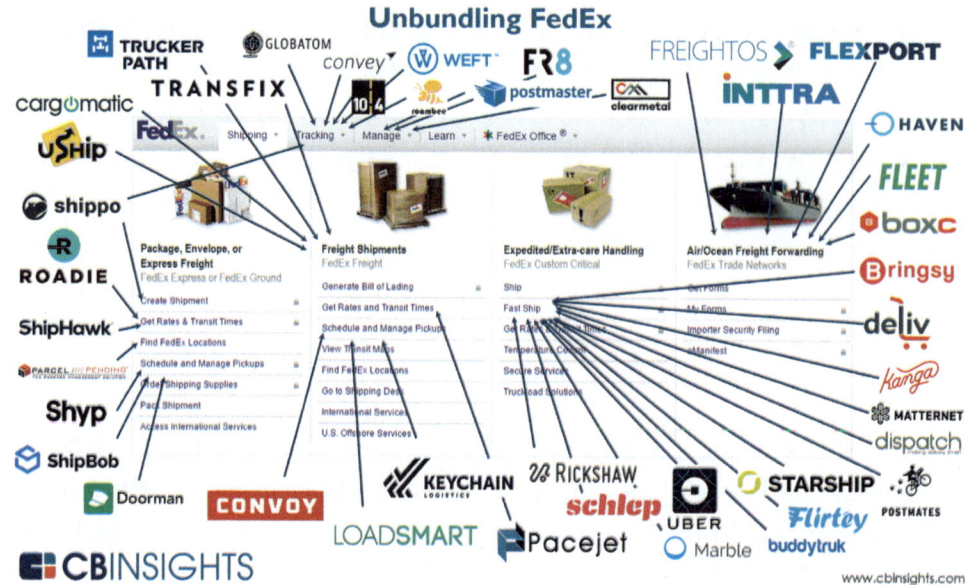

图 8-4 挑战 FedEx 等传统物流商服务的互联网和电商企业

8.2.1 运营一体信息化平台

如今很多企业将自己的系统称为智能"天网",然而它可能就是一个物流业务操作信息系统,具备基本的数据采集、运单录入、监控分析等功能。网络是一种连接,是时空多维度的存在,不仅有操作实现,还有规模性、时效性及体验度,将客户需求、资源集聚、运营标准等多重规则协同串联。企业要想管控网络,业务与管理的信息化只是第一步。首先,需要规划蓝图,使其在契合业务战略的同时具备技术先进性。企业不惜在系统和技术上重金投入的前提是要对业务有深刻理解,对业务流程进行仔细梳理,确定各个节点的采集、监控及逻辑,使企业的管理运行始终处于系统的状态下,确保从客户到一线员工及各级管理人,都是使用 IT 系统的终端用户。

模块化是工业设计的一种理念,可以减少重复开发设计、模块化软件组件,让开发定制系统变得容易。但业务与管理始终在变,物流企业会经历单一系统、多系统、系统群、扩展及重构等阶段。企业的确需要很多种系统,但至少要有一个核心运营平台,而且要有基于一整套具有前瞻性的 IT 蓝图设计来推进,而不是拼凑系统,这事关企业核心业务的定位。因此,企业要实现作业扎口管理,把控客户数据,如图 8-5 所示为跨境物流常见的系统领域。

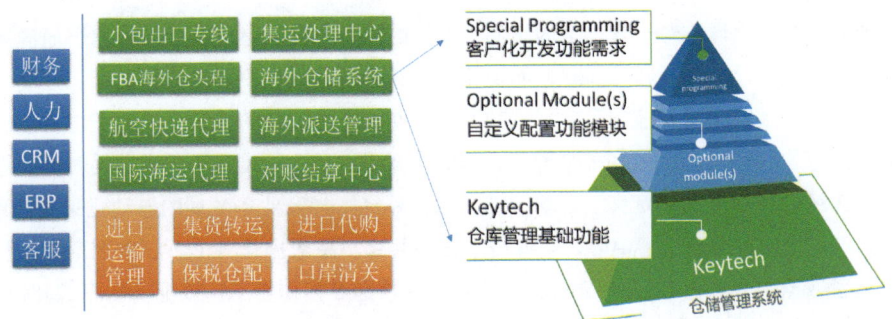

图 8-5　跨境物流信息系统功能框架及实现的设计蓝图

其次，在组织上，技术与业务需求的边界可以借鉴互联网企业的产品 DevOps 技术运营管理，建立统一的需求接受界面和任务分发环节。让业务人员技术化，让技术人员成为业务专家，综合 Business 与 IT 来理解业务场景和流程逻辑，倡导构建符合"大中台"的技术架构，实现产品、技术和数据能力的集中，共享服务。毕竟，大物流商的技术资源已经相当庞大，除了京东、菜鸟物流以外，中通、百世、德邦及顺丰等在科技领域的投入也很高，IT 团队人员均达到千人以上，超过了大多数专业的 IT 公司，这样可以避免系统固定属于哪个业务部门或产品线的情况，实现了合则全盘调动、分则独立运营。物流企业的IT 人员既要能成功开发项目方案，还要能不断地整合、设计与优化运营流程，结合调研+数据来发现问题，提供专业知识、项目管理、知识交接与内部系统培训。传统货代"重销售、轻运营"，如今这一逻辑正被反转，产品、运营、技术等部门的位置会更加突出，以线上渠道与客户互动、精准匹配营销为模式的一体化运营能力正在形成。

再次，在技术应用上，业务与管理的信息化会随着运营模式、流程逻辑及业务规模等变化。承载能力有限、响应迟缓、需求迭代太慢、业务多样性难以满足，都是业务系统常见的诟病。因此，企业应以包括运营模式、流程、组织、地域分布等的业务架构来决定系统结构，包括数据架构、应用架构和技术架构；采取数据解耦、逻辑拆分、水平扩展的方式来提升系统灵活性。丰富的 API 接口是差异化和开放能力的体现，每个 API 接口对应后端一套服务，物流企业提供的 API 或 SDK 接口开发包，就是为了给客户提供更丰富的基于场景下的解决方案，例如时限预警、自动对账、地址校验等。做个类比，物流商正成为拥有"物流接口"的"虚拟运营商"，将物流需求与供应连接在一起的网络市场拥有的是数字化的资产和基础设施。

案例：京东 X 事业部、顺丰科技、圆通研究院、DHL 创新中心、菜鸟物流实验室、中通科技等研发机构，在论证前沿科技、落实解决方案、实施具体创新应用中形成了连接市场需求与科技开发的孵化机制，探索应用许多炙手可热的前沿物流技术，如可视化温控运输、智能分拣、末端投递包裹柜、无碳排放电动车、无人运输等。

最后，数据治理。对于管理上的疏漏、人为的弱点，企业必须做到对数据层面的控制（权限、并发、提醒、校验等逻辑），而物流业务具有波动大、交期短、作业杂、强度大等运营特点，对系统的过多控制又会牺牲效率和性能，增加软件的复杂性。由于企业中运营数据的来源往往涉及多条线和多个部门，因此需要成立跨条线工作组，对相关数据进行梳理，牵头统一数据类别的定义、计算方法、获取路径，提升业务数据的自动化采集效率。同时，构建 IT 大后台运营中心，统筹技术资源共享，将数据从各个系统中剥离并整合为中央运营数据中心。在 IT 系统建设上，网络化的快递商多侧重于内部业务的跟踪和调配，而货代类的快递商拥有多种外部资源，与其他渠道的数据共享相对更多。

8.2.2　服务流程线上化（SaaS 平台）

SaaS 平台具有开放、协作的特点，其采用按实际需要和使用付费的多租户模式，这可以让企业不必投资于固定容量的 IT 基础架构，是对传统企业 IT 部门的颠覆。如今，SaaS 已经成为商业软件的标配。从软件在线、业务在线两个视角看，数据让系统与业务融合，网络成为物流服务入口，提供一系列流程支持和数据服务，已很难界定很多物流科技企业是物流商还是软件商。物流网络具备互联网的流量特征，其"广撒网"的方法使得其进入新领域的获客成本更低，规模扩张更容易。三类典型的物流 SaaS 服务如下。

（1）软件系统在线化。SaaS 常见于财务、OA、HRM、CRM、客服等流程中比较通用的职能管理。其收费方式是"订阅费/许可费"及提供定制化的实施费，提供更快、更多样化的系统服务及迭代升级。对于 OMS、TMS 等，通过"SaaS 平台+移动 App"帮助企业与其供应链伙伴实现贸易和物流 RPA 机器人流程自动化，SaaS 不做物流运营，只提供软件和技术支持，满足物流企业的业务流程及使用习惯。在菜鸟上线的"AI 报关员"系统中，当商家申报后，AI 抓取各项信息、商品图像等进行预归类报关，生成推荐税号，省去报关员查找 HSC 的工作，通过算法训练的 AI 归类正确率在 98% 以上。FarEye® 可以提供车辆追踪软件，帮助安排调度快递工作，选择高效的运输方式，监控执行、实时分析，节约快递员的工作时间，并提供物流中心选址、需求预测、负荷规划等服务。Transfix、Xeneta、FreightOS 等在线货运市场可以实现各种文书工作的自动化，供用户配置想要的可视化追踪、监控报表，以及 ShipHawk、oTMS、罗计物流、金蝶云、易仓和富勒等运输仓储领域。

（2）数据化服务。将货运比价、运输监控、状态查询、路径优化、智能装箱、车辆调度等软件化，常见于新兴科创物流。例如菜鸟技术能力的冗余溢出，将系统工具开放出去，为物流商提供算法应用服务。针对"查询跟踪"和"在线发货"两大基础诉求，Aftership、17track、FourKites 等物流科技或数据公司，通过抓取货物的公开查询，然后经过系统化的筛选和分析为卖家提供聚合查询、时限监控、质量分析和比价等工具。Project44®为供应链各方提供了运输调度、跟踪货物、方便报价等集成软件包，让它们能够自动、实时地实现关键数据的传递。Circle、Shippo、Shyp 等通过聚合和筛选接入物流商及其产品，解决消费者网购或商户、代购的跨境发货选择性价比的渠道问题，接入其 API，可以提供包含运费折扣、估算、智能比价、打印标签、实时跟踪、账单和取货等服务。TruckerPath、管车宝、真好运、易流及 G7®等利用终端硬件和移动 App 相结合的数字化管车方式，全方位获取车辆的生命周期、油耗、安全和司机驾驶行为等数据。搜航网、亿海蓝、维运网等主打船期、船舶定位等相关航运、海关数据的服务。

> 案例：UN/CEFACT 将国际贸易单证按照业务类型分为生产、订购、销售、银行、保险、进口和出口、转口、运输、货运代理九类。据统计，单证手续平均费用约占贸易额的 5%～10%，一票货平均要涉及 27 个贸易参与方，40 种单证，400 份拷贝。航运电商平台致力于将货代流程线上化、贸易流程数字化，通过打造国际物流的在线服务、大数据分析，掌控运力供应，串联客户与货运业者，帮助用户规划航线、分段报价、合规申报、实时跟踪。

（3）物流服务在线。物流商自身的线上化是营销与运营的融合，更便于推广新服务、收集数据，消除客户地域限制。多数快递及货代的在线服务只提供基本的货件追踪或咨询，如服务的产品化、标准化、可量化、线上渠道已成为第一服务入口。一类是客户打开物流商的网站、订阅号或 App 等，可以自主估价、下单、提交货物数据和报关文件，把服务集成，统一用户视图。另一类是泛化的物流电商，可以是线上物流集成的公共 3PL，用户黏性高；也可以是聚合货主、运力、司机和收货方等分散资源，为各参与方按需提供系统互联协同，建立交易、信用及衍生一体化服务，如图 8-6 所示为货运代理行业转型趋势。咖狗网、运去哪、易货代、中化船运帮、Flexport 等国际货运平台，涵盖了软件、数据和服务交易，以软件 SaaS 切入服务。在逆向电商物流领域中，美国电商每年退货的货值为三四千亿美元，为了发掘其中的再售或转售价值，Optoro®把一个二手货网店发展成为专注于逆向物流的科技型物流新秀，连接全球买家和卖家处理退货和过剩库存。Narvar®给客户提供类似云服务、可视化的逆向物流管理，为多个顶级品牌和中小网络零售商简化售后管理，对退货率、投诉率等进行智能化数据分析，为商家提供用户体验反馈，增加卖家的回头客[①]。

---

① 唐隆基. 广州捷世通物流股份有限公司 CIO. 全球逆向物流前沿趋势报告，2017.5.4

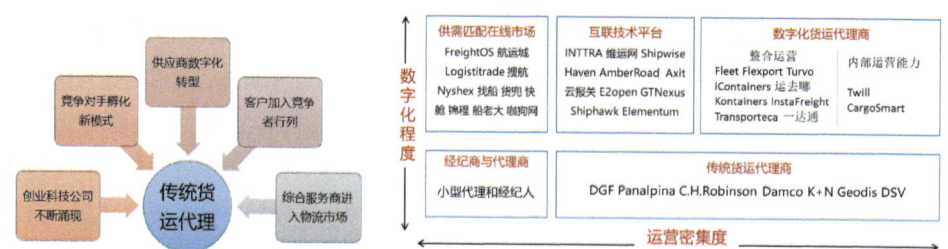

图 8-6　货运代理行业转型趋势

8.3　物流服务电商化

任何商业模式存在的价值基础一定是给客户解决了问题、痛点，如表 8-2 所示。新型创业物流公司基本上都是轻资产的经纪型或科技型公司，有的通过集约化运营降低行业交易成本，也有的通过资源开放降低边际运营成本，依靠技术手段和领先模式来协同资源，逐步成为电商化的新型 3PL，绑定行业上下游核心资源以及周边服务商。大型企业货主的合同制服务更适合线上经纪人平台，以虚拟市场协调多个资源；狭义的电商模式一定要有线上交易，而不是只有物流信息黄页，获利点可以是物流服务费、渠道差价、交易佣金、技术管理费等。在电商与传统集运业合作的模式中，平台有望缩短供需的匹配环节、降低搜索成本，直接将渠道下沉至客户终端，改变小企业的发货途径，吸收大量分散的票结业务。新出现的 Flexport、FreightHub、iContainers 等航运电商，正在重构市场规则，船司和货代都深感危机。在新模式下，物流公司在开始时就要对线下资源进行有效控制和协同，在给承运人和托运人牵线搭桥时，如果低估了贴身交付的本质，就很容易出现线上达成意向、线下成交"飞单"的情况。网络平台有一个发展规律，即开始要适度亏损以求体量上升，越过规模成本的临界点是关键。

表 8-2　不同物流领域的需求痛点解决方向

包裹快递	Parcel 多渠道发货，技术集成、集货折扣，打印面单、取货、对账、结款等流程
末端配送	资源众包众筹，以共同配送、集约配送、智能配送等模式解决末端成本效率
整车/零担	FT/LTL 车货需求匹配，解决空车返程，提高装载率、优化线路，物流金融等附加值
国际货代	线下交易不透明，各国清关、口岸港区、承运人等信息孤岛，实现全程可视化管控
合同物流	3PL 传统需求正在被电商碎片化，从 B2B 向端到端转型，轻资产、经纪代理等
航运业	杜绝传统模式下供需失衡、多头对接、价格分摊的麻烦和涨方、爆舱、缺柜等问题
物流软件	从传统部署实施转向 SaaS，完成内部流程需要跟电商和渠道的集成，实现平台化

8.3.1 线上经纪人物流服务

线上经纪人（即 Asset-light/Broker/4PL/Leader LP）将物流服务管家式地线上化，将内部一体化运营平台对外开放延伸。航运电商最早衔接贸易 EDI 体系，由船司主导的 GT-Nexus、Inttra、CargoSmart 等门户在 21 世纪初就上线了，其为托运人、收货人、承运人及代理人等提供开放的业务信息，如网上订舱、货运追踪、单证准备及其他运输动态等。跨境电商是推动"物流电商化"的重要推手：线上获客、报价、支付、结算、核账、评价及增值服务等操作，要与商家的在线销售无缝连接，匹配最优物流方案、集成可视化追踪，与线下服务呼应。

如表 8-3 所示是航运电商围绕七大要素的探索升级，船公司希望跨越层层代理，建立更透明、扁平、高效的航运在线生态和信用约束机制，延伸打造国际海运公共承运人平台，使船公司、货代、拖车行、报关行、货运保险等物流供应商入驻，共享协作；空运波动较大，以国际货代及专线公司为代表，货代力求建立在线平台，对接多平台、多渠道，努力引流在线货源的同时，具备多个疏散通道，如图 8-7 所示为货运代理的数字化转型。但是，国际物流的定制化需求多，运输方式（海空铁/整箱/拼箱/散杂等）、运输条款（DAP/DDP/EXW 等）、货物种类（普货/危险品）等因素太多，必须专注于核心产品运营。渠道整合类服务有时存在不确定的环节或不可控的外包，如货物从机场入仓、过磅、过检、上航等分段操作无法"数据化"，就很难实现一站式全流程串联。

表 8-3 航运电商围绕七大要素的探索升级

	传统货代	航运电商
客户	固定外贸工厂协议大客户	中小型跨境电商客户
运价	多层代理、线下询价议价	即时运价
服务	纸质单证	电子单证、自动化流程
结算	线下结算、账期	在线支付与结算
资源	订随意舱、甩柜频发	舱位保障、双向保证约束
产品	局部航线专线、环节外包	全面航线、一体化服务
系统	缺乏连贯监控、线下反馈	在线全程跟踪、主动预警

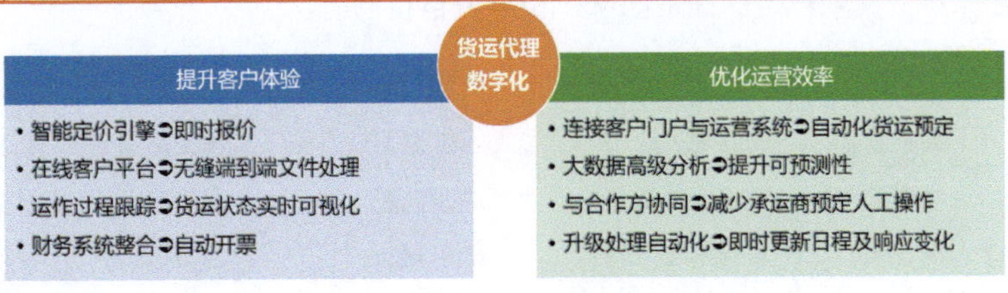

货运代理数字化

提升客户体验
- 智能定价引擎⇨即时报价
- 在线客户平台⇨无缝端到端文件处理
- 运作过程跟踪⇨货运状态实时可视化
- 财务系统整合⇨自动开票

优化运营效率
- 连接客户门户与运营系统⇨自动化货运预定
- 大数据高级分析⇨提升可预测性
- 与合作方协同⇨减少承运商预定人工操作
- 升级处理自动化⇨即时更新日程及响应变化

图 8-7 货运代理的数字化转型

货运经纪人平台作为物流中介，上接货主、下接运输商，发挥着物流资源采购的优势，充分支持货主的个性化物流需求。这类平台不同于线上自营物流服务，而更像是一个网络技术化的轻资产 3PL，托运人与渠道资源的在线背靠背匹配，费率、报价及投标等过程自动化。收入就靠赚运输差价，客户把自己的合同给到平台，平台把优质的网络承运商都对接上，通过数据分析比价，最终获得一个较优的组合。大型经纪代理的典型代表、无车承运人 C.H.Robinson 拥有全美国最大的卡车运输网络，如图 8-8 所示，平台模式由三部分构成：TMS 管理运输商，NaviSphere 系统连接客户和支付的中间账户与咨询服务，基于数据沉淀和多年的代理设计，自行研发技术算法，掌握托运方购买力及市场运力成本，提供建议费率报价，人才、流程及 IT 是其核心价值所在。

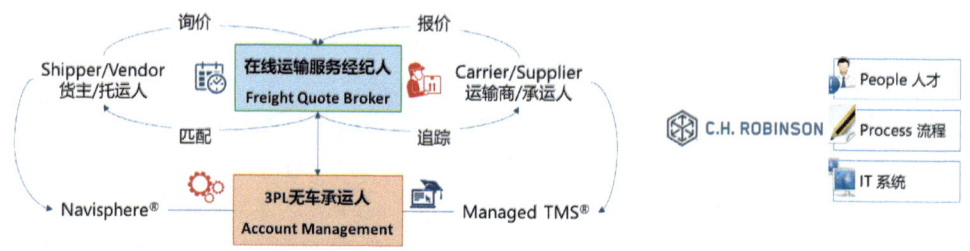

图 8-8 基于资源整合的 C.H.Robinson 业务模式

8.3.2 开放式物流交易平台

完全开放式的物流电商平台，通过发布供需、在线竞价、运能交易，让物流涉及的供需方共享对接，如表 8-4 所示，线上交易、线下履约，平台方作为交易执行的保障方及仲裁方进行秩序维持和交付监督，盈利点可以是佣金、管理费及广告等多种形式，沉淀的交易数据也便于植入金融、保险、代收代付等增值服务，并提供有针对性的供给。首先，物流属于非标产品，交易是一个落地执行过程，其模式太泛或过于迎合互联网，欠缺特征和专业性。即便是跨境电商平台出手，由于国际物流中间涉及收发货人、海关、海陆空铁、港区、仓库、拖车、报关行、保险等多个关联方，整合的难度也非常大。交易场景的非即时性，单靠构建一个线上交易空间，自组织方式的用户生产内容 UGC 是很难解决异常问题的，必须有可靠的线下履约管控能力，从系统、渠道、人才、客服、运营、结算等核心支撑的综合比拼，投入一定的线下团队，引导价格机制。

表 8-4 不同物流环节的共享平台模式

共享运力	共享园区	共享仓储	共享服务	共享配送	共享设备
货运 O2O 运输联盟	物流港 配货中心	云仓、海外仓 仓中仓	车货匹配 众包揽货	集货配送 包裹柜	单元容器 设施设备

其次，要建立互联网的流量运营机制。缺乏数据沉淀建立的"信用体系"，无货便无车、无舱便无货，总归要有流量开启"暖场"氛围，快速启动市场。由于庄家代理与航司、船司有很强的联系，因此平台短期无法建立匹敌的运力和价格优势，要建开放生态圈，找合作方联营。例如，在供应端上与船司直接交易很难实现，从船司获取一线价格至少每个月要有几百 TEU（标准箱）的货物量所以初期与货代合作在所难免。

另外，平台治理的规范不严，平台中各商家的服务参差不齐、渠道杂乱、计费不标准等软性问题缺失处置规则，这些都会响应交付质量及客户关系。没有体验到线上平台的优惠便捷，客户会快速流失。平台不仅仅是货运 App 工具，还要成为外贸企业"在线发货+物流管理"的便利入口，要立足于解决具体物流问题，保舱位、保价格、保货柜、保拖车、保装船的服务承诺，要掌握渠道选择权及议价能力。

8.4 物流技术与应用

在数字化社会中，不仅是物流业，每个领域对新科技的孜孜以求都前所未有。如图 8-9 所示，创新多是从 Logistech 具体业务场景开始的。首先，劳动力短缺、成本日益增长和技术创新方面的结构性变化，迫使物流业进入技术升级阶段。物流的两翼是服务和价格，以价格获取市场的做法很奏效，技术装备是降低成本与提高效率的关键。自动化可以全天候运行，极少犯错，易于监控且效率更高，可以取代各环节单一重复的动作。其次，政策对科技的引导也很关键。为了响应国家号召，行业也越来越重视绿色发展，通过消除浪费来提高效率和节能减排。绿色运输、绿色仓储，包括密集存储、循环托盘、节能设备应用等；绿色包装：共享快递盒、包装减量、装箱算法、免胶带的快递箱；在运送环节中，使用新能源车辆来装载运输，降低污染排放。技术投入具体节省成本幅度取决于被替代的人工操作的工作量和复杂度。

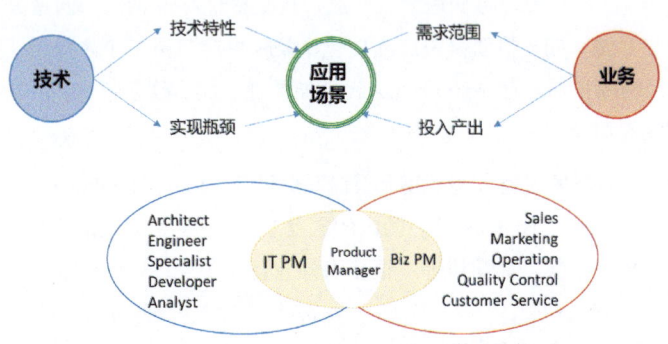

图 8-9 技术与业务相互融合的契合点是"产品/服务"场景

更多前沿技术可能会给物流业带来一些深远变化，如数字化转型的业务模式变化，无人仓、无人车、无人船（水上货运）、无人机、无人投递等物流科技将是先行者的机遇，可以推动更高水平的"数智化"，如图 8-10 所示为新技术在航运领域的应用。近五年来，国内外各大邮政及快递都试飞或开始运营固定线路的无人机投递，植保、救援、航拍测绘、偏远投递、电力巡航等领域对无人机的需求尤为突出①。

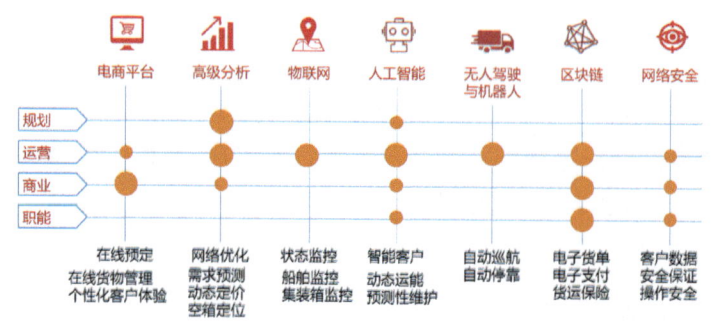

图 8-10　新技术在航运领域的应用

8.4.1　移动智能终端

物流自动数据采集（ADC），是物流作业中一个重要的技术装备。PDA 移动终端承载了很多业务流程，是实时互联的一线作业平台，是衔接系统与实物的重要载体，有时一个终端就代表一个员工角色或一个环节。移动终端具有以下特点，一是技术性，网络通信全面支持全网通及无线、蓝牙等连接，便于签单拍照、退货取证、远程培训、跟踪监控等可视化应用，让很多后台工作直接推向前端实现。二是设备性能，高清、大屏、三防、轻量化、大电量、CPU 等性能达到或超过普通消费的手机水平，工作温度范围广（-40℃~+50℃），在严寒的俄罗斯、酷热的非洲，都能连续工作。三是数据采集，扫描头、摄像头及物联网数据主动采集，集成更多传感芯片，多媒体、身份证、RFID、NFC 等识读，配合 3D 测量、OCR 识别、AR/VR 等外设，可快速定位商品，规划最优路线指引。四是人机协作，通过深度定制的操作系统，如一机双系统或虚拟化，兼顾生产与员工个人应用，强化安全数据控制，业务应用程序扩展，让 App 开发迭代更加便捷，如实现了语音、支付、影像、实名验证、电子签收等功能。

在国际上，数据采集设备业趋于饱和，斑马收购了 Moto、Symbol 及 Psion，霍尼韦尔收购了 LXE、Intermec、Datamax 等。国内的工业 PDA 或手机 ODM 非常多，如科密、捷宝、销邦、思必拓、东集、优博讯等。很多海外仓使用的 PDA 是从我们国内购买的，非

---

① 圆通研究院. 无人机现在与未来前景解析与快递物流业应用报告. 2017.12.06

常耐用，如表 8-5 所示为常见物流数据采集终端厂家及产品。

表 8-5 常见物流数据采集终端厂家及产品

排名	公司名称	营收（百万美元）	总部	条码打印	手持把枪	固定扫描	RFID	智能终端
1	Zebra 斑马	2,130	美国	X	X	X	X	X
2	Honeywell	1,022	美国		X	X		X
3	Datalogic 得利捷	556	意大利		X	X	X	X
4	SATO/Argox 佐藤	200	日本	X			X	
5	Toshiba TEC 东芝	158	日本	X			X	
6	Denso Wave 电装	123	日本		X			
7	Cognex 康耐视	105	日本			X		X
8	SICK AG	86	德国		X	X		X
9	Casio 卡西欧	78	日本		X			X
10	Newland 新大陆	68	中国福建				X	X
11	Avery Dennison	65	美国	X			X	
12	TSC Printers	77.11	美国	X				
13	Bluebird	76.6	韩国		X			X
14	New Beiyang 新北洋	70	中国山东	X		X		
15	NCR 安讯	57	美国	X	X		X	
16	Unitech 精技	46	中国台湾		X			X
17	Cab	41	德国	X				
18	Opticon 欧光	39	日本		X			X
19	M3 Mobile	34	韩国		X	X		
20	CipherLab 欣技	31	中国台湾		X	X		X

资料来源：VDC Research，Top 20 ADC Suppliers 2017

8.4.2 分拣技术

"拣选"（Pick）是仓配中心的履单动作，"分拣"（Sort）通常是在包裹处理中心（Hub），对小件的路线进行分类、集装及装车配载等，是运输效率的重要环节。从功能的角度来看，分拣中心不直接接触客户但又影响服务质量，同时操作岗位多、疏散压力大，是高成本支出部门，效率效能是其关键指标。常规分拣设备类型：①皮带机分拣流水线，主要适用于大件、中小件原包（上游节点）与集包后的包袋或整箱分拣、手工集包，常用于揽收点或中小型分拣场，以及电商仓配出库时的路向粗分，依赖人工操作。②包裹自动分拣线，对于中小件按照线路自动分拣并集装入袋，技术结构类似的有交叉带、滑块式、翻盘式、挡板式、斜导轮/辊筒浮出式、落袋式等分拣机，通过挡板、传送带、模组带/万向轮、滑块等进行货件方向的区分，分拣速度为 1 万~2 万件/h。③小件 AGV 移动机器人、自动引导小车分拣矩阵，装备有电磁或光学等自动导引装置，集成传感、调度算法、图像识别等技术，自动将包裹输送至指定分拣格口，场地空间利用度高。④重件 AGV 或牵引车（RGV）或自动叉车，自动将封好的包袋或笼箱送至装卸垛口，后接装卸伸缩皮带机，为装卸发运提供便利。

自动分拣线主要流程	（1）自动供包，利用自动化供包设备取代人工供包，并让包裹在输送线上自动靠边； （2）对包裹进行六面扫描，保证面单信息被快速识别，上传至分拣系统； （3）包裹在输送线上的过程中自动居中，并由测量光幕测量包裹体积、重量等信息并进行稽核； （4）分拣系统控制分拣机，使包裹自动落入笼车，当笼车满半时，防跌落卷帘自动升起； （5）当笼车装满时，无人 AGV 受调度系统指令取货并进行满笼检测（打带牌及标签）； （6）无人 AGV 调度托运，自动避让，将笼车放入靠近月台的输送轨道，同时自动补空笼； （7）月台上的 RFID 系统识别发货路向容器，无人叉车自动装车发运。

自动分拣能节省人力、提高产能，取决于作业均衡、货件规格及分类作业。按照件型，区分非标准件与标准件，区分扁平件、小件与重件。对于小型标件采取自动分拣集包操作，对于中件采取原包上流水线操作，对于非标准件采取线下人工操作。对比两类分拣技术：矩阵式分拣机器人拆卸改造空间小，可以灵活设置更多目的地隔口，当中间某个 AGV 出现单点故障时，其他部分可以继续作业。以交叉分拣机 Cross-belt Sorter 为代表的流水线，优点是采用传统机械式设计，原理简单，结构耐用，在包裹量足够大时，分拣效率更高。在传送速度小于 2.8m/s 的极限条件下，轻小件不漂移，分拣速度可以高达 2.5 万件/h。其缺点是占地面积大，若输送模块损坏，则影响整条线。AGV 效率恒定，可自定义数量，目前通常一组矩阵小于等于 256 个，增加数量会让"路径规划、派遣、动态调度"等运算量指数级增加，所以可通过两个平行矩阵来实现扩容。信函文件类分拣有更成熟的扁平件自动化设备，技术实现有所不同，类似于点钞的机械设计的效率原理，分拣速度可高达 5 万件/h。

无论哪种自动分拣技术，分拣准确性取决于输入的分拣信息，即分拣码的计算机制按国家、地址及邮编等信息匹配出 Routing Code，指令传输至分拣机并驱动机械动作。其次是准确识读，使用激光读码系统与条码尺寸、分辨率等有关，在 6000 件/h 以上的高速环境下，需使用工业相机"视觉系统"。应用 RFID 的物流标签可以达到更精准、更快速的自动识别。通常，下单后系统就已计算分拣码，打印物流标签会显示该包裹目的地运输路由，保证在分拣机出错时仍能人工识别。在分拣效率上，排除场外待装卸的爆仓情形，连续大批量分拣，供包环节仍有瓶颈。目前业内普遍还是采用人工上包，被动等待进线喂货，如果读码系统不能六面扫描，则还要人工反转包裹保证条码不朝下。自动供包装备、机械臂等新技术，代替人将商品搬到流水线上，但灵巧度和效率还有待提升。另外，多条分拣线的现场调度也很重要，以便实现所有出港支线产能达到最优。跨境电商出口的大宗包裹处理,如图 8-11 所示,集中收货及代理送货流行使用自动称重、量方、分拣一体设备,来代替人工扫描、测重计泡、录单、拍照存档,再按国家路向及产品性质分拣发运。

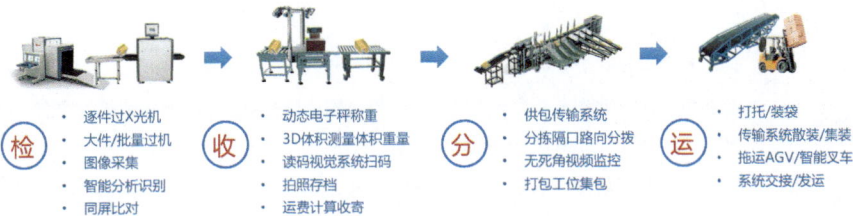

检
- 逐件过X光机
- 大件/批量过机
- 图像采集
- 智能分析识别
- 同屏比对

收
- 动态电子秤称重
- 3D体积测量体积重量
- 读码视觉系统扫码
- 拍照存档
- 运费计算收寄

分
- 供包传输系统
- 分拣隔口路向分拨
- 无死角视频监控
- 打包工位集包

运
- 打托/装袋
- 传输系统散装/集装
- 拖运AGV/智能叉车
- 系统交接/发运

图 8-11 大宗包裹检/收/分/运一体化处理中心

8.4.3 机器人

机器人正成为物流前沿科技应用中的"扛把子",这方面最早应用于工厂生产,如图 8-12 所示为工厂化全自动及半自动成品生产线。物流机器人属于综合学科,常见的如自动导引运输车、无人叉车、货架穿梭车、分拣机器人等。复杂的物流运作和成本高昂是过去采用工业机器人的主要障碍,随着 AI 产业的落地,机器人替代人工已经不再是口号。智能仓储系统和机器人可以实现库存、物流及订单处理的无缝集成。

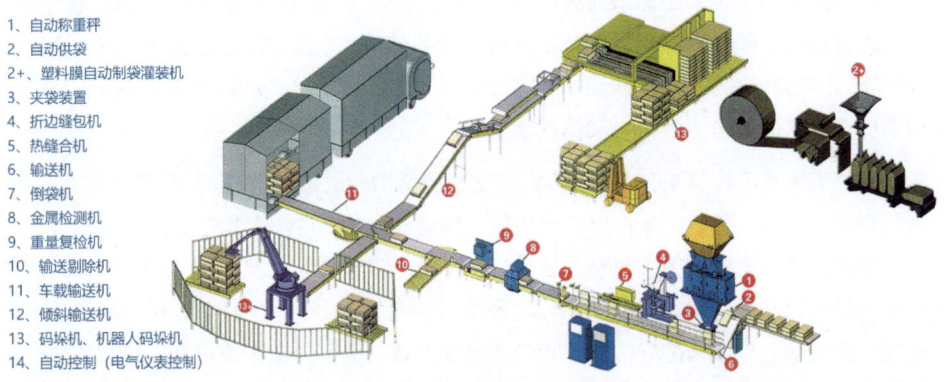

1、自动称重秤
2、自动供袋
2+、塑料膜自动制袋灌装机
3、夹袋装置
4、折边缝包机
5、热缝合机
6、输送机
7、倒袋机
8、金属检测机
9、重量复检机
10、输送剔除机
11、车载输送机
12、倾斜输送机
13、码垛机、机器人码垛机
14、自动控制(电气仪表控制)

图 8-12 工厂化全自动及半自动成品生产线

机器人颠覆了传统的业务流程,并消除了人为因素付出的隐性管理成本,如 Kiva 类的 AGV,将传统人拣货变成"货到人",将定制的货架吊起来送到工人面前,多层货架二面/四面取货。机器人可以将储存与分拣两个原本分离的环节进行合并,也可以将集中式拣货作业转化为分布式作业,在提升效率、节省人力、减少占地等方面优势突出。如表 8-6 所示,轨道穿梭小车可以完成对货物的识别、取货、运送、放置等任务,更擅长批量拣选;自动导航搬运的协作机器人、自动工具车及 EffiBOT 拣货助手可以省去人工推车和整理,自动将货物搬运到指定区域;上架时通过机器人搭配可升降载具,将托盘上的货物搬运到货架上；包装机器人可以通过计算来推荐最合适的包装箱，完成一系列称重、贴标签、扫描及复核等打包工作。

表8-6 常见物流用机器人功能

自动导引车	自动引导车分有轨 RGV 和无轨 AGV，地标还分不同定位技术
码垛机器人	有直角坐标式机器人、关节式机器人和极坐标式机器人，主要用于纸箱、袋装、罐装、箱体、瓶装等各种形状的包装物品码垛/拆垛作业
分拣机器人	通过传感器、物镜、图象识别系统和多功能机械手等设备，识别物品形状，机械手抓取物品放到指定位置，通过这些设备可以实现货物快速分拣
包装机器人	在某些标准化包装的领域中，智能机械手包装硬质包装盒、缠绕塑膜
拣货机器人	自动识别和准确抓取，巡航定位、端拾器，"外骨骼机器人"拣货搬运

然而电商领域很难做到全自动化，因为多品种、包装规格差异等定制类的产品导致智能设备很难适应。包装比较单一或标准化的、出单量大的快消品或单个成品的自动化效果更明显，比如烟草、饮料、服装等产品。如果公司规模和业务量达不到一定程度，大量购买自动化设备和配备专业人员则会导致投资浪费，海外仓投资者更愿意以低投资起步。如果对未来预测不准，仓储单量上升，设备规模太小又满足不了需要，则会面对更多额外的自动化扩容支出，缺少人工即来即去的灵活性。另外，人与自动化也存在一个矛盾过程，例如高度自动化装卸的港口码头不断压缩所需要的劳动力，这在国外常遭到沿岸工会的排斥。伴随 AI 朝着认知计算（Cognitive Computing）的方向发展，未来的高阶机器人将会实现所有的流程都融入自主协作，和周围真实环境互动。

京东"无人仓"由货架穿梭车 RGV、拣选机器人 Delta、堆垛机器人、库存盘点 Sawyer、包装机械手 Baxter、智能叉车、自动分拣线、搬运及分拣 AGV 等组成，如图 8-13 所示，其存取效率、并联机器人拣选及自动包装速度都远远高于传统人工速度。国产 AGV 的优势在于高性价比和个性化服务，有新松、海康、快仓、Geek+、昆船、机科、华晓精密、远能等众多品牌。机器人是非常综合化的技术复合体，仍有待在图像识别、抓取感应、自动避让、实时计算等方面有新的研究突破。

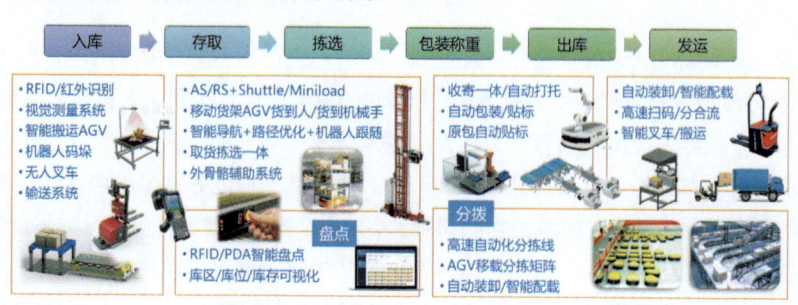

图 8-13 京东智能化作业技术应用

8.4.4 自动化仓

物流业对完全自动化与智能化的仓储管理的诉求越来越迫切，如表8-7所示，一流的仓库是由技术驱动的，要尽可能榨取机器效能，向系统要效率。"机器换人、空间换地"，通过仓库内配置装卸、存取、输送、拣选、搬运等自动化或机器人技术，业务系统及控制系统间数据交换顺畅，仓库已经呈现无人化、少人化的特征，存储规模、单位面积产出和消化吞吐得到量级的提升。物流单元化或集装化，为自动化应用提供了前提条件。AGV投资回收周期在不断缩短，均衡生产、货位占用等效率瓶颈已被攻克，已实现多点搬运、人机混场、送至工位、边拣边分、拣播分离、离线补货的功能，连续作业效率相当于3~4名工人。货架的尺寸和形式也可以根据业务特性进行定制调整，无须重新铺设仓库，只需简单设立托盘、拆零存拣一体区即可，适合中小型电商小件仓库。

表8-7 自动化仓库技术类型

类别	技术	应用
自动搬运输送	无人叉车/AGV/堆垛机	货架或托盘/箱搬运垂直提升、自动化密集存储
	皮带/滚筒输送机/穿梭子母车	托盘输送系统散件/周转箱
货到人拣选	回转库	箱存储（自动水平回转）、小件（自动垂直回转）
	AGV搬运货架	AGV机器人货架、取件或重件
	货到人工作台	箱/托盘零拣
机器人拣选	关节机器人/外骨骼辅助	零拣、码垛、装箱、物品码垛、上下料
	并联蜘蛛手/机器手/机械臂	包裹、整箱、标准件
自动分拣	交叉带/翻盘/挡板/滑块/摆轮	箱、小件及包裹
	AGV矩阵分拣	散件、快递分拨
辅助式拣货	电子标签/RF/语音/RFID/可穿戴	箱/零拣、冻选，智能眼镜，手持终端

自动化立体仓库AS/RS的作业模式是"货到人"或"周转箱到人"，在机械化、自动化的基础上增加了自动识别、感知、采集等智能化技术，通过多层穿梭车代替人员行走，实现了自动存取、缓存、补货、输送、排序、拣选、打包等一系列操作。高密度存储提升仓容利用率，并针对不同的产品业务场景，有多种密集存储形式，如窄巷道式、穿梭式、移动式、重力和驶入式/通廊式等。中低周转率商品适合存放于高密度存储系统中，货架可达10层以上。由于自动化立体库的硬件配套设备多，基建和设备投资大，因此在投产使用时要严格按照工艺作业。建成后的系统更新改造困难，虽然国内成本已经大幅下降，但前期投资仍是普通横梁平库的4~5倍。

> 典型 AS/RS 穿梭式立体库：以多层穿梭式高位货架为主体构建的立体仓储结构，由多层穿梭式货架、存储单元、搬运设备（含穿梭子车、巷道堆垛机或穿梭母车或托盘提升机等）、出入库输送系统、WCS 控制系统、WMS 系统以及其他叉车、托盘等辅助设备组成，WCS 通过网络通信、PLC 来操控和管理穿梭子车（或穿梭子母车、智能穿梭车），其他物流搬运设备、托盘升降机和输送链。一般流程如下。
>
> （1）入库换箱，条码扫描后根据指令将商品换装于周转箱，二者进行信息绑定，换箱后放上输送线。
> （2）上架，输送线按照系统指令将周转箱送到对应的入库提升机口，提升至对应的巷道，巷道穿梭车将周转箱放置到相应货位，入库站台进行实时流量动态分拨优化。
> （3）出库，根据订单系统调度穿梭车将商品所在库存周转箱从货位取出后送至出库提升机口，提升机送其到输送线上，流向拣选工作站等待拣选，根据各拣选站台效率和流量实时优化和随机均衡。
> （4）拣货，周转箱到达拣选台，扫描设备自动读取周转箱信息，按照提示扫码并拣选商品，放入订单周转箱；拣选完，库存周转箱留在输送线上回库；订单周转箱从下层输送线，流向集货缓存区。
> （5）集货缓存，将周转箱按批次进行逐箱暂存，当一个批次集货完成后输送打包区，各分区动态均衡。
> （6）出货，周转箱经输送线送至打包区进行打印、装箱、称重及发运等。

与平面拣货相比，自动化库在原理、构成、功能、性能等方面实现了全面超越。在人机结合的环境下，要保障作业不间断运行，系统培训、纪律执行、负荷平衡和日常维护等十分重要，需有高素质的管理人员和维护人员，以及故障紧急响应措施。在存货多、自动化程度高的仓库中，电器、机器人、锂电池等安全管理问题尤为重要。全球领先的自动化仓储与成套设备的系统集成商如表 8-8 所示。由于境外采购、安装、实施及维护等成本较高，很多海外仓直接从国内采购货架等设施。

表 8-8 常见国外自动化仓库集成商

排名	公司名	营收（百万美元）	总部	排名	公司名	营收（百万美元）	总部
1	Daifuku 大福	2,924	日本	11	Knapp AG 科纳普	643	奥地利
2	Schaefer 胜斐迩	2,630	德国	12	TGW Logistics	568	奥地利
3	Dematic 德马泰克	2,016	德国	13	Grenzebach	477	德国
4	Muratec 村田机械	1,260	日本	14	Witron Logistik	453	德国
5	Vanderlande 范德兰德	1,170	荷兰	15	Kardex 卡迪斯	397	瑞士
6	Mecalux 梅卡卢兹	952	西班牙	16	Bastian Solutions	217	美国
7	Beumer 伯曼	852	德国	17	Dearborn Mid-West	172	美国
8	Intelligrated 霍尼韦尔	850	美国	18	Egemin Automation	159	比利时
9	Fives Group 法孚集团	721	法国	19	Viastore systems	140	德国
10	Swisslog AG 瑞仕格	645	瑞士	20	System Logistics	129	意大利

资料来源：MMH.com. Top 20 Worldwide Materials Handling Systems Suppliers 2017, 2018.03

8.4.5 人工智能"AI+"

在 20 世纪人工智能就曾被推崇过，如今在回温的背后，是大数据、机器学习、云计算等技术在合力突破瓶颈。AI 的核心是人工建立的模拟人的思考的算法模型，比如 AI 深度学习技术已经被证实在求解组合优化问题方面具有很大潜力，基于大量实际业务数据训练学习模型，通过生成假设、评估、辨证和建议进行归纳推理并验证现实效果。AI 不是一个现成的工具，企业不能简单地购买它用于解决具体问题，但 AI 技术要素的解决方案已经广泛存在，一些关于数据分析的基础方法，如回归分析、聚类分析、神经网络等已经被封装到 AI 框架中。如图 8-14 所示，在应用中，更多的是从实际场景与需求出发，对经验进行提取、归纳、抽象，而对数据、流程和技术之间进行管理的工作需要自己动手。

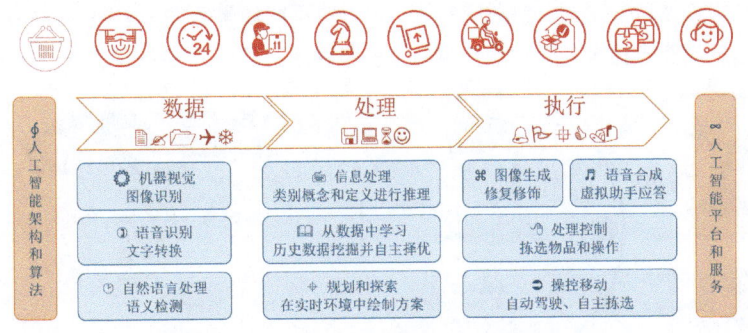

图 8-14 人工智能技术若干物流领域应用场景

AI 可以处理海量异构信息，如图像、生物特征、语音及语义等，突破了传统软件仅限于符号逻辑等结构化数据处理的模式。市场上出现了很多基于细分领域的 AI 开放应用，开放计算引擎（OpenAPI），如人脸识别、OCR、语音翻译、行为辨识等。如图 8-15 所示，在 AI 赋能物流的实践领域中，可以实现智能调度、路由优化、单证识别、库存预测等，也能规划和执行复杂作业。通过算法优化，使整个物流系统具有高度的柔性和成本优势，实现带板运输、甩挂运输及多式联运，降低线路用车量、空驶率，避免运输次数增加或迂回，结合电子地图和实时路况进行路径规划；根据顾客分布、交通运输、税收、劳动力及租金成本等约束条件，计算接近最优解决方案的科学选址；通过对包裹数量、体积及路向等基础数据分析，对各环节如包装、装卸及运输等进行智能调度，合理安排运输方案；利用图像识别、地址库和卷积神经网络提升手写运单的机器识别率，减少人工录单量和降低出现差错的可能性；自动识别场院内外的人、物、设备、车的状态和学习规范的操作及指挥经验，达到现场管理自动决策；AI 客服，智能应答、主动外呼及回复邮件，应答常规问题，并对复杂的投诉类和理赔类等问题，通过算法模型学习预判客户意图，给客服人员预设解决方案和话术安排，内部自动派发工单。

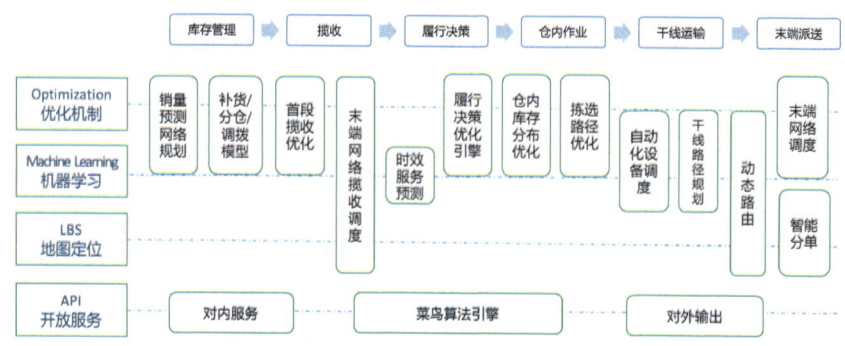

图 8-15 菜鸟物流中的算法问题

自动完成任务不等于自动完成工作。如图 8-16 所示，自动化 RPA 与智能化 AI 的结合，使运营规则引擎具备自学习、自适应的能力，针对不同场景条件设置处置条件，经过不断地消费消息反馈及数据训练，实现在感知业务条件后进行自主决策与执行的功能。

图 8-16 机器人自动化 RPA+AI 自主学习

8.4.6 物联网 IoT 及区块链

带"网"的技术，通常是无边界、跨领域的。物联网通过传感器等环境感知设备收集数据并传递到系统端，以"边缘计算、雾计算"进行预处理，实现数据采集、处理、分析、反馈、执行的流程闭环。物联网收集的海量数据需要大量的智能运算，再配合 5G 移动智能终端，数据互联实时便捷。物联网将实物数据化、信息化和网络化，构建信息流与实物流之间的虚实转换和实时动态的监控供应链。物联网有四个逻辑层[①]：感知层，是底层采集技术，基于传感设备，实时获取运营数据；网络层，负责数据传输管理，一般运用于运营商网络上，物联网 SIM 卡连接设备与后端系统；平台层，具有收集、处理数据及机器学习等功能；应用层，涵盖开发工具、中间件、业务逻辑、API 接口等，实现数据可视化。

---

① 唐泽俊.36 氪研究院. 物联网云平台研究报告，2017.12

案例：FedEx 的技术革新一直处于行业的领先地位，在货物实施跟踪查询方面，其最早开发实时多维数据采集 SenseWare® 跟踪器，采集货物的定位、感光、温度、湿度、重力、碰撞等多维数据并实时反馈，为高价值、敏感货物提供全息监控网络。类似的应用在航运领域有 Traxens 的集装箱追踪和数据分析方案。

低成本无线通信、低成本传感器与大数据及 5G 的结合是物联网的演进方向。基于 RFID/NB-IoT/EPC 和二维码、条码等自动识别技术、各类传感器的感知技术、地理定位追踪技术，实现了"物与物 M2M"自动连接、场景识别、数据采集上网、自主状态控制、产品溯源、冷链控制、安全运输、车联网、调度优化等功能；在仓库和货车上安装传感器实现了库存位置信息的不间断实时更新，基于 5G 的自动驾驶、规划路线技术，为客户提供实时信息的更新；实时监控设备运行数据，做到对物流中心的大型设备预先维护。在 RFID 物流标签上，在仓库出货时写入关键运输信息，实现信息附着实物，全自动收寄、分拣，相比条码或二维码，并发识别效率高出几十倍[①]。

案例：区块链货运联盟 BiTA，智能合约可以自动验证交货情况，检查商品是否按照商定的条件交付，帮助物流企业、港口、海关、银行等改进对货物的追踪。根据企业特定信息类型的单一所有权原则，用数字方式消除国际贸易对纸质货运单证的依赖。在货物进出口的几十种不同单证中，70%的数据是重复的，烦琐的单证处理影响了数据质量及实时性，导致延迟结算。

物联网与区块链的结合是另一个探索的方向。区块链因数字货币的应用而备受关注，这是一种分布式数据存储、点对点传输、共识机制、加密算法等新型软件应用。对于全球贸易及跨境物流的复杂性，区块链将国际供应链上的各个主体以分布式记账方式联合起来，可以实现共享账本、智能合约、货源追溯、保险、合规审计和报关等相关应用。天猫和京东应用区块链防伪溯源，为跨境电商进口商品打上身份标签。区块链也存在资源消耗等问题，而且建立共同标准其本身就是一个难题，因此距离行业规模化应用尚不确定。

8.4.7 物流大数据

物流业是天然的"数据制造业"，伴随货物的存储和流动所产生的空间、时间、操作、运载工具等各类属性的数据，以及上下游渠道、公共交通、气候、监管等外部关联数据，构成了潜在的数据池。然而，数据的商业化应用不是物流公司的强项，它们多数不具有全面的数据应用技能，也缺乏生态链数据及商业化资源载体。如果要构建大数据分析平台，则需要多数据源和海量数据的收集、存储、分析、可视化，挖掘其中的价值与机会。罕有真正的大数据能代表全行业，即便电商平台的数据也不完整。因此，大数据经常与统计分析、数据挖掘等概念混淆，简单说就是"数据+算法"。

---

① 张鹏飞. 快递运单也有"芯片"了！EMS 一小时发出 1.2 万件 iPhoneXS. 中国邮政快递报，2018.09.28

> 案例：UPS 基于大数据分析的优化送货路线而设计的 ORION 实时系统，实时分析车辆、包裹信息、用户喜好和送货路线数据，实时计算最优路线，全程跟踪，将司机每英里平均停靠点增加了 9%，通过让送货点更密集，降低了每件快递的平均成本，年均节省 4 亿美元，增加 35 万个包裹的配送，并提出尽量"右转"的配送策略，实现每年节省 5 千万美元的燃油成本。

以大数据驱动物流业务改进可以有几个方面：一是提升运营绩效。利用历史数据、时效、覆盖范围等构建分析模型，对仓储、运输、配送网络等资源配置进行布局规划。二是改善客户体验。做好精准营销、销量预测客户与客户定位，如预测收发包裹的时间偏好、优化用户交互及服务感受，库存下沉前置、订单预处理、预先发货等，对运作动态截流，形成有效事前控制。三是创新业务模型。从既有产品或产品组合中发现新价值，或基于数据分析建立新的业务模型。另外，通过对异常事件、不可抗力及贸易争端等因素的收集，进行运输风险预测。数据越多，越要做好隐私保密与信息安全。

8.5 物流科技雷达

建立产业生态"打群架"是一种理想，因为要想全靠技术平台聚合物流资源、遥控送货，目前连亚马逊都做不到。领先的跨境物流商的运营向产品化和专业化过渡，整合内外部资源，来增加流量；基于市场情报、线路成本和资源利用动态等因素，建立了智能报价系统；重复机械的工作被自动化取代，人们更多的精力被用在改进业务上，如图 8-17 所示为前沿 DHL 物流科技趋势雷达，通过应用新技术、投入系统和设备来比拼效率。物流产业的数字化升级正迎来新的高潮，有先见之明的企业正全力吸纳具备数字化能力与创新思维的工程师、体验设计师及产品经理，以特定切入点、高效开发和快速原型推出模式，为业务体系注入活力。

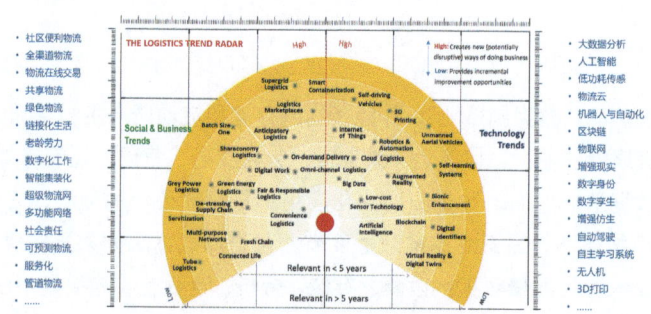

图 8-17 前沿 DHL 物流科技趋势雷达①

---

① DHL. Logistics Trend Radar 2018/19：Delivering Insights Today, Creating Value Tomorrow.

物流的核心离不开履约交付，自然就离不开线下的节点、通道和网络等资源要素，在这样高度分工协作的产业中，数据连接共享与资源协同网络的结合是推动产业变革的关键。在数据集成后通过对大数据进行分析挖掘，反向驱动供应链优化与物流操作自动化，从而构建出一套智能规划、敏捷调度和自动化操作的智慧物流网络，推进运营效率和商业模式的双重创新。

商业江湖"招式"只有匹配"内力"才有"战斗力"，因此科技创新要融入企业文化。单纯技术层面的投入，无法弥补结构性缺陷，不能解决企业的战略性或治理性的问题。例如，很多基础工作不到位，容器工具及业务流程的标准化，数据采集的准确、完整、实时，科学的架构制度与绩效体系等，让科技动力不能有效落到执行层面。如今各行各业，战略架构、产品方案与技术实现，都不再是秘密，重要的是找到思路或契合点应用于自身规划。不可忽视技术，也不能迷信技术。技术能为企业创造商业价值，但要解决企业发展的各种问题，没有一种技术是万能的，只有最佳应用场景，适合的方案就是最好的，最终实现"剑里无剑胜有剑"。

第 9 章

决胜跨境物流旺季

全球电商都会面临淡季和旺季的交替，一年中甚至会出现多个交易波幅。在每年的下半年，全球性节假日促销带来电商销售旺季，国内的"双 11"与国外的感恩节、万圣节、圣诞节等重大物流高峰叠加到来，内外共振促成市场顶峰。在主流包裹渠道中，运送天数延长、排舱、丢包、清关、配送延误等情况也十分普遍。为此，跨境物流商要提升规划和运营响应能力，将高峰处理纳入日常规划，有节奏地应对会员日及店庆等营销，"弹性运营"正成为物流企业的日常状态。量变引起质变，任何计划、模式及运作都要先考虑基于什么样的量级，如月销百万单、十万级 SKU、上千供应商，物流管理会相当复杂。

在货量激增时，承运商会向托运方加价，中间物流渠道也会水涨船高。当订单蜂拥而至时，如果卖家没有充分的物流预备方案，物流费用或已不是首要考虑的，关键是用户能不能及时收到货，是否影响售后。仓库也会有进仓难、发货慢、发错货等问题。对于商家而言，当货量激增时，一方面，选品备货及物流渠道准备期要大大提前，在成本控制、仓库管理、路向限制、优先交付等相关诉求方面，与长期物流合作商定制旺季运营方案；另一方面，当物流选项出现问题时，要有货物大量积压的应急方案，做出适当取舍，选择价位较高的时效渠道，保障交货和信息上网的及时率。

9.1 常态化的非常态运营

跨境电商旺季不是一个单点 Event（活动），而是一个真实的 Season（促销季），不能用传统的物流项目来审视电商包裹的波动性，这是一种常态化的"非常态"运营挑战。第四季度（Q4）电商业务量甚至能够占据全年的一多半，从感恩节到新年期间，出口发货量会比平时高出数倍，特点是发货量缓坡上涨，由于包裹高峰期持久、冬季天气等因素造成欧美线路持续拥堵，如图 9-1 所示为旺季数倍增长的包裹量与交付困难。海外仓提前备货，直邮则在订单产生后再在国内发货，让节前、节后体现不同的物流需求高峰。加之各平台方把促销期提前和延长，平常要三个月处理完的订单要积在一个多月来完成。跨境物流具有季节性波动、区域分布不均、跨时区、清关口岸不可控、价格敏感等特性，还具有时效性、丢包率等顽疾，而且随着包裹量暴涨，各类问题呈现放大效应。尤其是国际运输通道，与同期贸易普货的旺季需求相叠加，可能会造成有货没地方出的现象。

物流商就算舍得投入，也不能临时抱佛脚，技术、人力、场地、运力等如果没有预先及时扩充，那么仓管、取件、分拣、上航、清关和派送等都可能掉链子。旺季最能考验物流商的专业度和执行力、运营保障的计划性、上游渠道运力的稳定性、各环节操作衔接的连续性、前端客户沟通的主动性，以及接地气的问题善后等，只有这些问题都妥善得到解决，才有可能达到旺季不排舱、不爆仓、不延误的高标准服务质量。

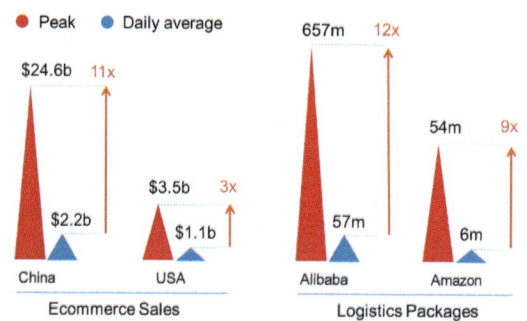

资料来源：Mckinsey MGI. China's Digital Economy A Leading Global Force, 2017.8

图 9-1　旺季数倍增长的包裹量与交付困难

物流运作一怕瘫、二怕错，在超负荷运转下，节点检查及应急处置不可缺省，流畅的发货流程也容易忙中出错，如果操作不慎造成后续损失，反而白忙活了。针对天气、罢工、节假日等不可控因素，平台会提供"卖家保护政策"，受平台认可的物流服务商会获得相应的政策倾斜，延长配送时限及平台处理仲裁的时间，以减少物流投诉纠纷，降低卖家和物流商的损失。最后，旺季结束要勤于回顾总结经验，要对得失对错有一个全方位的复盘，并及时优化短板环节、评估投入产出效益、培育优质客户，摆脱旺季"增量不增收"的困境。

9.2　备战大促活动的物流方案

大促活动对电商来说意义非凡，商家往往需要提前几个月做准备，对物流的准备是其中之一。对商这来说增量是好事，但更重要的是保持运作稳健，统筹仓储、揽收、分拣、报关、运力、清关、转运、履单及派送等作业组织，以"削峰填谷、均衡生产、流量控制、信息畅通"为原则，执行旺季生产部署。

（1）扩容增产，提高吞吐和线路并发量。物流资源和基础设施常常缺乏灵活性和弹性，物流商要及时增加场地、车辆、舱位及人员等硬投入，以便配合软件系统、自动化等科技投入，匹配业务规模的增长。人员预备方面要保证在定岗、定人的基础上，更多地投入一线的作业环节，储备临时人员，并提前对这些人员做好充分培训。

（2）分散风险，去中心化，消除单点故障。对于商家而言，当仓储、口岸、线路及渠道等资源存在预期不可控因素时，可在平台认可的物流商中选择不同的合作伙伴。而物流商自身要调整网络调度，增加备用资源或备选渠道，避免因为一点问题被动引发连锁反应，保障重点客户、重点线路，做好安全保障。

（3）流程优化，环节解耦提高敏捷性。在运力、空间、人力等有限资源的约束下，缩减链路环节、彼此分离或减少前置依赖，减少操作冗余；进出港分流、分时、分批，提高分拣深度，直发直达；申报数据充分预备，加快报关清关；预打单、预拣货、预分类、预分拣，保持跟踪管控。

（4）应急管理，建立意外疏散预案，在事发时积极应变。计划方案并不能解决所有直邮、海外仓及保税等不同模式的问题，因此要分拨建立后备支持。由于会出现因快出错、因多出乱的情况，必要时要限量、限流，与客户积极沟通，保障运营底线。

9.2.1 基于数据的计划

凡事预则立，规划要趁早，要基于数据预测以实现精准配送、出入库、拣选等环节。应对物流高峰最关键的是要知道它什么时候来、量级多大、有哪些品类。备战方案分解如表 9-1 所示，物流商要做好事前计划、备选方案、冗余配置，安排好场地人员、压力测试、应急方案演练，尤其是要发现瓶颈，洞察到可能的量的变化。从供应链五个主要流程考虑，计划是企业供应链管理的短板，需求预测、库存管理能力尤为偏弱，没有数据的支持，一系列准备工作就没办法有效进行。对于网络企业，要构建成本、时效、覆盖范围等维度的运筹模型，预计大概的线路流量、流向，提前布置资源。对于不同产品、不同区域或线路要区别对待，选择相对适用的发货渠道。

表 9-1 应对包裹业务量激增的处理原则

时间	规划不合理造成拥堵窝工，堆放混乱、责任不明的异常处理，不必要的搬运或动作
空间	处理中心及仓储空间闲置、爆仓无法上架，运输空载、积压抛舱或无法调度
资源	人员懒散低效，错发、货损、货差及呆滞库存，设施设备空转，能耗太高

旺季是拉升销量和店铺信誉的大好时机，传统"经验备货"的简化方案是按实际销量或订货计划的 1.5 倍安全存货的；根据"数据备货"来预测备货量则要分析订单增长率、周转天数、日均单量、峰值单量和库存数。但旺季线上销售数倍增幅也很常见，在销售周期内既不断货又不压货实属不易。通常，卖家根据历史同期销售数据及日常数据为基础来预测备货，保障正常动销，按照近年跨境市场的增长率来看，常规热销品备货不宜低于前一年销量的 1.2 倍，新爆款则要备货 2 倍以上；新品无历史销售数据做参考，可按照前一月的销量加成备货，季节性产品要视品类适当做增减调整，为备货提供充分的前置时间和空间，便于后续库内配置及运营安排。

值得警惕的是，销售型跟卖和打造爆款的思维往往会造成同一时期跨境市场相同品类或类似产品集中出现,不要过度押宝;部分卖家缺乏对市场的研究,且对贸易环境失察,而依照前几年的经验,乐观备货超出了市场增长,直接导致库存无法消化;批量采购的进货渠道堪忧,收货缺少质量管控,导致外销品质欠佳,买家退货多。

9.2.2 爆仓环节优化

网络节点的"爆仓"有多种表现形式,如表 9-2 所示,可能是场地超出了处理能力,也可能是线路不畅造成分发停滞,或设备、系统等出现故障,抑或是多仓联动的连锁反应。前端收货爆仓的情况比较少见,快递商可能会因为旺季投递繁忙而疏于收货,通常限量或停止收货多是因为后端积压无法转运。如果货物在途转运延误,遭卖家索赔,与其赔钱,不如限制收货。例如,航空运力紧张,导致货物积压仓库没法交航,或是打包后在上飞机环节中,因货物太多在机场货站大量积压,如果舱位持续不足,货物就会越积越多,造成大面积交货延误,此时仓库只能暂停收货;由于航班上货时间不确定,导致目的地无法把控货物到达时间,进而可能引起货物集中入仓,造成海外仓入库积压;或是包裹集中抵达,落地后代理无法及时提货,在当地海关清关积压,继而使得派送延误等。

表 9-2 跨境物流全程爆仓环节症状

订单	揽件	转运	运输	清关	仓库	履单	投递
系统积压	无法收货	包裹堵塞	排舱限量	查验扣关	货架存满	拣选不完	延误
响应延迟	装卸停滞	分拣堆积	缺柜甩柜	提货排队	上架排队	人力不足	错投无着

转运集散场地一般很少有存货,场内布局有分拨集货、包装补打、异常处置等功能区。场地有上限承载能力及辐射范围,以及信息化调度与自动化配载,如果某个节点堵塞就会涉及整个物流链条。当仓库发生爆仓时及时地与上下游环节沟通,这样让客户可以有足够的时间来应付平台影响。仓库要根据作业计划安排卸货及提货预约,提前与快递公司协调交接频次。在旺季时 FBA 入仓缓慢,即使货没备齐也要先准备几款提前抢占坑位,卡车提前预约送仓,因为排队可能达数日,会使得运输滞留费用激增,甚至造成卖家断货。在人力方面的准备,由于售后工作量暴增,因此要与当地劳务公司合作,快速弥补临时性人力缺口,而且要提前进行充分培训磨合,以免临时招不到人,如表 9-3 所示。

表 9-3 不同部门对物流用工的考虑因素

诉求	目标	临时工	工时长	熟练度	小时价	稳定性	需求量
运营部门	团队稳定、保质保量	少	中	高	低	高	动态
人力部门	成本低、效率高	多	短	中	低	高	动态
外包公司	要求低、数量大	多	长	无	高	低	稳定

环节优化具体做法：库内拣选打包是最大的发货瓶颈，要增加作业线及人员策略分组，将单一爆品进行前置打包、打单，单件商品后置复核打单；储备足量的包材、耗材及辅助工具，如标签、包装袋、纸箱、填充物、墨盒、扎带等；保持作业通道通畅，将包裹整齐堆放，规划好快递交接区；将包裹分发前置，按照国家、渠道、重量、产品属性，根据时效、成本、平台规则等进行最优化分拣，库内直接分拣到航班、目标城市和区域，预分类末端配送，提高后续分拨效率；在促销开始前几周进行库房全盘，提前完成仓储库存清点，合理分配库位，避免同时出现库存爆仓和超卖缺货；除了常规退换货以外，包裹错漏发、重复发货等的出错概率也会比平日高，退货率也会随之增长；提前做好人员分组排班，制定各小组职责，配备专职客服响应应卖家处理订单异常的情况。

在大促时，有的企业全员出动，但作业混乱，收效甚微越是繁忙越要确保安全，做好安全监控及防护，排除安全隐患。

9.2.3　优化网络支撑

事后挽回不如事中调整，事中调整不如事前控制。最大限度地缓解旺季物流状况，要围绕环节进行效率优化，分时段优化：进口电商重点关注对入境口岸的选择，可靠的申报，以及是否能保障清关效率和衔接国内派送；出口电商，空运以爆款补货和直邮为主，海运以大件及海外仓备货为主，邮政小包是兜底渠道，筛选时效优于小包、价格低于快递的可靠专线。具体优化方法如下。

（1）从货源地揽货、减少经转。提升自送自发卖家的揽收时效，高峰期不间断处理、分拣，保障包裹快进快出，优化仓库交接及运输接驳。在旺季时，市场上的包裹俯拾即是，货代的跨区件、黄牛件、串货倒货增多，首先是运价差异，由于规模大，即使单件微小价差也有可观获利；其次是运输资源不平衡，如果价格相当，但有更好的出口时效或舱位条件，跨区交运仍有市场。但是，如果黄牛收回来的件转运不及时，时效不保，或恶意低价揽收，最终损害的是原渠道的口碑，用户可以投诉到监管部门，查封无证、无权经营的货代。

（2）多方位保障运力，做好动态排舱。当直飞航线满载时，不少货代以二程转运，经仁川、大阪、新加坡等地续程运送，发往以色列的跨境包裹往往无法通过中东国家中转，而是经由欧洲中转，造成该线路时效不高。有时，中间货代也会被"收割"，已经订舱还没起飞的货物也要按照航空公司实时的涨价来执行，盲目揽货或接手同行甩货都可能在短时间内使买卖价格倒置。在旺季时，面对上游短期的频繁提价，因为已收货或有协议在先，物流商如果坐地起价，客户很难接受，此时要么高价买舱位把货先清出去，要么就积压排舱造成货物派送延误。

> 案例：中美路向旺季波动最显著，从中国香港出发的航线 11 月份就进入拥堵，圣诞节的包裹甚至在春节才能疏解完。运价频变，在接单时中国香港空运报价为 33 元/kg，等收货过港之后，航空公司涨到 35 元/kg，货物交到中国香港货站几天之后，价格又涨到 37 元/kg，这时对于和客户签订了常年固定协议价的货代，行情波动可能致亏，于是就会积压排舱急工疏解。

（3）海外仓要根据具体位置，选择头程运输方案。美国东西海岸直飞直航的选择较多，如果是到内陆仓库，就可以从美国西海岸转运，这样航线密集且成本较低，走大陆桥，整柜联运相对透明。美国东南部内地空运到纽约等航空枢纽港，再转快递配送，海运并无直航方案，可拼柜到美国其他东海港，然后拆柜、打托后用卡车派送，或经火车托运，这样费用会低一些。

海运价格没有空运价格的急剧波动，但也有紧俏的时候，如果与船运公司（简称为船司）没有签订 Garrantee Space 保障服务，就有可能造成舱位涨价、拖车紧缺、打单排队、堆场堵塞，甚至爆仓到缺箱、甩柜。按照船司订舱操作的一般做法，都会优先以大企业客户的货物作为"舱底货"，用来保证货量及舱位利用率，跨境电商小批量泡货容易成为"甩柜"的主要对象。还有一种特殊情况，即由于贸易关系紧张或其他不确定因素，出口商急于在新关税生效前将货物运抵，就会出现提前发货"前期吃重"的现象，导致集装箱价格临时上涨。

对于境外环节，不可控因素较多：首先，卖家自身要准确申报产品信息，标签及包装规范，因为海关在大量的货物审核过程中，经常查的是信息模糊的和可疑的。其次，入境口岸出现清关慢或包裹积压时，物流商要及时调整落地线路。另外，最重要的是物流商要及时从末端及中间各渠道环节获取货件状态，选择合适时效的物流产品，让货主随时掌握货物在途状态，保障买家的收货预期，如图 9-2 所示为美国 2019 年 12 月圣诞节期间配送物流发运截单方案。

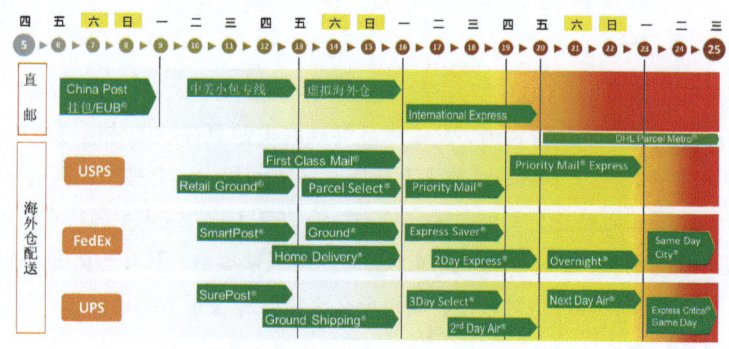

图 9-2　美国 2019 年 12 月圣诞节期间配送物流发运截单方案

9.2.4 海运批量备货

随着海外仓的普及，海派专线及 FBA 欧美海运拼箱逐渐成为主流，中欧班列还未形成市场分流。"兵马未动，粮草先行"，为了在旺季使用海外仓，跨境电商卖家旺季备货越来越早，"海+派"入仓已成首选，接受的品类更广泛，缺点就是在途周期长、拉长了备货周期。空运价格于高位徘徊，需要卖家在资金链情况、库存周转和整体物流成本之间权衡。在理想状态下，大货部分发海运，当空派的货物卖完后，海运的货物就差不多入仓了，这样货物大部分时间都在运输过程中，不仅补货及时，而且也能节省很多的仓储费。

一般流程是由货代揽货并在集装箱货运站或内陆站点集中，将多票货物集拼装箱，然后在目的港的集装箱货运站或内陆站拆箱分别交货。货代在截关日前与货主保持沟通，如果货来不及进仓或临时取消出货，则多数是因为超方、超重，或单/证/货不一致导致被海关查验。船司甩柜问题频发，也与货主订舱临时取消有关。在现行模式下，订舱时无须缴纳保证金，很多货主会"多订舱、后取消"，提前抢占舱位资源，导致订舱临时取消率高达 30%，船司为避免亏舱，往往大幅超额接订才能补偿空缺，继而加剧爆仓风险。部分航线上开始征收订舱取消费，通常，如果因订舱人的原因造成货物无法及时运出造成舱位空置，则拼箱公司可向发货方收取相应的损失费。

国际海运长期疲软，许多船司减少船期、整合运力。共舱联盟的船抵达港口可能不固定，截关、船期及航程等时限固定。如图 9-3 所示，海运应提前 2~3 个月备货，最晚不宜超过 11 月中旬到港，以免入仓延误或上架储位不足。对比表 9-4，每年从第一季度开始整个市场货量不断下滑，第二季度为跨境物流的淡季低点，美国西部海派运费已经低至 500 元/m³，比峰值暴跌一半。整柜起运港到港，去西欧各国价格差异不大。从上海、厦门直航到洛杉矶及西雅图等美国西部基本港需要 20~25 天，若清关顺利，到最终送仓则需要 30~35 天，东部航程要多 3~5 天。

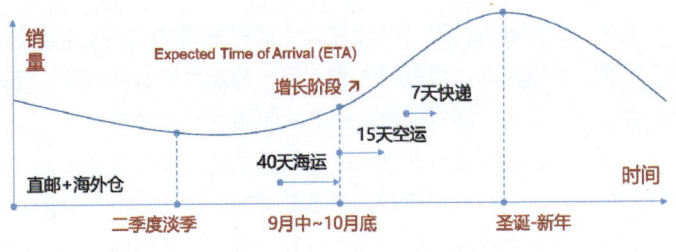

图 9-3　旺季海外仓备货时间点参照

表 9-4　亚马逊全球物流 2019 年 1 月公开价

	柜尺→	20GP	40GP/HQ	45GP
整柜	深圳-ONT8/LGB8	25767 元	28813 元	31653 元
	上海-MDW6/8/9	42074 元	45313 元	52697 元
	材积→	5~10m³	10~15m³	>15m³
拼箱	深圳-ONT8/LGB8	1136+604 元/m³	1136+604 元/m³	1133+730 元/m³
	上海-MDW6/8/9	1882+959 元/m³	1882+959 元/m³	1878+1065 元/m³

9.2.5　系统支撑保障

如果信息系统"神经网"瘫了则是致命的。针对快速开发、海量用户、大量数据、低延迟等互联网应用的实际需要，通过对功能结构和系统架构进行分解，使各个功能服务模块化，系统架构呈现高内聚、低耦合，便于灵活应对电商的频繁更新升级；支持跨境云部署，弹性扩容，满足高并发、高可用等性能要求。确保电力供应和网络的稳定性，场/站/仓配备发电机以预防断电；本地预备手机上网卡以防断网，加装信号增强设备，提升和优化双线通道，加强中国出去的跨境专线 VPN 路由的保障。电脑、打印机及扫描枪等硬件必须有备用，预防出现设备连续作业疲劳或烧坏等故障；打单模板设置，做好打印调试、PC 检查，确保操作流畅。新系统、新流程、新设备，提前做好测试、试运行，对系统及配套硬件进行策略验证、压测演练、冻结功能变更。预估数据量，提前进行性能扩容与均衡负载，清理冗余数据、轻装上阵，准备系统应急预案，做好跨境系统的异地备份。

> 案例：跨境业务带动技术出海，调用 API Gateway 走跨国公网，质量非常不稳定，跨时区维护困难；远程调用 Remote Procedure Call，网络延迟高、抖动严重而引起卡顿、延迟、超时，timeout 或 unavailable 衍生了很多 Proxy Provider 网络代理、服务转发、内容分发、专线等 IT "跨域"服务。

在旺季节日当天，物流进入终极开挂模式，是履单发运的重头戏。虽然有 IT 人员对系统软硬件进行维护，安排技术人员驻场支持，但是每逢大促订单爆发，还是会出现各种意外，如出现现场操作、网络、接口通信或数据同步等方面的异常。系统保障要做到前后台联动，与生产同步排班，实时监控数据，掌握系统性能、主机状态及网络流量；订单结构如果与预测差距较大，则及时做好调整。很多隐蔽问题防不胜防，需随机应变，例如在对包裹进行复核或发运时，把枪的条码识别仍有 0.1‰左右的差错率。由于多人同时在线，系统会出现卡顿、延迟、或小概率的宕机中断作业，要考虑是否需要切换为纯人工模式，以保持作业不中断。如今的物流作业体系，对计算机的依赖度已经非常高，除少数搬运、装卸及整理等环节可以纯人工操作外，大部分操作都要等到系统恢复，否则只能延迟发货或暂停作业。计算机还可以为运营及客服临时提供必要的数据查询、修改、导入/导出及统计分析等辅助支持。

9.3 货运包机

货运包机运输是指当货量较大时，租机人（货主/货代）向航空公司或包机代理租赁整架飞机，或几个租机人一起包租整架飞机（部分包机），例如，紧急救援、危险品、会展、珍稀动物及超大型货物等的临时包机。跨境物流需求激增、外贸包裹化、航空运力季节性吃紧、大量带电货物无法通过客机腹仓出运等这些因素让常态化包机具备了一定的市场基础。"包机+专线+海外仓+供应链"是进出口资源互动的理想组合。除了和航司签订固定包板协议外，量大的路向还可以开办货运包机，货物直接上航，这样可以节省多次发货手续，直航不用中转，保障干线时效，是旺季货邮市场清运的重要选择。市场上的包机人，涵盖了货主、电商、快递、货代及邮政等多个参与方。航空枢纽有明显的"虹吸效应"，国际空运多集中在通关便利的口岸机场。回程货源不足、数百万元的包机费用和押金、涉及临时航权审批等问题都是包机过程的难点。

9.3.1 运力市场

电商缩短了消费品的发布周期及供应方式，而灵活高效的航空运输是物流商的首选。航空公司会有很多货运代理人，质价对等，货物交航先后顺序通常取决于客户的出价与协议。在货运淡季，舱位有富余且时效与旺季相比差别也不大，廉价航空和中转航班的候补舱位更是以"地板价"秒杀。旺季的空运盛宴属于四大快递及航司的舱口代理商，如图 9-4 所示，那些有限的板位资源和关键档口是操纵市场的筹码，喜迎"金九银十"和圣诞节、新年的狂欢。在跨境物流高峰来临时，舱位趋于饱和，会优先供给贸易项目货，部分定期直航资源甚至停止接收零散的需求；缺少固定舱位合同，低价、体积泡、品类杂的电商包裹成了填仓货，很难获得舱位支持，这时运价敏感、货量不集中的卖家就非常被动了。因此，大卖家/物流商有必要与货代/航司达成包量合作，进行包机、包板、包固定舱位。淡季，渠道选便宜的；旺季，不计成本地找稳定的。

如图 9-5 所示，世界上最繁忙的三大国际航空线是"西欧⇌北美、远东⇌北美、西欧⇌中东⇌远东"；中东位置特殊，连接西欧、远东、南美及非洲，具有枢纽作用；至澳大利亚及东南亚等周边的航班多，货运舱位一般较充分。全球航空业的全货机占比不到10%，因为全货机机队资金投入大，回报周期长，所以市场投资的意愿并不强。普货增长乏力，电商淡季与旺季需求浮动大，包裹的增量市场主要被快递商吸收。中国邮政、顺丰、圆通等是买货运飞机的主力,为了全面把控运力和时刻,还常年承包大量民航客机腹仓。纯货航只能以成本"贴地飞行",为了提升装载率和运价,航司减少了运力和班次。近年来,汉莎、长荣、南航、澳航等旗下的全货机都减少了,翡翠甚至倒闭了。目前每周有八九百个客运定期航班往返于中国与美国之间,使用的机型多是中远程宽体客机,具有较强的腹舱载货能力。同时,国货航、南航货运、金鹏、韩亚、UPS、FedEx、阿特拉斯等货运航空也在使用 B747、B777F 等大型货机运营中国与美国之间的直飞货运航线。

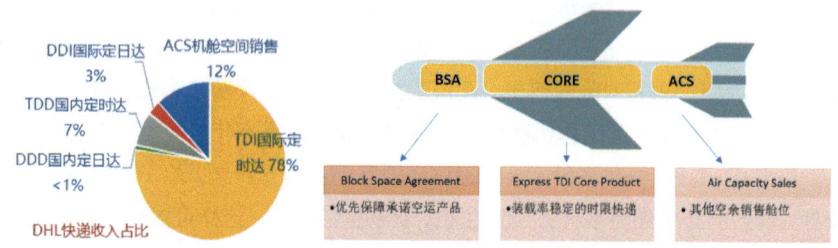

图 9-4 DHL 快递收入的业务占比

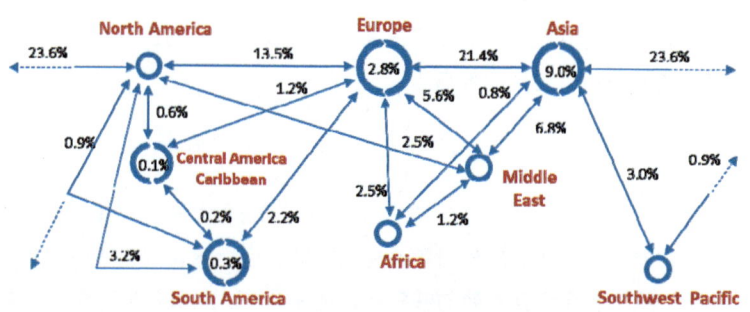

图 9-5 IATA2018 世界分地区空运货量分布

案例:苹果公司的产品组装工作主要在中国,郑州更是占全球的一半以上,郑州已开放第五航权,使卢货航 Cargolux 等全货机可以直飞欧美。每年在 9—10 月苹果 NPI 新品发售后,苹果公司指定的 UPS、辛克、康捷空、鸿霖、乔达、爱派克斯等承运代理疯狂订舱,全线引爆一拨运价,使运价大涨。苹果公司出货量大,航司不得不接,但手机是托盘泡货,中间空外表缠绕膜,于是承运商涨价,代理再涨价。

四大航(中国国际航空公司、南方航空公司、东方航空公司、海南航空公司)占据境内主要的航空货运市场,但国际主要直飞定期客航能飞远程国际航线的全货机更少。包机多数选择国外货运航空,便于协调目的港地服。空域资源呈现稀缺性、不均衡性,北上广深等一线口岸有航司基地优势,国际航线数、航班量以及通航城市多,运力资源垄断,辐射周边城市的进出口贸易,但货运航班很少且很难临时增加航线。

9.3.2 包机流程

内地直飞欧美的货航,为专线物流提供新契机,绕开代理直接去包舱,线路时效更有保障。如表 9-5 所示,货运包机方案要从几个方面入手:一是货源结构。包机运输通常按往返路程计收费用,按每一飞行公里固定费率核收费用,并按标价的 80% 收取空放费。点对点直飞造成反向装载率低,成本太高,应对接电商平台集货仓落地包机城市,辐射全国收货,确保稳定的出口电商包裹货源;海关跨关区协调运作,邮件转关集货。线路可以串飞经转捎带,争取回程进口货源分担双程成本,增强重点城市进口联通。

表 9-5 跨境物流包机运输一般流程

方案设计 → 始发港理货（提货、打板、报关报检、装机）→ 包机运输 → 目的港操作	
商务	包机主体,货运代理商、电商及货主等多方签约,协调政府部门商务局、经贸委申请补贴
线路	例如南京—纽约,国内口岸揽收辐射江浙沪皖及旺季周边省份,到达口岸辐射美国东部地区
货源	国际邮件互换局集散,物流专线、海外仓头程和普货等,返程进口产品类型
航司	机型、商载吨位与航程,如金鹏航空、康尼航空、卡利塔、俄邮航空、航星、空桥等
民航	航权时刻审批（民航局、海关）,民航总局及华东分局等,本地机场集团及地服
海关	海关总署、地方海关监管处、机场办事处、驻邮办及转关配合关区,货物监管验放
边防	机场边防检查机组人员入境

二是申请政府补贴。包机可以将更多的贸易出口留在当地,纳入贸易统计,并具有流量效应,可以增强地方经济活力、包机城市带动区域经济。杭州、南京、成都、武汉、西安、昆明等机场,其硬件设施和服务等级已经具备容纳更多国际航班的能力,而且起降成本低,地方政府给予各种优惠补贴,如郑州就积极布局全球的货运航空基地。

三是落地航权和串飞航权审批。包机人一般要在货物装运前一个月与航空公司签约,以便航空公司安排运载并向起降机场及海关、边检等政府部门申请、办理过境或入境的有关手续。为了维护空中交通秩序,确保飞行安全,航线严格规定了飞行的具体方向、经停地点、航路宽度、飞行高度等。航权时刻有限,基于民航航班时刻遵循"历史优先"的分配原则,占据好的航权时刻和机场内的便利位置。

四是运营。梳理地面服务操作配套流程,机场检查对打板交航也有影响,航班要提前 6～8 小时交货,航司提前 2 小时封舱,带电货物要提前做好手续及危险品操作规范;常态化洲际航线货运包机费用低于临时性包机费用,但包机费要预付给航司,资金流压力大;提前建立广泛的货代销售网,搭配合理的货邮结构。通常,包机费用包括飞机运输及货物在仓库与飞机之间的输送、装机、卸机等地面服务费用,不含提货后配送、装卸集装器及海关检查和税收等其他费用;所有承运货物要符合包机着陆国的海关、公安、卫生检疫及其他有关货物入关的法律规范,并承担发生的相应费用。

包机后的运营工作已经从单纯的保障变为可以经营,如表9-6所示为国内诸多包机线路,包机方拥有舱位销售权及货源调配权,可把整架飞机的舱位卖给货代同行,增加合作伙伴,优化架次、密度间隔、价格及补贴。内地许多机场的国际航班的货源都是从华东和华南等区域,通过陆路卡车运输的方式调拨过去的,在时效上可能稍微慢一些,但是依然会有明显的价格优势。部分内地包机运价比中国香港机场低三成以上,也吸引了不少普货流入。在包机运输中,科学的装箱打板和技术性提高装载率十分关键。散货通常要装到空运标准化容器ULD(Unit Load Device)中,主要分为"航空集装箱"和"集装板+集装网的组合"两大类。以载重100吨左右的B747-400F型全货机为例,满载跨境电商包裹,没有重货、平货配载,轻泡小包类的实际"有效载荷"也就能装到75吨左右,乘以市场运价,最终获利将不抵包机费,因此是亏损的。因此,电商专机有时也必须搭载部分普货,多渠道外部加仓,以平衡成本。

表9-6 国内包机线路举例

无锡—法兰克福—首尔	DHL定期国际货运航线
香港/杭州—列日	4PX、菜鸟、杭州-芝加哥、香港航空、ASL Airlines
杭州—莫斯科/叶卡捷琳堡	赛诚、菜鸟、枫华、AirBridge、俄邮航
郑州—卢森堡—芝加哥	卢货航Cargolux、韩亚、友和道通等定班洲际航线
深圳—印度金奈	小米、顺丰航空、海航货运等
南京—纽约—温哥华	中邮、中都友邦KalittaAir、AtlasAir、出口邮快件
长沙—芝加哥—哈利法克斯	年年有鱼SkyLease进口北美海产生鲜

9.4 跨境物流产品设计

跨境电商对物流的需求是多样化的,包括进出口、门到门/仓到仓/仓到门。传统货运代理多数只是帮客户提供报关和代理订舱,负责跨境中间运输,而目的港清关、提货及税费等会由收货方负责,而邮政/快递包裹更多的是负责全程的运输,但由于缺乏可控的承运、配送资源,夹在渠道和客户中间,因此服务就很难得到保障,出口资源整合难、进口清关压力大。进口主要看物流商的通关水平,出口的大多数跨境服务对价格敏感,"廉"可以产生规模并反作用于成本侧;"快"可以缩短货物在途时间,避免夜长梦多,提高妥投率。物流成为卖方讨好买方的重要手段,产品要围绕用户体验来设计,要紧傍平台,主动融入电商的产业链,如图9-6所示。物流商要把核心服务做成一个个产品来运营,为前端市场提供专业解决方案,而不是形成彼此孤立的"烟囱式"的业务体系。传统国际物流商可基于长期稳定的空港、海关及承运人的合作关系带来的资源优势,根据政府在自贸区、保税区、跨境电商试点园区的各类扶持政策,将业务系统绑定到各类平台,逐步向跨境电商物流转型;避免套用别人的经验来提升自己,要分析产品要素与经营环境,注重客户导向和技术引领。技术领先≠商业成功,但没有技术支撑的新物流是万万不可能成功的。

	出口		进口
←路向范围—价格—时限—查询—限货限重—包装要求—清关方式—理赔→			
Premium 高效	快递 EMS 等限时递送签收为主	CC 直邮 Direct	邮件、快件及行李等个人物品
Standard 标准	可追踪、确定时限的包裹递送	BC 跨境直购	遵循 9610 监管的包裹直邮直配
Economy 经济	无/部分跟踪、无时限保证服务	BBC 保税备货	遵循 1210 监管的保税仓履单配送
Special 特货	电磁液粉等特殊货品专线到门	B2B 贸易进口	按大宗货物正式清关、仓储及运输
Fulfillment 仓	国内仓、海外仓履单发货	SCM 供应链	采购集货/海外仓/清关/代发货等

图 9-6　跨境电商物流进出口产品设计分类

9.4.1　路线计划

搭建跨境线路产品、完全代理别人的产品或拥有网络资源,都要比依托多环节资源整合容易。做路线计划首要识别自己的能力所在,以及客户资源、供应链、干线运输、清关渠道或仓储等优势环节,其中系统是必备技术条件,行业数据也是一种资源。其次是网络规划,这直接决定了产品能否落地执行,如表 9-7 所示。计划的建立也是以商业手段将分段资源组合起来的过程,如表 9-8 所示,建立运营时刻表,组织协调分散的资源。再次是抓关键点,国内大物流商的海外拓展也无非是采取建节点、建仓和转运枢纽、找代理的发展路径。在理想的情况下,核心资源自主可控,获得承运商一手价、舱位、用箱保障;次级资源适度外包,以轻量化的方式形成健全的服务能力输出。国际快递巨头拥有自营的一体化网络,但在扩展他国业务时,由于当地法规、地域性、市场等因素,也会通过外包的形式进行。

表 9-7　网络规划的一般内容

线路设计	新产品/新线路的开发,具备一定的客户需求及货量支撑,从如何开线、如何养线为出发点及装载率、回程货等效益因素,选择直发直配、枢纽或中转交换及委外资源等形式
排班计划	为保障线路时效,兑现服务质量、提升资源效率,基于人力、货量、场地、海关及运力等约束条件,运输收发时刻及作业场地的任务安排,临时调换车型、更换航班等
路由规划	动态线路优化,在既定的网络线路中,根据约束数据的变化进行路由调整,以模型计算推演,寻求最优的连接路径,使得出行顺序组合的总体费用少、中转少、时效稳

表 9-8　空海运不同的收货与发运计划示例

	航线	截单时间	截货时间（时限起算点）	揽收截止时间	
空运	广州—伦敦	承运计划前日 18:00	截单次日 16:00	截货当日 14:00	
	始终港口	开航日（时限起算）	截 ENS 申报时间	截单时间	截货时间
海运	深圳—汉堡	2019-2-5	2019-1-30 17:00	2019-1-30 12:00	2019-1-30 全天

　　跨境物流产品的成功需要资源支持，但更重要的是运营问题。很多问题需要在设计与实践中优化：进口不同申报方式的税费差异，海外仓头程货的进口人缺失，带电产品需从中国香港中转上航，电商平台基本禁止了线下平邮渠道，零担配送与快递的末端价格差，"空加派"与快递直发拆箱派送的不同等。

　　在开始运营之前，要通过打造线上系统和软件网络，直接和终端卖家客户实现无缝对接，如打单、发货、仓储、申报、API 接口、充值及账单等，增加直客、缩短账期，若有条件可入驻电商平台的线上发货；要完成包装、单据、标签及轨迹查询等设计。通过试票，验证条码及标签样式的可用性，以及各环节的衔接与时效，完善操作人员培训及客服支撑。如今，终端客户大多都集中到了专线公司和大快递手中，如果没有销售地推团队和揽货网络，以及获取下游终端客户的销售能力，则可考虑使用代理或合作机制。当产品、航线覆盖面窄，收到的货物并不是自己的优势线路时，在谈好运价后可以找同行进行发运，赚取差价。

9.4.2　定价设计

　　定价是基于客户群与市场选择确立的价值导向。影响跨境物流产品的价格和成本匹配的因素有很多，总体而言是"经济产品、至贱无敌，高价产品、唯快不破"。镖局按路程远近、货物性质及价值等来索取不同的镖利，签订的镖单注明了这些条款，押镖的生意固然是信誉、名气、实力等因素的综合，如今这些依然适用于物流寄送，如图 9-7 所示，包括运什么、送到哪、有多重、要多久、有无优惠、有无特殊性叠加其他费用等。国际物流遵循一套成熟的贸易术语（Trade Terms），即贸易条件，它确定了买卖双方相关的费用、风险及责任的划分，以及在交货和接货过程中应尽的义务。如 FOB 由买方指定船司/船代，货物自装运港交付后其所有权即转移至买方。标准化产品公开报价通常很简单，但在全环节成本测算上，拥有全程、全网的快递商会比较复杂，单票价格与内部处理费用的核算，人工薪酬、运输成本、场地租金、燃料、资产减值等运营成本的公平分摊，都必须依靠强大的系统和基础数据库。加盟或资源整合型企业为分段式运营链条，这方面的计算反而简单。

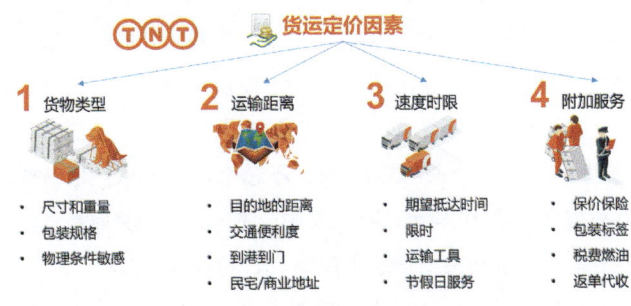

图 9-7　货运定价 TNT 的参考因素

在快递行业的细分中，Courier、Express、Parcel 及 Post 都是有区别的，定位是"快"的有当日递、次日递、隔日达或是特急等，近乎全程跟单服务，不计成本地维护服务品质，确保按计划收派、如期上航，如 FedEx MBG 承诺根据所选的服务时效将包裹送达，否则退还相应运费（Money Back Guarantee）。对客户而言，更多服务分级可以真正享有时效性上的多样化、差异化选择。对标 FedEx 境内产品梯度（如表 9-9 所示），UPS 提供了由快到慢 7 个等级的服务，从最快的 UPS NextDayAirEarly®次晨达到 UPS Ground 定价梯度依次为 82%、72.7%、52.1%、45.3%、32.4%和 13.9%。定位是"多"的，则以价增量、以量取价，是个苦差使，如果不是市场主力，那么降低成本则是它们唯一的出路。管不住成本就不要谈经济产品，增量不增收。不同的运输方式对应不同的成本结构，境内陆运件的规模成本优势强于空运件，如 UPS 近几年的国内件中有 70%以上以陆运方式送达。降低人工成本是其内部运营成本的重中之重，通过优化内部流程、加大投入上线设备、人机结合提高产能，将摊派到单件上的边际成本降低。

表 9-9　FedEx 美国境内快递产品简介

FedEx 美国境内服务产品	送达时限	标准资费（美元）	One Rate®（美元）
FedEx First Overnight®	次晨达 8:30 a.m.	109.91	115.05
FedEx Priority Overnight®	次晨达 10:30 a.m.	79.91	77.05
FedEx Standard Overnight®	次日递 3 p.m.	71.35	57.65
FedEx 2Day® A.M.	隔日递 10:30 a.m.	34.10	36.95
FedEx 2Day®	隔日递 4:30 p.m.	29.57	23.60
FedEx Express Saver®	三日递 4:30 p.m.	21.97	10.50
FedEx Ground® & Home Delivery®	1～5 个工作日	11.35+3.60	—
FedEx SmartPost®	2～7 个工作日	7.90	—

注：美国境内包裹费率：Zone 5 距离 601～1,000 miles（4 lbs.约 1.8kg），FedEx Service_Guide_2019。

产品定价与经营成本直接相关，报价要结合市场与运营严谨测算，一旦公开，不宜经常变动，以防出现不可预控的情况。通常，运营成本是分重量段核算的，其中 $C_{运费总价}=$

($A_{首重运费}+B_{续重} \cdot X_{单价}$)+$Y_{附加费}$ 是比较通用的定价公式。运费之外的重复送递、偏远地区、保费等,买单费、商检/查验费、熏蒸费等关务税费,以及仓库超期存储费、额外包装费等一般被单列,如表 9-10 和表 9-11 所示。文件、包裹与大件的定价通常会有不同,尤其是在首重及附加服务方面。FedEx SameDay®Freight 不超 25 磅按 235 美元/票,而同城当日递 50 磅以下包裹 10 英里内只需 19 美元,特殊收派、住宅上门需另收费;如果是周末及公众假期递送,则零担货运服务价格高的近乎于包车。大多数的物流状态通知类服务是免费的,但投递确认(Delivery Confirmation)与签收确认(Proof of Delivery)大有区别,如果需要本人收及签字/电子签名等,境外派送商通常会对每票收取 POD 签收费。

表 9-10　海运杂费举例

海运杂费	收费标准	备注
卸货费	50 元/m³	整柜不打托加收的卸货打托费,LCL 最低收费 2m³
拣货费	6.5 元/箱	如需拆箱拣货,在此基础上加收 10 元/箱
打托费	180 元/托	含托盘和人工费,只有在卡车 LTL 派送情况下才产生
自提出仓费用	100 元/m³	最低收费 2m³
仓储费	15 元/m³·周	从第一批进仓日算起至出仓日,提供 3 个月免仓期

表 9-11　典型航空货代市场报价表示例

时限	目的地	方式	提货	15kg	100kg	300kg	500kg	1000kg+
4~5 天	英国	门到机场	深圳	28 元	25 元	22 元	20 元	16 元
4~5 天	荷兰、德国、法国	门到门	上海	28 元	20 元	19 元	18 元	18 元
4~7 天	美国	UPS 到门	全国	33 元	30 元	20 元	19.5 元	19 元
3~5 天	美国西部	邮编 7~9 开头	大湾区	27 元	25 元	23 元	19.5 元	19 元
4~6 天	美国中部	邮编 4~6 开头	长三角	28 元	26 元	24 元	20.5 元	20 元
3~6 天	美国东部	邮编 0~3 开头	全国	29 元	27 元	25 元	21.5 元	21 元

- 普货不接仿牌、贵金属、化工品,不接木箱、超大件、反倾销目录货物,可出 FBA 可带电
- 重量起收 15kg,不足按 15kg 最低收费,总重量 < 100kg 单件不得 < 5kg,报价未含燃油
- 纺织品加 0.5 元/kg,带磁产品加 2 元/kg,非 FBA 仓加 0.5 元/kg,私人地址加 25 元/件,附加费叠加
- 申报价高于 2000 美元,按货值的 3.75‰收清关费,最低为 250 元,单独报关退税加收 600 元/票
- 计泡 6000 分泡 30%为上限总重量为 10%,始发截单为 14 点,四大官方单票清关,客户 VAT 清关

承运商、渠道商是定价变动的重要因素。例如,美国快递价格相对较贵,但各大快递每年初上涨运费已成惯例,上调非标准化作业和旺季配送的附加费,以摊平燃油、人力及通胀等成本的上涨。近 5 年来,FedEx 等公布价年平均上涨约为 3%~5%,如 2017 年 USPS 标准邮件涨价 3.3%,优先邮件涨价 3.9%;2018 年 DHL 费率上调 4.9%,UPS 上涨比例相同,还上涨了部分附加费,住宅地址递送费涨了 0.2 美元;2019 年 FedEx 国际件及陆运费

上涨 4.9%，国内空运费上涨达 5.9%。在费率上调的同时，大件入户投递费、计泡系数、附加费等也同步上调。个人客户对这种涨价只有照单全收，大型签约客户由于折扣率高因而影响略小。在市场营销中，面对不同体量的商家、同行或下单渠道，又分折扣价、活动价、大客户价等。按件收费的情况很少见，美国境内包裹配送有一口价（Flat Rate）体积服务（Cubic Service），只要装得进承运商指定的包装就一个运价，不按照重量（≤70 磅）、距离定价。服务同质化，只能低价接单，但低价带不来客户忠诚度，因此低价策略也要基于质量稳定。

9.4.3 运费计算

货件一般按"首重+续重"的计费公式收费，但也与货物的票、件、尺、重量有关。考虑到运输装卸及人工搬运的安全性，超长、超重、异形等特殊规格的货件会被拒收或额外计费。而轻泡货物（Bulky Cargo）在运输、内部处理及投递方面实际运行成本较高，占用空间较大，计泡体现了合理成本。计泡就是毛重与体积重量取较大者计收运费。体积重量在国内陆运快递中较少体现，但航空运能稀缺，轻泡的小包裹货物泡重比大，可以简单形容为"装的多、不够秤"。

对于计泡或材积，行业有一定的划分标准，图 9-8 所示为常见形状物体的体积重量测量办法，图 9-9 所示为计泡示例，国际空运市场上普遍采取泡重比为 1∶167 的标准，即"体积÷6000"的算法。测量不规则物品的体积按装入的"最小长方体"来估算。当货物的体积重量比实际重量大时，货代跟客户按体积重量收费，但跟航司却是按实际重量或低重量计费，从中赚取差价就是"吃泡"。货代可以把别人的"重货"与"轻货"进行轻重搭配，就变成了"平货"。当都知道了这个差值后，就出现了"分泡"现象。如果按照"六四分泡"，那么"货代分六成、客户分四成"，如实重为 140kg，泡重为 160kg，则把这 20kg 进行四六开。

形状	长方体	圆柱体	棱台	棱柱
长宽高测量				
体积	A×B×H	D×D×H	A×B×H	S△×2×H
计泡计费规则	体积重量（Volume Weight）= 长（cm）×宽（cm）×高（cm）÷6000cm³/kg 计费重量（Chargeable Weight）为毛重（Gross Weight）和体积重量二者取大者。 当计费重量等于毛重时，为重货；反之，当计费重量等于体积重量时，密度小，为泡货。 重泡比=重量/体积=1kg/6000cm³=1kg/0.006m³=167kg/m³，泡重比=体积/重量=6m³/ton

图 9-8 常见形状物体的体积重量测量办法

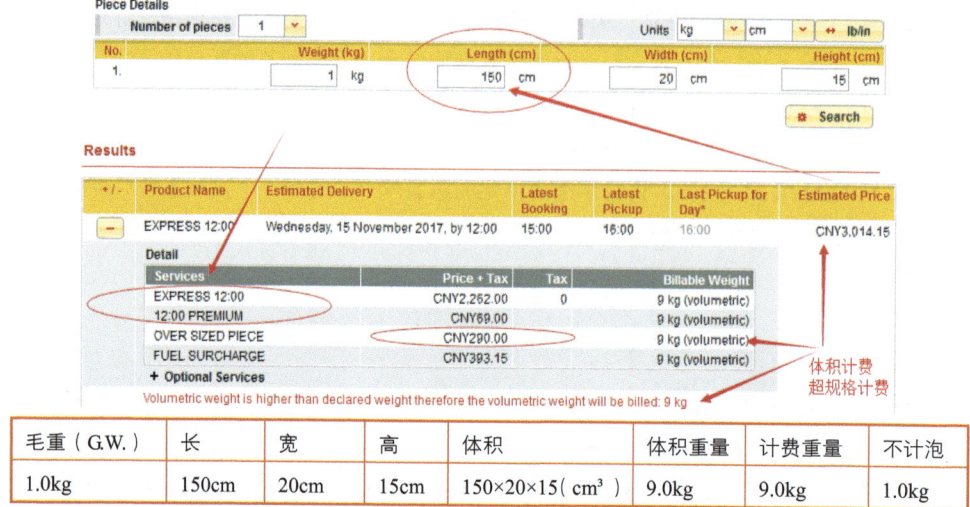

毛重（G.W.）	长	宽	高	体积	体积重量	计费重量	不计泡
1.0kg	150cm	20cm	15cm	150×20×15（cm³）	9.0kg	9.0kg	1.0kg

图 9-9　计泡示例 DHL Express 在线计价展示

重货压舱最受欢迎，"普货"可能是指折中泡重比的货物，也可能是指常规外贸货物。但当货物太重时也不利于配载平衡，托盘超重会被加收"垫板费"。

海运集装箱计费，货物"量尺体积"与含亏舱的"占用货舱容积"又有不同，散货拼箱中有"计费吨 Revenue Tons"的概念，是重量吨（W）和尺码吨（M）的统称，简称 R/T，按体积重量比收费，取大舍小，如 1:500 是比重 500kg 的货就相当于 1m³，不足立方米按立方米收费，如果货物是 1000kg/1m³，就按 2RT 来收费。依照国际航运业务惯例，凡货物载积因数小于 40ft³/t 的货物，称为重货。如果是按英国的 1:363 计费（美国通常 1m³ 对应 200kg），则 1m³ 对应 363kg，如重 1t 且体积为 1m³ 的货按 2.75 元/m³ 来收费。我国通行的是密度大于 1t/m³ 的为重货，而承运商在淡旺季也可能采用不同的重泡比进行计算。

> 案例：国际快递 21kg 以下按首重 0.5kg 和续重 0.5kg 为单价计费，超过 21kg 就按单价计费，重量越大单价折算下来就越低。比如本月燃油附加费为 9%，首重为 150 元，续重为 30 元，那么 5kg 货物的运费：{150+30×(5×2-1)}×(1+9%)。海运首重"吨上货"即一批货物超过 1 吨，托盘货（Pallet Cargo）就是码放在物流托盘上的"打托"货物。

客户报重量轻泡偏离小的可宽大处理，较大的物流商或拼箱公司会"超方涨码"。包裹量大、测量材积比较麻烦，通常在客户交接端不会逐件计泡。快递在处理包裹单件重量时，可在分拨中心的分拣线上配备动态电子秤和 3D 测量，或采用随机抽检，实现重量稽核。相比之下，严格的"邮编+地址"的校验系统，对跨境包裹的计费作用更大。"运费到付"货件将向收件人收取此运费。航空运单上显示的运费，通常是实际结算运费，也可能是国际航空运输协会（IATA）规定的名义运费。

除了按服务计算的基本运费，还有各种附加费，其不同于增值服务，是必选项，如偏远地区、危险品、非标准货件、燃油、碳排放抵偿方案等。例如，燃油附加费是一项随燃油价格变动的浮动费用，无论哪种运输方式，燃料成本都是运输的大头。由于燃油价格变动频繁导致运输业成本波动，因此空运多有此项收费。在托运时如果提交纸张提单，就会额外增加承运人的系统录入工时，就会被收取数据输入及 EDI 舱单信息费。国际物流中的附加费有几十甚至上百种，有些附加费是船东/航司收取的，有些是进出港/码头收取的，还有些是货代巧立名目多收的。例如，在收发货人之间调节、转移部分费用，一方面压低费用来吸引发货人，另一方面到目的港向收货人加收。因此，发货前要事先确定好运费价格构成，分辨"行规"收费项目，避免出现出运后被乱收费用或附加费虚高的现象。

电商平台线上的发货计费，首先要根据商品分类设定不同的运费模板，表 9-12 所示为平台发货运费模板设置类型，每个运费模板有特定的发运计费规则。很多卖家不赚产品差价而赚取物流费用，如设置不同于实际运价的资费，赚取首重、续重的差价。而在电商营销活动中包邮的卖家可通过捆绑销售产品或以优惠套装的形式来节省更多物流成本，或让消费者增加单次购买量来获得更快速的物流方式。通常，卖家使用合并多件订单免运费的促销形式，即当买家购买达到一定的金额或产品数量时获得包邮或物流优惠。对于不同的物流产品，有时多件货拆开分别发便宜，有时捆绑发会便宜。比如若产品超重，则可以根据物流商产品规则，采用拆单发货的物流方案，把一套产品的主件和附件分开发，或采取套餐销售、组合发货的方式来降低单票物流费。

表 9-12 平台发货运费模板设置类型

❶店铺运费模式	整个店铺采用统一的运费标准，可设置固定物流产品、收取固定费用。例如，收取固定运费 3 美元，或者满一定额度包邮，支持不同区域设置不同的运费标准			
❷单品运费模式	店铺内的每个商品设置各自的运费计算方式，当一个订单的商品属于多个单品运费时，可以选择叠加计费，或满额包邮，或取最大值等规则计算订单最终运费			
❸混合模式	两种运费模板同时生效，设定优先级。例如，当订单金额满足运费设置的免邮金额时，按照店铺运费模式计算；当不满足时，按照单品运费计算			
运费模板参数设置	始发地	货物规则	发货方式	计价方式	目的地
	不同仓库	SKU/价值	快递/邮件/专线	按件/体积/重量阶梯	国家+邮编

9.4.4 营销及售后

来货量不稳定，是所有物流产品运营的弊端。而若前端市场营销很成功，后端运营却跟不上，也留不住客户。首先，要非常注重用户体验和服务质量，ToB 的经营者是"首席客户经理"，ToC 的经营者是"首席产品经理"，因此要去不断体验、创新和迭代企业的产品，回归产品本身或客户需求的本源，用数据看市场和定位，注重及时率、妥投率、完整率、投诉率、丢失破损率等核心指标，以确保品质和竞争力，如图 9-10 所示。

图 9-10　跨境物流服务的竞争力

其次，做服务就要有口碑，要重视客户口碑的营销传播。如图 9-11 所示，同质化竞争的根本是市场上单一的客户结构，在相同的服务条件下，最需要塑造品牌，信守营销时的 ETA、ETD、OTD、L&D 等绩效水平。线下可以参加一些跨境电商大会、展会、巡讲及论坛，为客户阐述品牌故事、成功案例、网络布局、市场需求及痛点解决方案等。另外，要构建新的客户管理模式，提升员工专业度，对散单客户与大客户建立不同场景化的精准营销，注重散户的第一感受与协议发货客户的诉求差别。前端一线业务直面客户，是体验、流程、系统等方面的汇集点，而物流人员的流动性很大，因此与市场知识不同，运营知识还需要包括对外贸物流整个操作细节的掌握。

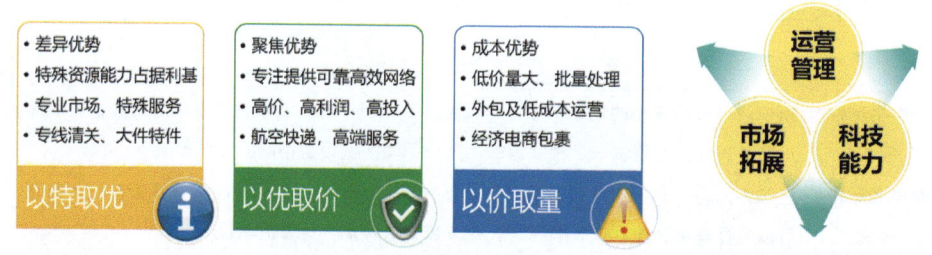

图 9-11　跨境物流企业的竞争策略

在售后客户服务方面，要建立线上化营销、运营、售后及社交体系的融合服务体系，线上"两微一端"与内部运营衔接到位，让客户诉求在第一时间得到响应。优秀的客服可以在很大程度上减少客户的投诉和差评次数，应对妥当甚至可以减少索赔次数。账期是物流行业的一个普遍难点，物流本是跟零售业类似的高现金流行业，但如果电商大客户占比较大，那么协议发货、月结或季结账期的情况就非常普遍。如果商家自己算不清账，物流商的对账单迟迟出不来，则物流费的回款周期可达数月之久。但航司、船司要现结或预付，反而让物流商的现金流捉襟见肘，如果中间再夹着货运代理商，则就会使资金链存在很多风险。而如果再有疑难杂货转同行，相互挖资源，则账期会进一步延长。而且物流账务向来很乱，由于运量不符、交接异常、重量差异、价格波动等因素，可能会出现一些交叉品类的产品算错关税、国外偏远地区的运费少算等现象，因此基于线上系统的电子化支付、对账与结算十分必要。

9.4.5 保险保价与赔偿

物流三难：丢失、损毁和延误，而账期长、关务税费、赔偿是跨境物流三大财务风险。从概率统计上看，任何物流渠道都会有意外，比如野蛮装卸、多次转运、天气、罢工、海关、机场等原因，都可能造成货物破损、延误拒收、偷盗灭失、关税损失、变质过期等问题，遭致托运方提出索赔。依据《中华人民共和国合同法》规定，运输赔偿数额有约定的要从其约定。卖家与快递商签订托运单，双方系运输合同关系，发件人选择保价并支付保价费，按照保价条款的约定进行赔偿。保价费或保险费一般按客户的"声明价值"计算，并限定实际赔偿额不超过声明货值，保价费通常是货值的3‰~5‰。因此，在邮寄贵重物品时，要如实申报货物价值，避免因声明价值低于实际价值而导致索赔不足。若出现货损，则买方可以通过退款、退货或卖家补发货等形式弥补损失，卖家在承担责任后可视情况向物流商索赔，并退还运费，如图9-12所示。对未保价快件，通常快递商主张依据运单上的"格式条款"进行约定赔偿，即快件赔偿限额为运费的3~5倍，且有最高限额，对于长期发货的卖家要了解其细节与效力。物流商将该条款印刷于托运单显著的地方，予以明示或警示，尽到合理的提示和说明的义务。如果货物发生延误，那么通常赔付的是整体运费，而因海关查验原因造成延误的，原则上不予补偿。物流企业出于自身的免责需要，对于货物自然属性造成的任何损失，客户未申报、虚报、瞒报之货物，旧物品或返修返厂、违禁品等一律不予赔付。对于易碎、易破商品，难以用有效的加固方式应对国际运输，原则上保丢不保损，尽量不要转运。

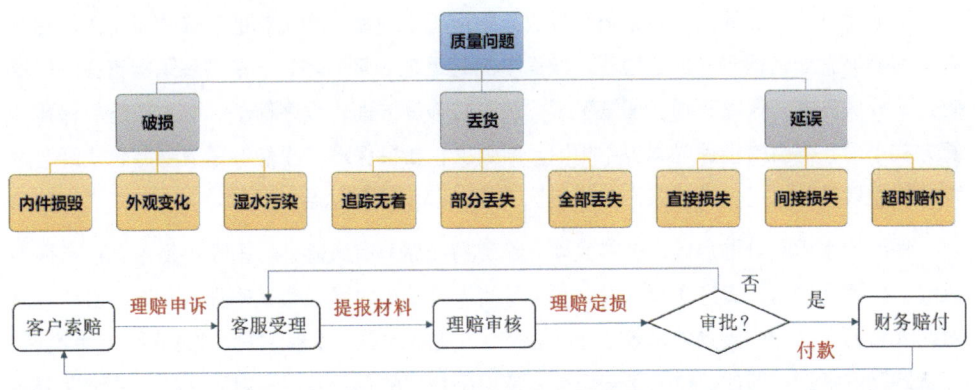

图9-12 常见物流理赔原因及流程

如表 9-13 所示，除了保价其在，还有两类不同性质的运输保险即"保货物"和"保运输"。货物运输保险以运输途中的货物作为保险标的，保险人对各种意外事故造成的货物损失负责赔偿责任，其本质上是一个贸易险种，保障的是贸易一方（买方或卖方）应承担的货物在途风险，投保险种有基本险、综合/航空险、失窃险等。在理赔时，有些保险公司为了证明货物足额投保，会要求物流商提供货物价值证明。物流企业如果自行投保，没有贸易合同，则无法准确获知货物市场价值，只能靠估算货值投保，估多了浪费保费，而不足额投保可能不够赔。保费计算依据是货值乘以固定费率，货值越高，保费越高，和运输距离、运费收入关系不大，保障范围覆盖面较广。

表 9-13 两种物流保险的对比

险种	货物运输险	物流责任险
保障对象	财产险，针对货物损失，转移被保险人的货物在途风险	责任险，物流企业因货物损失造成赔偿责任，转移物流企业应负的赔偿责任
被保人	贸易合同中的买方或卖方	委托承运及存储的各类物流企业
保费计算	货物价值×货运险费率	物流营运收入×责任险费率（运营质量）
保障程度	险种责任宽、时效短	责任限定、保障范围更长
赔偿方式	损失补偿最高申报的保险金额，不足额投保按比例赔付	第一危险赔偿方式，约定的赔偿限额，赔偿限额内损失多少赔多少

例：货物价值 50 万元，到东南亚，运费在 5000 元左右，物流责任险费用约为 50 元，货运险按万分之三计算，保费为 150 元，当运输货值高、赔偿额度高，运输线路短时，物流责任险优势明显。而如果去北美，运费在 1.5 万元左右，责任险保费同样为 150 元，运输距离过长则考虑货物险

物流责任保险属于责任险，相对简单，在保单约定的赔偿限额内，保险公司按照物流企业应承担的赔偿责任计算赔偿金额，简单理解就是损失多少赔多少，避免了因货值估价不足造成比例赔付。保费计算依据运费收入乘以固定费率，和货物的价值关系不大。它可以保障物流企业运输责任的全过程，按运单的起运地和目的地，一票到底承担责任，包括转运，投保方式、保障范围、理赔手续、风险转移等方面，程序简单。两种保险的保费计算方式不同，得出的投保成本也不相同。原则上，如果保障范围能够覆盖物流企业经营过程中的主要风险，而性价比又高，理赔又方便，那就是最适合的保险。

保险的本质是分散风险、补偿风险。除了物流环节有风险外，国际贸易本身也有很多风险，如贸易诈骗、货打水漂，因此在贸易商大宗出口时都会买运输保险。许多出口企业对在外贸网上结识的贸易对象辨析不足，仅通过网络沟通就盲目发货，往往遭遇定金欺诈、提货跑路的情形。例如，对方不守信誉，滥用不合理的单边贸易条款，货到目的港后以各种借口拒付或少付货款，或先是骗取信任与其签订出口合同，开始时信守承诺，在发货人

放松警惕后再开始行骗。由于电商货值低，货主及收件人又非常分散，因此传统保险产品普遍缺少对包裹类业务的风险转移覆盖。

近年来，保险公司或经纪商也推出了一些针对跨境电商的保险产品。对出口包裹投保，全损/丢失险的投保费率约为货值的 1‰~5‰，最低免赔额为 50~100 元；延误发生概率高、数量大，延误险的费率可达运费的 1%以上，或固定按单收取，如 0.1 元/件。中间物流商自身也很有必要与承运商签订时效赔偿或保险协议，承运人对运输过程中货物的毁损、灭失承担损害赔偿责任，如在清关后到仓库途中丢货。对货物的打包一定要严实，让货物能经得起长途运输的碰撞。客户合同可能会要求包含因物流造成的间接损失的赔偿诉求，当索偿范围不明确时，要视情况而定。

结　　语

　　实践性的业务管理很难描述得面面俱到，全书仅总结一些知识，希望能给读者带来一点启发。物流是一个传统行业，其发展是线性的而非跳跃式的。跨境电商是一个产业的大概念，跨境物流作为跨境电商背后的基础服务业，串联了产业链上各个相关的主体，扮演了举足轻重的角色。物流网络的延伸，信息技术的普及，都将外贸供应链推至全新的阶段。移动互联网正在把地球变成 Online World，贸易无障碍，无数跨境电商群体夜以继日，跨时区地与包裹奋战，创造着当下中国的跨境电商奇迹。

　　不要局限于过去的眼界，随着中国在各个领域的全面崛起，在贸易、电商和物流领域，中国必定是领导者。中国作为世界上最大的进出口国，即最大的国际物流市场和互联网应用最活跃的国家，以及在高度发达的制造业和物流业加持之下，一定要放眼全球！新贸易、新零售、新技术、新物流，将提供更多的想象空间，科技成为创业的必要条件。专注于这个专业，抓住起航的锚点，踩准恰当的时机节点，发展的节奏会超乎想象。笔力不及之处，敬请包涵、指正。

　　感谢家人的支持，感谢朋友们的帮助。
　　至此，希望你能从中获益，谢谢！

The End

参考资料

公共组织	• UPU － Universal Postal Union 万国邮政联盟 http://www.upu.int • IATA － 国际航空运输协会 http://www.iata.org/economics • FIATA － 国际货运代理协会联合会 http://fiata.com/ • WCO － World Customs organization 世界海关组织 • WTO － World Trade Organization 世贸组织 • WCA － World Cargo Alliance 世界货运联盟 • IMO － International Mathematical Olympiad 国际海事组织 • ITUC － International Trade Union Confederation 国际贸易联盟 • 国家邮政管理局，http://www.spb.gov.cn/
电商	• PayPal/Aliresearch/Emarketer/IPC/PB etc. Reports on Ecommerce • eBay/Amazon/Wish/Aliexpress/Shopee/JD/Cdiscount/Flipkart/Joom etc. Shipping Conditions
媒体	• 福步、雨果网、跨境鹰熊汇、海贤汇、亿邦、最航运、跨境进口老歪、海关杂志等 • 物流指闻、物流沙龙、运联传媒、仓库社区、外贸公社、航空货运之家等

物流	• UPS Annual Report • FedEx Annual Report • TNT Annual report • Toll Holdings Annual Report • Apex Global Report • UK Mail Annual Report • BlueDart Investor Presentation • UK Mail Annual Report • Yamato Annual Report • Sagawa Annual Report • BlueDart Investor Presentation • Kerry Logistics Annual Report	邮政	• DP-DHL Annual Report • Japan Post Financial Highlights • Poste Italiane Annual Report • Royal Mail Annual Report • India Post Annual Report • PostNord Annual Report • Bpost Annual Report • Canada Post Annual Report • La Poste Annual Report • USPS RPW Report • USPS Annual Report • Australia Post Annual Report

注：Official Websites & Press Releases